おこしやすの観光戦略

京都学の構築にむけて

山上 徹 ❖編著

法律文化社

はじめに

　21世紀は,「モノの流れ」よりも「ヒトの流れ」が増大し,それが経済・社会をグローバルに動かす時代になるといわれている。端的には,「大交流時代」が訪れ,まさに「観光の世紀」となることであろう。特にアジア諸国を中心とした観光客・交流需要の市場規模は計り知れない膨大な数になると予測されている。多様で複合的な要素が絡む観光分野は,単に観光産業の問題ばかりでなく,国家・都市の活性化そのものの起爆剤になる可能性を含んでいる。そこで,各自治体は観光客・交流需要をいかにして創造するかを考えるようになった。しかし本世紀に,そのような観光客・交流需要を日本の各自治体が等しく顕在化できるものであろうか。

　ところで,最近,地方への分権化が進みつつあり,全国各地に地名を冠した研究活動が盛んに提唱されるようになった。本書の名称を「おこしやすの観光戦略」としたのは,京都学の構築にむけ,「京都観光の活性化・振興」を論じようとする意図があるからである。京言葉は,歴史的にも伝統的にも古都用語として重要な位置を占めている。しかし全国的にみると,それは近畿地方,西日本の一方言に過ぎない。本書の名称である「おこしやす」とは「いらっしゃいませ」を意味する。「おこしやす」とは,「おいでやす」よりやや丁寧な表現で,その最高の敬語は,「おこしやしとくれやす」となり,来訪客・観光客を心底から歓迎する言葉となる。つまり国際文化観光都市・京都の活性化戦略,観光振興策には,日本人であれ,外国人であれ,入洛する人々に対して心底から満足していただくことが重要なのである。日本人の国内観光（domestic tourism）に外国人の来訪によるインバウンド（inbound）観光数を加えた総数を内国観光（internal tourism）というが,本書では,内国観光の活性化のなかでも,特に京都観光学の構築にむけて編集したつもりである。

　京都では,今日でも,「おこしやす」は京的言い回しとして日常生活に溶

け込んで頻繁に使用される。このような京的言い回し，つまり「おこしやす」，「おおきに」，「すんまへん」，「ごめんやす」，「またきとおくれやす」などといった言葉で丁重に応対・接遇されると，上洛した人々はその柔らかな立ち居振舞いに感動するだろう。また京都市市民憲章（1956年）では，「わたくしたち京都市民は，旅行者をあたたかくむかえましょう」と提唱している。それは単に歓迎の時点のみを意味する内容とは思わない。究極的な「手厚いもてなし」をモットーとするならば，当然に入洛中，さらに京都を去る時までもその応対・接遇が望まれる。入洛中の全期間，心温まるもてなしに満足する観光客が多ければ多いほど，リピーターの増加へと繋がることであろう。京都市では，すでに「おこしやす京都委員会」，「おおきに財団」（京都伝統伎芸振興財団）などの組織機関が設けられ，もてなしのさらなる質的向上の戦略が検討されている。

　本世紀においても，国際文化観光都市・京都が繁栄するためには，貴重な京都文化を大切に保存・共生すると同時に，革新的な観光戦略を展開することが望まれる。たとえば，下記の「おこしやす」というイニシアルのように観光客が感動するためにも，京都の観光戦略として市民へホスピタリティ・マインド（hospitality mind）の大切さをアピールすることが必要と思われる。

　　「お」：「おこしやす」，「おおきに」の立ち居振舞いに感動し
　　「こ」：コミュニケーションを大切にする
　　「し」：市民との出会いで
　　「や」：「やさしい」・「やすらぎ」で心がいやされ
　　「す」：「素晴らしい京都」でもう一泊，また来よう！

　入洛観光客が，単に自然資源や人文資源を観賞して感動するだけでなく，ゲスト（gest），客人として心あふれる迎えやもてなしなどに満足を感じるならば，時には，滞在期間の延長，上洛回数を増やすという動機が高まるであろう。

　たしかに京都には，「日本らしい」，「日本人のふるさと」，あるいは「一周遅れのトップランナー」といわれて，継承されてきた伝統的な文化が多く蓄積している。特に建都1200年以来，京都文化に培われてきた多くの観光資源

が集積している。それゆえ、京都経済・社会の活性化を考える場合、本世紀が観光時代と称されるにしても、いかにして文化財などの観光資源を的確かつ効率的に観光客へ提供・供給できるかが重要となる。しかし残念ながら、京都観光は従来から社寺観光に大きく依存してきたし、また修学旅行生をはじめ、団体観光客に依存する「量の観光」からいまだに完全に脱却できていない。つまり京都は、現代人のニーズの変化に対応した観光資源の開発・創造がなされていないといえよう。いまや京都の観光問題は、観光関連産業だけでなく、「産・公・学・市民」の共有・共生の意識改革をも視野にいれた京都丸ごとの問題との認識が必要であろう。そして、この観点からの観光戦略が望まれ、かつ理論構築が渇望されているのである。

　本書は4部編の16章から構成されている。各執筆者には京都観光問題について、それぞれ独自の立場で自由に論じていただいた。よって必ずしも統一化がなされていない点がある。しかし、次のような共通の問題意識から執筆を願った。つまり、現代観光のニーズとは何か。京都の観光資源とは何か。その問題点とは何か。その観光戦略には何があるか。さらに、ホスピタリティをおざなりにして国際文化観光都市・京都の活性化は考えられないので、京都に来訪する人々の満足を高めるためにホスピタリティをいかに高めるべきか。特に入洛した人々が非日常体験・体感によって「心がなごみ」、「心がいやされる」観光資源をいかに創造するか。京都の観光戦略上、入洛する内外の人々に対し、ホスピタリティ・マインドがいかに重要であるかを考察するものである。

　本書は、京都の観光資源を「ハード、ソフト、ヒューマン」という総合的な面から「その光と影」、「その伝統と革新化」の戦略を紐解くことにある。本書を刊行する動機となったのは、2000年度秋期において京都商工会議所観光部会寄付講座（「京都文化と観光」）を同志社女子大学で開講したことにある。その講座で京都観光を担当された先生方をはじめ、新たな観光研究者にも加わっていただき、ここに、1冊の著書として公刊することにしたのである。

　最後に、本書を出版するにあたり、誠意をもってお世話下さった法律文化

社社長・岡村勉氏をはじめ，編集においては田靡純子氏に大変お世話になり，心からお礼を申し上げる次第である。

2001年7月

京都伏見・桃山にて

編著者　山上　徹

目　次

はじめに

Ⅰ 京都の観光資源と現状

1　観光・余暇の推移と地域づくり……………河野健男　3
1　観光と余暇　3
2　戦後日本の観光・余暇の推移　8
3　地域づくりの思想―その変遷と系譜　15

2　京都の観光資源……………三ツ木丈浩・山上　徹　19
1　観光資源と観光対象　19
2　京都の観光資源　21
3　京都の多様な観光資源　24
4　京都の観光資源と観光戦略の重要性　26

3　京都市観光の現状……………西口光博　31
■年間入洛観光客5000万人をめざして
1　京都市観光の現状―1999年「京都市観光実態調査」の結果から　33
2　京都市観光行政の沿革　43
3　「おこしやすプラン21」　45

4　京都の宿泊特性とホスピタリティ……………芦田友秀　51
1　京都の宿泊事情とその推移　54
2　京都観光・宿泊のシーズン特性　57
3　ホスピタリティの重要性　61

むすび　67

5　京都観光と地方財政……………………………………吉田和男　69
　1　観光産業と観光資源　69
　2　華やぎのあるまち　70
　3　宿泊・滞在型，体験型観光の振興　71
　4　町中観光への期待　72
　5　文化の振興　74
　6　エコ観光への流れ　75
　7　観光情報の発信，観光客の誘致　76
　8　観光振興のための地方財政のあり方　79

III　京都文化の特徴と観光戦略

6　京都文化の特徴……………………………………………小林照夫　85
　　■底流にある文化の重層性の魅力
　1　英国・ヨークの観光の魅力――一目瞭然にしてわかる文化の重層性の機能　87
　2　京都文化の特徴―文化がもつ重層性の意義　89
　3　汎神論者日本人―本山参りは日本人の願い・京都観光の動的要因　93
　4　観光都市・京都の特性　96

7　京都の観光空間の形成……………………………………工藤泰子　99
　1　王朝貴族の観光空間　100
　2　宗教・文化的観光空間　101
　3　庶民の旅と娯楽空間　103
　4　近代化と古都空間　105
　5　戦時下の観光　107
　6　現代京都の観光空間　109
　　むすび　112

8 おこしやす・京都の文化観光戦略 ………… 山上　徹 115

1　おこしやすの文化観光　115
2　おこしやすの文化観光と時間価値　117
3　文化観光におけるタイム・マーケティング戦略の重要性　119
4　おこしやす・京都観光のタイム・マーケティング戦略　124

Ⅲ 京都観光と交通・景観問題

9 京都観光と定期観光バス ……………… 西村公夫 129

1　京都定期観光バス事業の歴史　130
2　京都定期観光バス事業の現状　133
3　現状を踏まえての振興策について　138
4　新しい時代への課題　139

10 京都観光をめぐる交通問題 ……………… 土居靖範 143

1　京都市における観光交通の現状と問題点　145
2　京都におけるマイカー観光の現状と問題点　146
3　京都市の観光交通改善策の紹介　149
4　交通改善策および観光の目玉としてのＬＲＴ導入　152

11 京都の景観問題 …………………………… 中川　理 157

1　京都らしい景観とは何か　157
2　東山をめぐる議論からわかること　160
3　自然景観から都市景観へ　162
4　近代都市計画が生み出したもの　164
5　景観保存にみる困難　166
6　求められるオーセンティシティ　169
　　むすび　170

Ⅳ 京都観光戦略の提言

12　京都・アーバン・エコツーリズム ……………塚本珪一　175
　1　エコシティからエコツーリズム　176
　2　アーバン・エコツーリズムへの道　178
　3　アーバン・エコツーリズム　183
　む　す　び　190

13　京都のコンベンションと観光戦略 ……………堀野正人　192
　1　観光とコンベンション　192
　2　コンベンション都市としての京都　195
　3　京都のコンベンションと観光戦略　199
　む　す　び　205

14　京都の国際観光のマーケティング戦略 ………岡田豊一　207
　1　京都の国際観光の現状　207
　2　国際観光のマーケティング戦略　208
　3　国際観光と製品政策　208
　4　国際観光と価格政策　212
　5　国際観光とプロモーション政策　214
　6　国際観光と流通政策　218

15　おこしやす・京都観光を展望する …………生田裕巳　222
　1　京都観光の基本的視点　223
　2　長期的に取り組むべき課題　226
　3　いくつかの具体的提言　229
　む　す　び　232

16 総括・おこしやすの観光戦略 ……………………山上　徹 234

1 京都の光と影　234

2 花・満・開・人・来ネットワーク戦略　236

む　す　び　242

─── 執筆者一覧 ───
(執筆順)

氏名	読み	所属	担当
河野 健男	(こうの たけお)	同志社女子大学教授	1
山上 徹	(やまじょう とおる)	同志社女子大学教授	編著者, 2, 8, 16
三ツ木丈浩	(みつき たけひろ)	日本大学大学院生	2
西口 光博	(にしぐち みつひろ)	京都市観光産業局長	3
芦田 友秀	(あしだ ともひで)	ホテルグランヴィア京都顧問	4
吉田 和男	(よしだ かずお)	京都大学大学院教授	5
小林 照夫	(こばやし てるお)	関東学院大学教授	6
工藤 泰子	(くどう やすこ)	大阪学院短期大学非常勤講師	7
西村 公夫	(にしむら きみお)	京阪バス株式会社社長	9
土居 靖範	(どい やすのり)	立命館大学教授	10
中川 理	(なかがわ おさむ)	京都工芸繊維大学助教授	11
塚本 珪一	(つかもと けいいち)	平安女学院大学教授	12
堀野 正人	(ほりの まさと)	奈良県立大学助教授	13
岡田 豊一	(おかだ とよかず)	国際観光振興会ツーリスト・インフォメーション・センター京都所長	14
生田 裕巳	(いくた ひろみ)	京都総合経済研究所代表取締役	15

I
京都の観光資源と現状

1 観光・余暇の推移と地域づくり

　観光は，これまで社会科学の重要な分野であるとは必ずしもみなされてこなかった。しかし，これからの社会が，労働に埋没した一生涯ではなく，さまざまな意味合いで豊かで実り多い人生を過ごすことができるような人々から構成されるべきであるならば，観光を含めた余暇のあり方はきわめて重要な問題である。労働と余暇との良好な循環を通じてこそ，人々の労働諸能力や人間的資質の向上がもたらされるからである。ここでは，観光・余暇の推移を振り返って，これからの社会で望まれる観光・余暇が，地域づくりが抱えている課題と同種のものであることを主張しようと思う。

1　観光と余暇

●観光と余暇の区別

　観光とは，一般には，名所・旧跡を中心に人々が各地を旅行・行楽していく行為のことである。ごく普通の庶民が，この種の観光に参加できるようになったのは，欧米社会では休暇や交通手段が確立して民間旅行業なども成立していった19世紀半ばからであり，わが国での本格的な大衆観光の成立は，戦後社会に入ってからであろう。

　いうまでもなく，観光の成立は，本来自分のものである〈時間〉が，他者による拘束された〈時間〉帯として組織・管理されてしまっている「労働時間」から，人々が解放されていることを前提とする。したがって，あまりにも長すぎる「労働時間」のために，「非労働時間」の大半が睡眠などの生理的に必要な〈時間〉でもっぱら消費されてしまい，〈時間〉の自由な使い方さえ容易でなかった時代においては，大衆観光は成立しない。私たちは一般に，この種の自由裁量可能な〈時間〉帯である「非労働時間」のことを「余

暇（時間）」と呼んでいる。

　もちろん，観光は，「余暇（時間）」のすべてではなく，その１つの過ごし方に過ぎない。「余暇（時間）」の過ごし方には，観光以外にも家族団らん・趣味・スポーツ・鑑賞・学習・啓発・研修など，個人ごとに異なった自由かつ多様な過ごし方があるからである。こうした観光を含めた「非労働時間」の総称である「余暇（時間）」が，わが国で市民権を得て迎えられていったのは，前述のごとくそんなに古い話ではなく，限定すれば高度成長期以降のことであろう。マス・レジャーという当時の流行語が，その後の過程のなかで次第に内実を獲得していくにつれて，国民世論も余暇を積極的な意味合いで捉えていくようになっていったのである。

　今日では，観光や余暇のもつ意味合いは，労働で消費された肉体的精神的労働力の回復に寄与するという側面に限定されることなく，自由かつ自主的な余暇時間の活用・創造を通じて，マンパワーとしての自己の労働諸能力を高めたり，労働に集約されないゆとりある人生をエンパワーメントするための自己実現を図る役割をもつものとしても肯定的に理解されるようになってきている。あわせて，わが国の産業構造も「脱工業化」「サービス経済化」の進展とともに，単なる奢侈的性格としてではなく国民生活にとって不可欠なサービスを提供する産業形態として，各種の生活関連余暇産業を語ることができるようになってきている。とりわけ，高齢社会という現実は，介護や医療・福祉の領域だけでなく，高齢者のゆとりある生活を全面的に保障しうるような社会的枠組みを求めている。その実現は，社会保障制度の充実だけで果たされるわけではなく，観光・行楽・鑑賞といった外出の機会の提供や日々の地域・在宅での娯楽・趣味・情報提供などの生活関連余暇サービスの充実によっても果たされるのである。

　そしてこのことは，高齢者だけでなく広く国民一般の需要でもあるから，広く国民生活一般に対して，安価で安全かつ健全な文化に支えられたサービスを提供できるような生活関連余暇産業への需要が高まっているのである。今日の観光や余暇を論じるには，こうした視点からの考察が必要になっている。

●観光・余暇と労働との関係

　観光が余暇の一形態であることはすでに述べた。では，観光・余暇との関係はいかなるものであろうか。

　余暇が一般に非労働時間をさすことから，余暇はこれまで往々にして労働すなわち社会的就労とは無関係な私事とみなされてきた。労働は，それなくしては生活が成り立たないから，最も重要な行為であるとみなされ，成人が労働によって，他人に依存しない自律した生活を達成することは一種の社会的規律でもあった。他方で，余暇は，労働を離れた時間や空間で行われる行為であることから，一見したところ労働とは無関係な，そして労働よりも一段と価値の低い行為であるとみなされやすかった。余暇が意味をもつとすれば，それは労働能力の形成と保持に何らかのフィードバックをするような貢献があるとみなされた場合であった。しかし，こうしたこれまでの観光・余暇観は改められるべきである。

　というのも，余暇は労働と結びついた一連の生活行為であって，いついかなる時代にあっても，一般の国民にとって，余暇は労働と反照関係にあったからである。つまり，労働せずとも生活が成り立っていた特権階級はさておき，一般の人々にとって日常的な労働は必ず労働力回復過程としての余暇を必要としたし，非労働時間である余暇は必ず日常としての労働に立ち帰るものであるからである。一説によれば，旅行を示すツアー TOUR の語源は，ラテン語で「回転」を意味する TOUNUS であるという[1]。この場合の「回転」とは，ツアーが出発点たる家郷を出て彷徨し再び家郷に戻ることをさしている。とするなら，余暇と労働との関係もまた，両者の「回転」運動であるから，TOUNUS であるといえる。さらに，反照関係である2番目の理由は，その時代にあって一般的な労働の形態が余暇の一般的な形態を規定したからである。後述のように，労働形態が集団的であるのが一般的であった時代においては，余暇の形態もまた集団的であったからである。

　いずれにしても，余暇と労働との関係が，いずれか一方のみを取り出して単独に論じられるような性格のものではないということは，重要なことである。いうなれば，余暇が労働から発して成立し再び労働に回帰していくとい

う性格のものである限り，余暇の意義は，労働能力形成への貢献度に限定できるものではなく，余暇の有効な利用を通じて，労働と余暇を貫いた生活全体のさまざまな意味合いでの豊かさの構築にある。

このように考えてみると，これからのわが国において求められる観光・余暇とは，労働と余暇を包み込んだ生活全般に対して，潤いや活力・創造力を与えることができるものであろう。したがって，観光・余暇の場面で提供されるサービスは，生活スタイルの質的向上につながらないような，その場限りの単なる享楽的・奢侈的・一時的なものであってはならず，労働諸能力を含めた生活主体としての人間的資質の発展・成熟に資するものでなければならないことになる。

もっとも，観光・余暇にこうした意味合いを含めさせることができるようになったのは，わりと最近のことであったと思う。たとえば社会科学では，これまでは圧倒的に〈労働〉研究が主流であって，文字どおり〈余暇〉は「余った暇」における私人的行為であるから，そのありさまはそれこそ人それぞれであって，あえて社会科学の分析対象となるようなものではないとみなされがちであった。人々の一生涯がもっぱら職業生活，したがって労働のありようによって規定されざるをえなかった時代においては，こうした捉え方が生まれるのにも一定の根拠があった。しかし，すでに述べたように，産業形態も，そして職業観も高度成長期とは大きく異なった現在においては，観光・余暇＝私人的行為＝分析対象には値しないもの，という捉え方では，余暇と労働を包み込んだ生活全般へのアプローチは成り立たないのである。

● 観光・余暇と労働との関係の変化

というのも，「人生80年時代」の到来や「サービス経済化」（モノの生産からサービスの生産への産業構造変化）などは，総じて，誰でもが容易に余暇・観光の効用を享受できるような〈ゆとりある生活条件の創造〉が，これからの社会において希求される基本的なトレンドであることを物語っているからである。〈ゆとりある生活〉のイメージは，おそらく各人各様ではあろうが，すべての国民がこの状態に近づくためには，直面する高齢社会への対策が重

要なポイントである。

　表1-1は，わが国の高齢（化）社会に関する指標である。「人生80年時代」という言葉に示されているように，わが国の近未来は世界第一の長寿国である。男性の平均寿命80.8歳（2045〜50年）は，スウェーデンについで世界第2位，女性の86.9歳は世界第1位であると推計されている。少子化の進展というもう1つの条件が重なることで，わが国の高齢化率はかつての政府予測をはるかに越えて短期間で急速に高まっていかざるをえない。今世紀前半で，高齢者が総人口に占める割合は4分の1を突破して3分の1に突入することが避けられないのである。高齢者の生活保障が不十分であることは，人口の3分の1がさまざまな意味合いで不幸な状態にあることを意味する。たとえ，年少人口や現役世代からなる残りの3分の2が幸福な状態にあるとしても，人口の3分の1が不幸であるような社会は，とても正常であるとはいえないであろう。医療・福祉・介護といった社会保障の充実はもとより，他の世代と同等で差別のない社会的処遇が高齢者に保障されている状態が実現されていなければならない。希求されるトレンドとは，このことをさしていっている。その実現のためには，前述したように，基幹的な社会保障のみならず，外出・買い物・趣味・鑑賞などの自由な余暇活動が享受でき，市民生活上支障のない状態がつくり上げられなければならない。サービス経済化は，この方向で国民生活に寄与すべき性格のものである。

　サービス経済化は，介護保険の成立などを契機にして一段と進展しているが，高齢者の社会生活を商品化されたサービスの販売という側面からサポートしていく資本の活動領域である。それが私的資本の形態をとる限り利潤原理が介在するのは当然であるが，利潤の極大化は商品の劣悪化を招き，資本間の競争で淘汰されていくという緊張関係にあり，それはすでに現実の事態である。わが国の資本主義経済は，基本的にこの種の国民の生活ニーズと「商品性」（商品の善し悪し）との一致と不一致の絶え間ない葛藤の段階にすでに突入している。また，サービスの生産という領域は，どんなサービスが求められているかというニーズそれ自体が，煎じ詰めれば各人各様で多様性に富むがゆえに，膨大な需要をもった領域である。そうしたサービス生産の

領域が広がることは，先程述べた淘汰の過程を通じて豊かなサービス社会の形成につながっていくことを予想させるのである。

こうした脈絡に据えた際，サービス経済の一分野である生活関連余暇サービス業もまた，高齢者の豊かな市民生活の創造に寄与できる分野とみなされなければならず，奢侈性や腐朽性を排したその発展が期待されるのである。

表1-1 高齢（化）社会に関する指標

(1)平均寿命

	1950～55年	1995～2000年	2020～25年	2045～50年
男	62.1歳	76.8歳	78.8歳	80.8歳
女	65.9歳	82.9歳	84.9歳	86.9歳

(2)高齢化率

1995年	2000年	2015年	2050年
14.56%	17.24%	25.22%	32.29%

(3)到達年次と倍加年数

	7.0%	14%	7%→14%
日　　本	1970年	1994年	24年
スウェーデン	1887年	1972年	85年
ノルウェー	1885年	1977年	92年
フランス	1864年	1979年	115年

出所：社会保障・人口問題研究所編『人口の動向―人口統計資料集2000―』
厚生統計協会，2000年より。

2　戦後日本の観光・余暇の推移

これまで観光と余暇の区別および労働との関連という点に焦点を当てて整理してきた。

では，戦後わが国における余暇と労働との関連は，いかに推移してきたのであろうか。それを振り返って跡づけてみる作業を通じて，これからの観光・余暇の基本的な発展方向が，諸個人の〈自己実現〉を図ることにあること，そして，そうした観光・余暇の開発は，現時点で本格的な展開を迎えた地域づくりの課題と深くつながっていることを示してみたい。

前述したように，その時代にあって特徴的な労働形態は，それに合致した余暇の形態を輩出してきた。ここでは，大雑把ではあるが戦後社会を3つに

時代区分して，それぞれの時期の余暇と労働の主たる形態と特徴に触れ，あわせて余暇の舞台である地域社会の状況を概括してみる。

この場合，〈自己実現〉というのは，疲弊した労働諸能力の原状回復にとどまらず，余暇の有効な利用を通じて労働諸能力のさらなる高次化を達成し，もって労働主体ひいては生活主体としての人間的諸能力を開発させて生き甲斐や活力を培うことを示している。こうした意味での〈自己実現〉を目的とする観光・余暇は，来訪者を受け入れる側の地域社会のさまざまな魅力なしには成り立たないのであるから，そうしたホスピタリティ(2)に富んだ地域づくりが観光・余暇との関連でも重要な課題となっている。

●高度成長期

高度成長期の主導産業は輸出に大きく依存した製造業部門であった。造船・電気・自動車などの製造業部門における生産方法は，いわゆるラインスタッフ制であった。ラインスタッフ制とは，簡単にいえば，規格化された部品の組み立て工程のために配置されたベルトコンベアー（ライン）において作業員（スタッフ）が行うところの単純工程作業の徹底した順序化・組織化である。それぞれの作業員は，組み立て工程の各段階において求められる特定の作業を，あらかじめ定められた速度で反復実行する。ラインにおける各作業内容は，完成品ができ上がるのにとって必要不可欠な一工程として前もって厳密に取り決められており，これに違反した作業は次の工程段階において別の作業員が行う手順を狂わせてしまい，ひいては工程全体の作動をストップさせてしまう。

フォーディズムとして著名なこの生産方法は，わが国における本格的な大量生産方式の到来でありながらも，作業員にとっては単純技能作業の反復労働に起因する勤労意欲の減退・喪失，しかしながら次の工程を行う同僚作業員の支障にならないように配慮した自己労働という集団的作業規範を生み出していった。このラインスタッフ制の骨格に，その後，わが国独自の味付けが施されていき，たとえばQCサークルのように，本来は経営側の主管事項である工程改良による生産性向上の目的のために，作業員の自己点検や創意

工夫などが求められ、その貢献度が人事考課の対象ともなるといった、いわゆる日本的経営の一翼をなしていったことは周知のことである。

　こうした集団型労働態様を特徴としていた高度成長期の労働形態は、余暇の場面においてもその集団性を発揮した。高度成長期までのわが国農村社会では、結（ゆい）と講とに代表されるきわめて共同体的な協同慣行が広範に展開されていた。結は〈結合〉の意であり、交換的な共同労働をさす。家族労働力だけでは行いがたい田植えや屋根葺きなどでの隣人の労力提供に対して、金銭によってではなく労力の返礼的提供で対応するのが特徴である。近世前期に成立したといわれる労働力の等量交換であるこの種の結は、小農経営が成り立つに必要な共有地や水利潅漑などの「生産の一般的共同社会的諸条件」の維持管理のために、個別家族を越えて村人総出で協働することに起源を発している。こうして、農耕生産という労働場面で必要とされた共同的契機は、労働を離れた余暇の場面にも引き継がれ、共同的な余暇行為である講を成立させた。講は、本来、仏典の講義を聴く法会あるいはその参会者の団体をさすが、転じて村落共同体ごとに組織された①同じ信仰で結ばれた集団、②相互扶助の団体を意味する。前者には、民間信仰行事での会食やくじ引きで代参者を出す代参講（伊勢講や成田講）などが含まれ、後者には、金融・合力・社交などの場面での多様な講集団が組織されていた。

　農村社会でのこの種の労働・余暇両面にわたる共同的契機は、形を変えながら都市社会にも貫かれていた（「第二のムラ」）。集団的労働態様を特徴とした都市の労働形態は、労働を離れた余暇の場面においても、職場集団の慰安を目的とした団体旅行（社員旅行）を生み出した。年に一度の職場団体旅行は、予定された目的地への往復があらかじめ定められたスケジュールに沿って行われるのであるから、皆が同じ場所で同じ時間を過ごし同じ経験をする。まさしく労働規律と同じ集団原理が、余暇の場面でも行使されているのである。製造業に典型的にみられるラインスタッフ制という集団性が、こうして労働と余暇の両面にわたって浸透していたのが高度成長期であり、奇しくも製造業は1970年の国勢調査の時点で、就業者構成比が戦後のピークである26.1%を記録したのである。

他方で，地域社会は，高度成長期の後半に入ると，社会資本の充実を欠いた状態での都市化社会へ突入することで，生活基盤施設・サービスの不充足・未整備に起因する都市問題の発生という局面に入っていった。生産第一主義の結果，必然的に発生した産業公害や社会資本のキャパシティーを超えた人口の大量流入は地域問題を生み出し，これらの解決をめざした住民運動が各地に噴出した[3]。そうした経緯のなかから，都市化社会における市民自治に基づいた自治体改革の展望として，松下圭一によってシビルミニマム論が唱えられた。その紹介と評価は後に譲るが，イギリスにおけるフェビアン協会の手による都市改革運動に範をとって，都市的生活公準を都市市民が享受しうる権利であるとともにその提供を都市自治体の政策責任として設定するシビルミニマム論は，自律した市民類型の成熟と自治体変革をめざすという点では，今日の言葉でいう地域づくりのわが国戦後社会における本格的な現れであった，といえる。しかし，シビルミニマム論は，住民運動がこの時期おおむね作為阻止型の抵抗運動の形態をとらざるをえず，したがって，運動の目標達成によって運動が継承困難に陥るなかで，この時期においては，その主張にふさわしい地域づくりの主体形成と経験の蓄積には至らなかったのである。

●1980年代

　都市化社会の完成を条件として，新たな地域づくりのうねりが始まったのは1980年代である。高度成長期の住民運動が，ただでさえ不十分でしかない地域生活諸条件が開発などの外的要因によってさらに悪化することに対する抵抗運動であったとするならば，住民運動は，その経験と交流のなかから住民をして生活主体としての自律性を高めさせていき，さらに良好な地域生活諸条件を構築するためのまちづくり運動の主体にも発展させていくことができる性格を内在的にはもっていたであろう。しかし，政府側の公害対策の進展によって住民運動の「冬の時代」が到来して以後は，しばらくこうした主体の現れには至らなかった。

　都市に居住する人口が主流になって都市化社会が完成すると，その対極に

あった農村部は，押し寄せる急速な高齢化と過疎化によって危機を迎えていった。そのなかから，中央に対抗する地方の気概の形成などの論旨のもとに地域主義や〈地方の時代〉という論調が，1970年代後半から80年代にかけて唱えられるようになった。地域づくりの事例としても，大分県の平松知事が命名した「一村一品運動」などがムラおこしの方法として展開されていき，これに続いてバブル期のリゾート法（1987年）を背景にして，テーマパーク型の大型観光開発が各地方で行われていった。

　他方で，1980年代の労働の場面では，脱工業化の局面に入ったことから高度成長期とは異なって製造業が占める就業者構成比は下降し，かわって流通やサービス業といった第3次産業での就業者の割合が急速に高まっていった。産業大分類でいう「卸売・小売業，飲食店」「サービス業」などの業種としての特徴は，製造業とは対極をなす対人型の労働態様であることにある。さまざまな商品やサービスの販売は，消費者のニーズの在処を機敏に察知して，その内容にふさわしい商品・サービスを的確に提供する活動である。その意味で，労働の対象は製造業のようなモノではなくヒトである。この業種に不可欠な，顧客である消費者のニーズの把握や独自の応接様式といった労働態様は，この業種にふさわしい独特の個人資質の開発によって形成されるマンパワー（人的資源）を必要としており，そうした個人の労働力形成に支えられて，顧客と就業者からなるマンツウマン（対人型）の労働形態が成り立っているのである。作業内容の異なる個人労働の集積の上に成り立っているラインスタッフ制にみられるような労働の集団性は大きく後退して，これに替わって労働の個人的性格が顕著になっている。「卸売・小売業，飲食店」は1975年，「サービス業」は1985年の国勢調査の時点で，初めて20％に到達したのである。

　こうした就業者構成における変化は，観光・余暇の動向変化としても現れてきた。いわゆる団体型の旅行・レジャーが急速に退潮して，職縁とは直結しない家族・友人・個人を単位とする個別的あるいは個我的欲求に合致した行動形態が，バブル期を背景にして娯楽性・奢侈性を強くもちながら展開されていった。地域づくりとの関連でみても，たとえば湯布院のように，地域

社会の歴史と風土がもつ商品性の彫琢に努めて、これに映画などの文化芸術性を加味して観光と地域づくりとの地方独特の連鎖を創り出した事例もあったし、他方では、1983年に開設された東京ディズニーランドのように、大規模施設による完璧なまでの非日常空間を造形してアミューズメント効果に徹した観光レジャー開発が現れたりした。こうして、1980年代は、高度成長期のような労働と余暇が一体となった伝統的な旅行型観光が衰退して、観光と地域づくりとの連結という課題が意識され模索されていった時期である。

●1990年代以後

1990年代以後は、今日の観光・余暇をめぐる基本的な諸問題の配置がなされた時期といえる。要約すれば、観光・余暇に関する人々の選好内容が質的にも急速な高まりをみせ、労働諸能力に限定されない人間的諸能力を高めることができるような観光・余暇のあり方、したがって、それが可能な地域づくりのあり方が明確に意識されるようになった時期である。単に享楽的あるいは娯楽性に特化した観光開発は、もはや過去の観光の形態として捉えられなければならず、良好な居住・文化環境のなかで豊かな社会関係が展開されている地域社会こそが、都市であれ地方であれ魅力ある地域社会であって、そうした地域づくりこそが、その実、観光開発でもあることが次第に明確になってきたように思う。

1990年代以後の産業動向は、前の時期における流通・サービス部門の発展に示される「サービス経済化」が、わけてもサービス業において進展し、1995年国勢調査の時点でその就業者構成比を24.8％にまで高めている。1994年サービス業基本調査によれば、サービス業を「対個人サービス業」「対事業所サービス業」「対個人・事業所サービス業（前二者の中間）」に分けてみた場合の事業収入額の増加率（対1989年度）は、それぞれ64.7％、35.5％、26.8％となっており、この間の対個人サービス業の発展が顕著である。バブルを挟んだこの時期には、金融・不動産、公務などのいわゆる非生産的人口の拡大がみられ、サービス業の発展はその一翼であった。[4]

職種としても対個人サービス業（生活関連部門および余暇関連部門）と対事

業所サービス業における専門技術的職種や情報関連職種が拡大していった。この種の職種は，とりわけそれに従事する個人の技能・資質に依拠する側面が一段と高いのが特徴である。ブームともなった先端的な美容業や細分化の著しいＰＣ関連職種など，資格取得を伴った比較的長期にわたる技能育成の成功不成功が，個別企業やその業界の経営業績を左右する場合もままある。反面，わが国においては，これらの職種の拡大からそれほど時間が経過していないこともあって，派遣や臨時・パート・フリーランスといった一時的・不安定な雇用である場合も多いが，技能と資質という個人的資源に支えられた労働態様が，今日のめまぐるしい技術革新のなかで労働力価値の陳腐化を免れてその独自性を維持しようとすれば，さまざまな機会を通じた自己技能の革新が必要とならざるをえない。

　そうなってくると，余暇の形態も労働力の陶冶という労働場面との連結性を再び高めていくことになる。職場を離れた余暇生活においても，自己啓発や資格取得のための研修・学習などを意識するようになっていく。こうした動向を反映して，観光・余暇開発のトレンドも，観察・啓発・体験・学習などを銘打ったツアーにアクセントがおかれるようになってきている。1980年代の労働と分離された個我的な余暇の傾向とも，そして職縁から決して自由ではなかった高度成長期の余暇とも異なって，労働能力の陶冶を幅広く人間的な資質の形成のなかで培おうとするニーズが隆盛してきていると考えてよかろう。以前からもあったとはいえ，最近になって注目されだしたエコ・ツーリズムやグリーン・ツーリズムなども，自然界のなかでの余暇が労働力を越えた人間的諸能力の啓発と自己実現にとってきわめて有用であることへの着目でもあろう。

　今日における観光・余暇の基本的動向は，アミューズメントへの埋没を脱して，リラクゼーションを通じたマンパワーの獲得，およびそれを包み込んだ人間的諸能力のエンパワーメントであるのかもしれない。

　これまで述べてきたことは，図1-1のように整理できるであろう。

図 1-1　戦後日本の労働と余暇の推移

高度成長期	1980年代	1990年代以後
労働と余暇が一体 （共同体型） 例：結・講，団体旅行 予定された場所・同じ行為 ・同じ時間の過ごし方 →労働規律と同種	労働と余暇が分離 （個我型） 享楽的観光・行楽・レジャー 娯楽性・奢侈性の強い観光	労働と余暇が相互浸透 （個人指向型） 滞在・学習・自己啓発 研修・資格取得・啓蒙を銘打った観光商品
マニュアル労働主流 集団型（ラインスタッフ）労働態様 製造業：1970年26.1%・1995年21.1%	流通・サービス労働の増大 対人型の労働態様 卸売小売：1975年から20%台	専門・情報産業の飛躍 個人資質依存型の労働態様 サービス業：1985年から20%台
シビルミニマム 住民運動	地方の時代（地域主義） まちづくり	地方分権・地域振興 ホスピタリティ都市

3　地域づくりの思想—その変遷と系譜

　前節では，戦後社会における観光・余暇の推移をたどって，良好な自然環境と豊かな文化性が育むであろう人間的諸能力のエンパワーメントが，人々が観光・余暇に求めているものであることに触れてきた。そのように整理すると，他方で，戦後社会がこれまで経験してきた地域づくりもまた大きな曲がり角にきているように思われる。というのも，国が行う上からの地域開発抜きには地域づくりが考えられなかったような時代から，地域の個性を尊重した自主的かつ創造的な地域づくりである地域振興が求められている時代への実態を伴った転換として，今日の状況を理解すべきであると考えているからである。バブル期のリゾート法のもとで展開された各地での大規模保養施設（ホテル・ゴルフ場・レジャー施設の三位一体）が，地域社会との一体感の醸成にはおおむね失敗して地域づくりにはたいして貢献できなかったことが明らかとなった現在，画一的なモデルを各省庁の補助金で地域に誘導する中央主導型の地域開発は，これまで果たしてきたその役割を終えたとも評価できる。最近の地方分権の議論に含まれている，統治する側からの効率的な地方行政を求めるという政府側の意図は別にして，地域社会が自律して地域社会の諸決定を行うための主体的条件も育ちつつある。こうした地域振興の努

力が，観光・余暇開発の方向とも交差するような状況に入っているのである。

●**地域開発と地域振興の違い**

　地域開発は，全国総合開発計画（以下，全総という）にその典型をみるように，国家計画として上から地域社会に展開されていく国土開発施策である。当初の全総は，資本・労働力・技術などの拠点開発方式を掲げての地域（事業）指定方式であったため，きわめて国家主導的性格が強かった。それに対して，三全総における定住圏構想や四全総における交流ネットワーク構想などを通じて，次第に地域特性を生かした地域主導による地域づくりというトーンが強まっていくなかで「地域の選択と責任」が強調され，地方分権の推進議論においては，地方分権は地域の自主権の強化（地方財源拡充を欠いた権限委譲）と不可分な自己責任原則であることが明記されるようになった。地域のことは地域が自主的に決定するのであるから，その決定がもたらす結果はすべて地域が負うべきであるという言い方で，地域づくりにおける地域間の生存競争が当然視されているのである。

　さらに，五全総では，これまでの全総に起因する，いきすぎた都市化や環境破壊を是正するための国土構造の再編が提起されている。いわゆる，一極一軸型から多軸型への国土構造の再編が「21世紀の国土のグランドデザイン」である。そこでは，「地球時代（ボーダーレス）」「自然再認識」「人口減少・高齢化」「高度情報化」を新世紀のトレンドとして捉え，開発に重点があったこれまでの国土政策からの離脱の方向に舵を取ろうとしている。そのためにも国土計画の守備範囲は，広域的な基盤整備など国が果たすべき役割にとどめ，その指針を示すにすぎず，地域の自主性を損なうことがあってはならないとされている。

　こうして，地域づくりの方向性においては，自己責任が強調されるなかで，「地方中心・中小都市において，基礎的な医療・福祉，教育・文化，消費等の都市的サービスや身近な就業機会を提供する」とか，「多自然居住地域の拠点としての役割が特に期待される中小都市等については，21世紀型のライフスタイルが実現できる新しい都市のあり方を実践するフロンティアとして，

画一的でない個性あるまちづくりを推進する。このため，ＵＪＩターン者を含む多様な人材，地域固有の歴史的・文化的資源，豊かな自然環境，特色ある地域産業等を活用して，観光・リゾート都市，芸術・文化都市，伝統産業都市等，地域の魅力ある個性の創出や文化の香り高いまちづくりの推進を図る」などとして，あからさまな産業開発至上主義は退けられ，生活環境重視型の方向に向いている。

他方で，これまで述べた地域開発とは区別された意味での地域振興とは，前者を必ずしも前提とはしない，地域での自主的なまちづくりの諸活動のことである。地域づくりが国の国土計画の存在抜きには考えられなかったような時代においては，この種の地域振興が主体的・客観的に抱える制約は大きかったといわざるをえない。しかし，紹介したように国土計画の方向性が変化した今日，地域開発に依拠しない地域振興の本格的な実践が各地で芽生えている。前節で述べたように，戦後社会は地域づくりに関わる思想や実践をシビルミニマム，地域主義，地方分権・地域振興として経験してきた。そうした系譜の上に立って，新たなる地域振興が本格的に始まっているのである。

シビルミニマム論は，行政法学の立場からの自治体改革にその焦点が当てられていたが，地域づくりにおける主体形成という点でも，都市型社会における社会保障・社会資本・社会保険の整備による市民の生活権保障を実現するために市民による直接民主主義を重視し，それに基づく自治能力の蓄積と市民的人間類型（エートス）のわが国戦後社会における確立をめざしていた[8]。松下の理論が，1968年に「東京都中期計画―いかにしてシビルミニマムに到達するか―」として１つの結実をみ，全国に先駆けて70歳以上の老人医療の無料化を実施したり，国の基準を上回る公害規制として，当時の革新自治体行政において展開されたことは周知のできごとである。地域づくりにおける主体形成は，進行する「過疎を逆手にとった」ムラづくりとして提起された地域主義においても引き継がれた論点である。

今日では，地域振興に関わる客観的・主体的条件がこれらの経過を通じて整いつつある。客観的条件としては，地方分権を背景にした地域の自主決定権の拡大があり，主体的条件としては，国の国土計画に依らない地域独自の

地域づくりの経験の蓄積がある。

　こうして，今日では，生活環境の整備をめざす地域づくりが，そこに暮らす地域住民の良好な社会関係を築きあげ，地域社会に個性的な「品格」というトータリティーを形成するに至る回路が成り立っている。この種のホスピタリティに富む人間類型から構成される地域社会の「品格」こそが，観光・余暇開発がめざす当面の焦点であり，ここに観光・余暇開発と地域振興が交差する，といえるのである。

1　戸崎肇『旅行産業の文化経済学』扶養書房出版，2000年，33頁。
2　ホスピタリティとは，わが国における提唱者である服部勝人によれば，「人類が生命の尊厳を前提とした創造的進化を遂げるための，個々の共同体もしくは国家の枠を越えた広い社会における多元的共創関係を成立させる相互容認，相互理解，相互信頼，相互扶助，相互依存，相互発展の六つの相互性の原理を基盤とした基本的社会倫理である」とされていて，きわめて包括的な概念である（『ホスピタリティ・マネジメント―ポスト・サービス社会の経営―』丸善，1996年，69頁）。要は，受け入れ側は訪問者に食事・宿泊を提供し，訪問者は受け入れ側に外地の風聞・情報を提供することで成り立ち，訪問者を「もてなし」する受け入れ側の応接態度が創り出す互酬的な人間関係のことであり，通文化的通歴史的な概念である。
3　佐藤俊一『戦後日本の地域政治―終焉から新たな始まりへ―』（啓文堂，1997年）は戦後の地域政治を振り返るための好著である。
4　宮本憲一『都市をどう生きるか―アメニティーへの招待―』（小学館，1995年）では，1980年代初頭におけるニューヨーク市との比較を行っている。
5　清原政忠「役割終えた全国総合開発計画」（朝日新聞2000年11月22日）。
6　政府が推進している地方自治体の合併施策に絡ませて，筆者はこの問題を論じたことがある（拙稿「周南合併の問題点をさぐる（上）」山口県地方自治研究所『山口の自治』Vol.31，1998年）。
7　たとえば，「第一次全総計画においては，国と地方との関係についての明確な記述はない。かろうじて，その『むすび』において，『この計画が達成されるためには，国の努力はもちろん地方公共団体，民間企業および国民の理解ある協力が必要である。』と記述されている程度である。国主導的色彩がかなり強く，地方公共団体の役割は非常に限定されていたといえよう。」（植田浩・米澤健編『地方自治総合講座 14 地域振興』ぎょうせい，1999年，68-69頁）。
8　松下圭一の理論を戦後政治学の変遷のなかで論評しているものに，田口富久治『戦後日本政治学史』（東京大学出版会，2001年）がある。

　　　　　　　　　　　　　　　　　　　　　　　　　　　　（河野健男）

2 京都の観光資源

　観光資源（tourist resources）とは，一般的に自然そのものの資源や人の手によって造り上げられた人文資源をいう場合が多い。つまり観光資源は，一般的に自然資源と人文資源とに分類されている。特に山紫水明という言葉に代表される京都は，三方を山で囲まれ，四季折々，変化に富んだ自然資源に恵まれている。また社寺・歴史的街並み，景観などの人文資源が豊富に存在することをもって京都観光が論じられる。

　ところで，20世紀とは，モノ・カネを having する時代であったともいわれている。それに対し21世紀は，人間の心の時代が到来すると予期されている。そのような時代に私たちは人文資源，自然資源だけを京都の観光資源と考えるべきであろうか。21世紀に京都への観光客はどのような観光資源に関心を示し，入洛するのか。そのためには，いかなる観光資源を創造すべきかを考えねばならない。京都は，その時代，時代に多くの寺社・庭園などのハード面が造られ，また年中行事などのソフト面が充実していることもあり，国際文化観光都市として内外から高い評価を受けている。しかし，そのような資源だけをもって京都の観光資源として評価してよいのであろうか。京都の観光資源とは実際にいかなる事象（モノ・コト・ヒト）[1]であるかを明確にする必要がある。そこで本章では，新たにヒューマンな面から観光資源のあり方を考えてみたい。つまり，総合的(広義)に京都自体の観光資源を捉え直し，さらに観光戦略の必要性を提起するつもりである。

1　観光資源と観光対象

　観光（tourism）とは，一般的には，気晴らしのために自然景観や名所旧跡を訪ねて，見る（sightseeing）ことを第1目的として考えられてきた。中

国の戦国時代に編纂された儒教教典の五経の1つである易経で,「観国之光,利用賓于王」(国の光を観るは,もって王に賓たるによろしい)[2]と述べられているが,それがわが国の観光の語源となった。それによれば,観光とは,光を観る行為そのものが目的であり,観光には,周の時代に王様が文物や勢力を競うという国威高揚の意味が含まれている。すなわち観光は,お互いに他国へ往来し,自国の光を示し,また他国の光を観て参考にしたことに由来する。

　観光対象は見る側の主観で異なった評価になる。観光の語源にしたがえば,ある事象が観光対象になりうるには,「人々が観光上の欲求を喚起したり,その充足をうることのできる事象」[3]が光の度合いということになる。一方,観光資源とは,観光を供給する側から,「観光上の諸効果を生み出す源泉として,働きかける対象となりうる事象」[4]であると規定できる。しかし,観光の供給の側がある観光資源をいかに高く評価したとしても,観光対象とする観光客がそれをどのように評価するかは別の問題である。文化価値のある観光資源でも,観光客の主観的な評価が異なる場合も生じる。つまり,観光客が求めるニーズを満たす観光資源には,その時代背景,その場でしかないという固有性,独自性が強く求められる。この観光資源を観光対象化させることが,観光地としての命題であるといえる。

　易経でいう「国の光を観る」とは,諸国を巡り光を見て学ぶことを意味していた。観光客にとり観光資源は,「人間がそれを観ることによって,美しさ,珍しさ,偉大さなどを感じることのできるものであり,自己発見のきっかけを与える可能性」[5]のあるものとなる。観光資源は,一般的に表2-1のように自然資源と人文資源という「モノ・コト」で分けられるが,これらは単に「見る」「学ぶ」の視点から観光資源を列記したに過ぎない。自然資源は,人間の力では創造しえない,地球が創造したもの

表2-1　一般的な観光資源

自然資源	人文資源Ⅰ	人文資源Ⅱ
山岳・高原	史跡・社寺	橋・近代公園
原野・湿原	城跡・城郭	都市建造物
湖沼・渓谷	庭園・公園	産業観光施設
滝・岬・島	歴史景観	動物園・植物園
河川・海岸	年中行事	博物館・美術館
岩石・洞窟	碑像	水族館など
動植物		
自然現象		

出所:日本交通公社調査部『観光読本』東洋経済新報社,1994年,38頁参照作成。

であり，一度破壊すると2度と同じ状態に回復することが不可能な代替性のきかない貴重な資源である。季節や天候，時間により，観光資源はいくつもの顔をもっている。たとえば，新緑，紅葉，雪，日の出・日の入りなどにより，さまざまな光を放つ可能性を秘めている。

一方，人文資源とは，長い歴史のなかで人間の手によって創造された，有形・無形の財をいう。特に京都には多くの人文資源の文化的遺産が集積しており，観光客を誘引する観光対象となっている。

自然資源にしても人文資源にしても，一度破壊すると代替性がきかない場合が多く，観光資源を利用し，開発するにあたっては，その観光資源のあるがままの姿・状態を維持することに，つまり継続的に保護・保全，整備・開発していかなければならない。観光資源は，観光客，観光地，地域の住民のためだけではなく，日本の財産でもあり，さらにいうなれば人類の財産でもあるからである。

さらに「観光資源」としては歴史的な人文資源ばかりでなく，近代的な「人工的施設」が含まれる。たとえば，カジノ，テーマパーク，スキー・リゾートやショッピング・センターなどの観光アトラクション，さらにコンベンションが含められよう。[6]

2　京都の観光資源

京都は，桓武天皇が和気清麻呂の献言により794年に遷都して以来，長きにわたり日本の政治・経済・文化の中心地であった。実際，京都は日本の文化を育んできた「日本人のふるさと」といっても過言ではなかろう。しかし，京都の観光資源を考えるにあたっては，京都は生きている都市と考えねばならない。自然の景観などの自然資源と歴史的遺産や歴史的な年中行事などの人文資源，さらに特定の目的のイベント，アトラクション，コンベンションなどの資源が考えられる。だが，「都市とは自然の土台に人間がつくり出した人工環境である以上，都市の観光対象も多くは人文資源が中心となる」[6]。そしてその評価は，客観的にみて誰もが明確に理解できることが必要となる。

表2-2 京都府の観光資源の格付け

観光資源	特A級	A級
海岸		天橋立
社寺		鞍馬寺，大徳寺，平安神宮，銀閣寺（慈照寺） 南禅寺，八坂神社，清水寺，西本願寺 東本願寺，東寺，東福寺，金閣寺（鹿苑寺） 龍安寺，苔寺（西芳寺），醍醐寺三宝院 平等院，蓮華王院
城址・城郭		二条城
庭園・公園	修学院離宮庭園 桂離宮庭園	大徳寺北丈庭園，真珠庵庭園，大仙院庭園，聚光院庭園，銀閣寺庭園，京都御所御内庭，仙洞御所，二条城二之丸庭園，西本願寺滴翠園，天竜寺庭園，龍安寺方丈庭園，退蔵院庭園，桂離宮庭園，苔寺庭園，三宝院庭園，一休寺（酬恩院），霊雲寺庭園，円通寺庭園，渉成庭園，狐篷庵庭園
年中行事	祇園祭	時代祭，葵祭
建造物		修学院離宮，京都御所，桂離宮
博物館・美術館	京都国立博物館	

出所：日本交通公社『観光資源評価台帳－特A級，A級，B級－評価別・資源別・県別一覧表』日本交通公社，2000年を参照作成。

観光資源の評価は，一般的に「見る」，「学ぶ」を基本として観光の供給の側からなされる。たとえば（財）日本交通公社は「美しさ」「大きさ」「古さ」「珍しさ」「静けさ」「地方色」の6つの視点から全国の観光資源を「特A級（SA）」「A級」「B級」「C級」の4ランクの格付けを行っている。[8]

特A級：わが国を代表する資源でかつ世界にも誇示しうるもの。わが国のイメージ構成の基調となりうるもの。

A　級：特A級に準じ，その誘致力は全国的で観光重点地域の原動力として重要な役割をもつもの。

B　級：地方スケールの誘致力をもつ地方のイメージ構成の基調となりうるもの。

C　級：主として県民および地域住民の観光利用に供するもの。

表2-2は，京都府・市が誇る代表的な観光資源を区分したもので，特A級，A級として評価された観光資源が多く集積していることがわかる。

表 2-3　自然資源と人文資源の順位

順位	自然資源 都道府県別	計	特A	A	B	順位	人文資源 都道府県別	計	特A	A	B
1	北海道	116	1	38	77	1	京都	136	4	44	88
2	長野	80	1	16	63	2	奈良	93	4	9	80
3	群馬	45	1	7	37	3	東京	67	1	16	50
4	鹿児島	43	1	15	27	4	大阪	46	1	7	38
5	富山	39	1	9	29	5	滋賀	43	1	3	39
43	京都	16	0	1	15						

出所：表2-2と同じ。

表 2-4　特A級の保有順位

順位	道府県別	計
1	京都	4
1	奈良	4
3	青森	3
3	栃木	3
5	北海道，秋田，三重，島根，広島	2
	都道府県合計	41
	資源合計	37

出所：表2-2と同じ。

次に，「千年の古都」と称される京都の観光資源が，全国的にどのような水準にあるかを考察してみよう。観光資源の数では，北海道についで2番目であるが，人文資源と自然資源に区分してみると，自然資源は47都道府県中43位，人文資源は圧倒的な数を保有しており，2位の古都・奈良を大きく引き離し1位に君臨している（**表2-3**）。特A級の数でもトップを占め（**表2-4**），モノとして修学院離宮庭園，コトとして祇園祭などの4つの観光資源がある。

　京都は，長きにわたり造られてきた社寺などの歴史的建造物，庭園，あるいは宗教上の祭りや年中行事といった人文資源，つまり著名な文化的な資源が豊富に存在することによって，観光客を誘引してきたといえる。これらの観光資源は，歴史的，芸術的な価値が高く，文化財・国宝であり，京都の観光の核といっても過言ではない。そこで，これらを維持，保護・保全，継承していくためにも，人文資源を保存し・保護する法律が必要となってくる。以下に主なものを3つあげておこう。

　「文化財保護法」　1949年の法隆寺金堂の火災を契機に，1950年に制定された（211号）。文化財・国宝を「有形文化財」，「無形文化財」，「民族文化財」，「記念物」，「伝統的建造物群」，「文化財保存技術の指定，選定，保全，

活用」，さらに「埋蔵文化財」について定められている。[9]

「街並み保存」　高度経済成長にともなって，国土開発，都市化の波のなかで多くの自然環境や歴史的環境が破壊され，個性のない姿へ変貌していった。そこで，優れた建造物，街並みを保全するために，1966年に「古都における歴史風土の保存に関する特別措置法」が成立した。主に京都・奈良・鎌倉に限定されていたため，多くの都市で，保存のために条例により規制を行うようになった。[10]実際，このような歴史的街並みは，魅力的な観光資源と評価されるようになった。

「世界遺産」　世界的にみて人類の遺産であると認識されたものは，世界遺産としてユネスコの世界遺産委員会の審査により認定される。1994年に「京都の文化遺産17件」が，1992年の「姫路城」「法隆寺仏教建造物」に続いて世界遺産に登録された。京都の誇る文化遺産は，京都，日本国内のみならず，人類の誇る貴重な財産であり，また貴重な観光資源でもある。

3　京都の多様な観光資源

建都1200年以上の歴史を誇る京都には，自然資源や人文資源以外に，埋れてしまったり，忘れ去られてしまった多くの隠れた観光資源が眠っていると予想される。が，はたして京都はそれらを十分生かしきれているだろうか。京都は「都市そのものの魅力があり，これが人の吸引に大きく貢献している。すなわち，さまざまな人々が生活している都市のもつ複合的な機能そのもの」[11]が魅力となっているが，それらが観光客に十分に感じとられることが大切である。では，観光客の五感に訴える京都の観光資源とは何か。現代の観光は，観光客が自らの欲求や好奇心を喚起するために，一時的に日常生活圏から離れる行為と考えられている。つまり，観光客に注目させ（attention），関心をもたせ（interest），欲求を抱かせ（desire），観光行動（action）を行わせる行為とは，むしろ「見る」「学ぶ」ばかりではなく，「食べる」「飲む」「聞く」「触れる」「買う」「休む」「遊ぶ」「浸る」「体験する」「泊る」「癒す」「交流する」といった多様な行為が含まれる。このよう

表 2-5 「モノ・コト・ヒト」の観光資源

モノ（ハード）	自然資源，人文資源，産業的資源，観光商業施設，名産・名物・土産
コト（ソフト）	人文資源：祭・年中行事，見本市・イベント・アトラクション・コンベンション・企画演出
ヒト（ヒューマン）	人的資源：京都を事例にすれば，演芸人（舞妓・芸妓・島原太夫・大原女・大道芸人等を含む），京都の顔となる名士・名物女将・観光大使，ホスピタリティあふれる市民等

な複合的な目的を観光資源に取り込むには，「見立てる，引き立てる，展開する，取り込む」という誘引力のアップが必要となる。観光資源とは，自然資源や人文資源といった有形な慰楽のための「モノ」ばかりでなく，無形の「コト・ヒト」といった事象，つまり「ヒト」の出会い・交流による立ち居振舞いをも包含されるべきなのである。

　京都には，何かしら人々へ訴えかける，もしくはその人々の欲求を喚起しうる潜在的な人的資源がいまだに多く眠っているであろう。特に伝統文化に関わるヒトの観光資源の存在は大きい。「京都の文化」の華ともいえる演芸の継承があり，たとえば舞妓・芸妓の存在を再評価せねばならない。また島原太夫，大原女なども京都を代表する観光資源と考えられる。これに関連して，変身舞妓の需要が高まっているのはなぜであろうか。現代人は，ただ自然資源・人文資源を「見る，学ぶ」という観光行動だけでは不満で，むしろ自分も舞妓に変身し，疑似体験をして自己実現欲求を満たしたいという願望のあらわれであろう。つまり，観光客の願望を実現するモノが集客力のある観光対象となり，今後はヒトの観光資源化が望まれる。たしかにヒトの商品化に対する賛否はあるが，従来からの自然資源，人文資源に頼るだけではなく，ヒト・コトに対する企画力や観光資源の掘りおこし，新たな観光資源の創造がいま求められているのである。

　このように観光対象となる事象には，自然資源，人文資源をはじめ，近代的な観光商業施設，さらに人的資源などが含まれる。換言するならば，現代における観光資源とは，自然資源・人文資源・人的資源を含む，表 2-5 のような「モノ・コト・ヒト」といえよう。そして，この3つが歯車となった総合的な観光戦略を展開できる組織づくりが必要となる。

それにはまず，観光客の五感を満たす観光対象としての「モノ・コト・ヒト」という事象が観光資源であることを認識すべきである。人間の五感に訴求する事象すべてを含むならば，「コト」と「モノ」，さらに「ヒト」との出会い・交流も観光資源となる。観光が非日常体験によって満足を満たす「モノ・コト・ヒトの事象」とするなら，モノ対コト・ヒト対モノ・ヒト対コト・ヒト対ヒトといった出会いの組み合わせが考えられる。その観光資源の出会いに関する一貫的で総合的な観光戦略があってこそ京都への経済社会的効果が最大化するのである。その出会いは，具体的には，Seeing, Eating, Buying, Doing という行為と関連してあらわれ，観光客の五感（見る，味わう，聴く，触れる，嗅ぐ），さらには六感をも刺激する。それが最大限に訴えられるならば，集客力のある観光対象となるだろう。

京都の観光資源の特性は，自然資源，人文資源といったモノ・コトが充実していることにある。特に「日本人のふるさと・京都」というように日本人の心に訴えかける観光資源が多く存在している。しかし，新たに「ヒト」，人的資源の視点から京都の観光資源を再構築すべきである。

4　京都の観光資源と観光戦略の重要性

観光戦略（tourism strategy）を考えるにあたり，京都にとって観光がいかに重要な基幹産業であるかという認識が必要である。また，観光資源がどのように評価されているかを謙虚に把握すること。さらに，これまでの京都の観光施策として，場当たり的な戦術（tactics）のみが展開されてこなかったかを反省すべきである。そのような段階を踏まえて初めて，京都観光の長期的で総合的なあり方に対する最適な観光戦略が策定できるのである。

観光客の入洛客数が頭打ち状態にある今日の京都では，単なるハード・ソフトの観光資源が豊富であるという期待だけでは国際的にも激しい競争社会に生き残れないであろう。環境が激しく変動するにしても，長期的視点に基づき，一貫した総合的な観光戦略が必要不可欠である。京都観光の資源が多様かつ多元的に存在することを認識し，対応しなければならない。京都観光

を活性化するには，そのような「モノ・コト・ヒト」を総合的に捉え，マーケティング・ミックスを展開する観光戦略が必須である。つまり，観光資源の質・量を充実し，観光客の満足感を充足させるために，商品（product）＝広義の観光資源，価格（price），プロモーション（promotion），流通チャネル（place）の 4 P に，接客要員（contact personnel）＝京都市民と顧客参加（participation）＝観光客という「ヒト」と「ヒト」との交流，つまり質の高いホスピタリティを合わせた 6 P を最適にミックスすることが京都の観光戦略上，必要不可欠なことを提起したい。

　また，京都では，他地域との観光資源間の差別化戦略が必要である。これまではもっぱら近視眼的で戦術的な対応策しか実現できてこなかったように思われる。「ほんもの京都」のブランドを前提とした，大局的な政策理念の構築が必要となる。特に京都の独自性を発揮する新機軸的な観光資源の創造が望まれる。つまり，観光客にとっては自分の価値観，訴求度，五感に訴えられる資源があるか否かが，来訪する主要な動機となる。観光資源に接した人々が，満足感を抱き，心に残り，他の人へ口コミをしたいという欲求が高いことが必要なのである。その満足度が高ければ，再度訪れたいという欲求を抱くであろうし，事実，それがリピーターとなり，また口コミによって新たな観光客を誘引することになる。

　次に京都観光の戦略をたてるにあたり考慮すべき視点をあげておこう。
① 人文資源等の保護・再生・創造

　自然資源をはじめ，歴史のなかで荒れ果ててしまった人文資源が多くある。寺社をはじめ，歴史的な街並み，庭園・公園などの観光資源が豊富に存在する京都にとって，秀でたモノ・コトといった観光資源の保護・再生・創造は，国際文化観光都市として生き続けるための必然的課題である。

　観光客が観光行動をとるとき，まず「見る」という人間の五感のなかの視覚が情報の出入り口となる。そして，観光地の雰囲気によって「いやされる」ことがあれば，観光客の満足度はより高められるだろう。たとえば，いくら風情のある寺社，公園・庭園があったとしても，周囲にミスマッチな建造物があれば，観光客は空しさや失望感，哀れ味すら感じてしまう。京の風

情というものが，いかに観光客の心に訴えうるのか，また心をいやすのかを配慮すべきだろう。

② バリア・フリー化へのシステムづくり

　京都は，観光資源がどんなに豊富で有名であっても，安全・安心して回遊できない街であれば失格である。昼間ばかりでなく，夜間でも楽しめる街でなければならない。また，観光案内のガイド・ブックが刊行されているからといって，観光客は何の不具合いなしに回遊できるとはいえない。特に老人，外国人などの視点に立つバリア・フリー化への配慮が必要である。とりわけ観光案内サービスや観光地図の充実が望まれる。さらに，ハード面のバリア・フリーから規制撤廃などのソフト面（入るな，触るな，写すな，女人禁制など）のバリア・フリー化を推し進めることである。

③ 五感に訴求する昼夜間の空間創造

　観光客は，昼夜を問わず滞在時間（24時間）すべてでの極大満足を望んでいる。実際，観光客のニーズは，十人十色であるばかりではなく，一人十色といっても過言ではない。特に夜間の観光欲求は多様な形態となる。一般的に観光客が選択する夜間の観光行動は，「食べる」，「飲む」，「見る」など多様に展開される。ある意味で，京都市内自体がテーマ・パークといえる。そこでは，昼間は「見る」，「学ぶ」が中心であるが，夜間は歓楽街をはじめ，誘客するためにも多様なモノ・コト・ヒトが必要となる。同じ観光資源でも，昼と夜とでは異質の顔をもつ。つまり，夜には昼とひと味もふた味も違う異質な魅惑ある観光資源が望まれる。しかし夜間の京都は，観光客の多様な欲求を充足するに足りるモノ・コト・ヒトが少なく，賑わい演出に欠けている。夕方には商店のすべてのシャッターが閉まり，真っ暗な街並みでは，観光客はそのような欲求を充たすことができない。ライトアップをはじめ，都心部商店街の夜間営業の延長，あるいは美術館・博物館の夜間の開館など，モノ・コト・ヒトの視点から新たな夜の賑わいを演出して観光資源を創造することが必要であろう。

④ ホスピタリティの醸成

　いかに優れた自然資源・人文資源を保有しているからといって，観光客の

ニーズを考慮することなしに「見せてあげるんだ」というおごった独善的な対応では，観光客の足は次第に遠のいてしまう。またタクシー運転手の態度が悪ければ，京都の人間すべてが横柄な人々であったという悪いイメージを形成することになる。京都市民すべてに，一生に一度しか出会わないような，つまり「一期一会」というホスピタリティ・マインドが醸成されねばならない。というのも，京都の市民は伝統を重んじるあまり保守的で，かつよそ者に対して冷たいという定説が多くの人々にしみ込んでいる。観光客に対する立ち居振舞いにしても，そのような視点から判断されがちである。こうした誤解や先入観を払拭するためにも，質的に高いホスピタリティ・マインドは観光戦略上，重要な要素となる。京都観光の戦略には，京のヒト，特にヒューマンな立ち居振舞いが重要であるということである。21世紀は自然資源・人文資源を中心としたモノ・コトといった観光資源ばかりでなく，観光客と直接関わり合う人々はもちろん，さらに市民を巻きこんだ広いホスピタリティが観光を支えることになる。

　要するに，京都を活性化するためには，観光資源を自然資源や人文資源ばかりではなく，さらに人的資源を視野にいれた総合力を発揮する戦略が必要である。自然資源や人文資源という観光資源がいくらよくても，それを生かすも殺すも京都のヒトの「もてなし」であり，それが最終決定の評価になる。つまり京都では，**表2-5**のようにモノ（ハード），コト（ソフト），ヒト（ヒューマン）の面から独自性の高い観光商品を創造し，三位一体の総合力でもって観光戦略を展開することが必要不可欠である。21世紀において，京都の基幹産業として観光が確立するには，本質的には「モノ・コト・ヒト」といった総合的な観光資源をもって観光客へ適確に対応するという体制づくりが必要なことを提起したい。

1　廣松渉『もの・こと・ことば』（勁草書房，1985年，5～25頁）によれば，「物・モノ」と「事・コト」は，「動物・果物，事件・行事・事変・変事・真似事」などのように，「モノというコト，コトというモノ」という相互包摂的な意味があり，混同される。コトは本来，広義の「モノ」に属する。また「大人物」，「大物」，「前者」，「後者」というように「モノ」には，「ヒト」をも含めた天地間の万物・森羅万象すべて

を意味する。つまり「モノ・物」とは「コト」、「ヒト」をも含み、すなわち「形があって手に触れることのできる物体をはじめとして、広く出来事一般まで、人間が対象として感知・認識しうるものすべて」をあらわす。

　しかし本章では、一般的・日常的な区分から「モノ」とは、姿・形のある存在物、移転・変動がない物理的存在（ハード）を意味する。また「コト」は、ヒトとヒト、モノとモノの関わり合いによって、時間的に展開・進行する事象・事件・事態・出来事・行為（ソフト）である。さらに「者」は、「物」とが混同するので、本章では、強いて「ヒト」と表現した。「ヒト」とは人格的な心・精神を有する人間そのもの（ヒューマン）を対象とする。

2　山上徹・堀野正人編著『ホスピタリティ・観光事典』白桃書房、2001年、5頁参照。
3　小谷達男『観光事業論』学文社、1994年、49頁。
4　同書、49頁。
5　前田勇編『現代観光学キーワード事典』学文社、1998年、77頁。
6　M. Opperman, K-S. Chon, *Tourism Developing Countries*, International Thomson Business Press, 1997, p. 106.
7　服部銈二郎、金一龍「都市観光におけるアメニティ空間に関する研究」『都市問題』第81巻第5号、1990年、82頁。
8　日本交通公社『美しき日本』日本交通公社、1999年、200頁参照。
9　詳しくは、山上徹『京都観光学』法律文化社、2000年、31～33頁を参照されたい。
10　北川宗忠『観光資源と環境』サンライズ社、1998年、79頁参照。
11　日本交通公社『観光読本』日本交通公社、1994年、53頁。
12　日本観光協会『新時代の観光戦略　下』日本観光協会、1994年、9～18頁。
13　C. R. Goeldner, J. R. B. Ritchie, R. W. McIntosh, *Tourism*, Eight Edition, John Wily & Sons. Inc., 2000,p.379.
14　E. J. McCarthy, *Basic Marketing*, Ricahrd D. Inc.,1975, p.76.
15　山上徹『ホスピタリティ・観光産業論』白桃書房、1999年、154～155頁。

（三ツ木丈浩・山上　徹）

3 京都市観光の現状
■年間入洛観光客5000万人をめざして

　京都の行政関係者，経済界はこぞって，21世紀の地域活性化の柱に「観光産業」を位置づけている。その思いは「観光基本法」に基づき設置されている「観光政策審議会」が2000年に答申した「21世紀初頭における観光振興方策－観光振興を国づくりの柱に－」の観光の意義の項にほぼ集約されている。つまり，「観光」は「①人々にとって，単なる余暇活動の一環としてのみ捉えられるものではなく，生きがいや安らぎを生み出し，また，日常生活圏を離れて多元的な交流や触れ合いをもたらし，地域の文化や歴史を学んでいく機会を得ることにより，多様な価値に視野が拡がる。②地域にとって，観光振興のために，地域固有の文化や伝統の保持・発展を図り魅力ある地域づくりを行うことは，地域住民が誇りと生きがいをもって生活するための基盤となるとともに地域活性化に寄与する。③国民経済にとって，観光産業は旅行業，交通産業，宿泊業，飲食産業，アミューズメント産業，土産品産業，旅行関連産業などを包括した産業であり経済波及効果は極めて大きい。④国際社会にとって，外国人との直接的な交流・出会い国際相互理解の増進，国際親善，ひいては国際平和に貢献する」のである。

　また，これに先立ち，1995年に同審議会は「今後の観光政策の基本的な方向について」の前文で「観光は国民生活に不可欠なものである。国内産業の空洞化の懸念に対し21世紀のわが国の経済構造を安定的なものとし，新しい雇用を創出できるのは観光産業である。地域の自然，歴史，文化等の素材を生かした観光振興は，地域の経済発展を促すだけでなく，地域の住民がその文化を発見，創出する貴重な契機となる。観光は地域の経済と文化を活性化させ，地域振興に寄与する」と観光に関する観点を述べている。

　ちなみに，社団法人経済団体連合会も2000年に「21世紀のわが国観光のあ

り方の提言－新しい国づくりのために－」と題して，観光産業の意義と重要性，あり方について「観光とは人生の喜びや幸せをもたらす活動である。政府，自治体，経済界のみならず国民の一人一人が観光の意義と重要性を見直し，わが国が真に豊かで多様な地域社会を涵養し地域間・国際間の触れ合いにおいて『新しい国づくり』に向けた観光が各地で実践されることを期待する。経団連としても本提言の実現に向けて取組みを強化していきたい」と提言している。

実際，大都市から中小都市，のどかな農山漁村まですべてといっていいほどの自治体が地域団体や住民と連携し，地域の特産品を何とか広く市場に届けたい，美しい自然景観や地域固有の民俗風習や祭り，さらには新しいイベントを企画PRして，できるだけ多数の人々に自分たちの「まち」や「むら」に来てもらいたいとの思いで「まちおこし」「むらおこし」に積極的に取り組み，激しい地域間競争を繰り広げている。

国際間でも同様で，海外諸国は外国人観光客の誘致に懸命である。WTO（世界観光機関）の推定では，2000年に6億7000万人の国際観光客数は，2010年には10億1000万人，さらに2020年には15億6000万人に達する。東アジア・太平洋地域に限れば2000年に9000万人，2010年に2億人，2020年に4億人と世界平均を大きく上回る予測がされている。

発展途上国においては地域開発，外貨獲得，それに大きな雇用吸収力を期待し，先進国においても産業構造の変化，多様化に対応するため，経済波及効果の大きい観光産業は多くの国でリーディング産業として位置づけられている。

立地規制などによる工場の市外流出が続き，さらに基幹産業である繊維産業の低迷等により市民所得が伸び悩んでいる京都市にとっても，経済，文化，まちづくりなどのいろいろな分野の活性化が期待できる「観光の振興」は重要政策の1つである。こうした背景から京都市では2001年1月に2010年を目標年とした「年間入洛観光客数5000万人」を実現するための「京都市観光振興推進計画―おこしやすプラン21―」を策定した。他都市以上に「観光」の占める位置が重要な京都市の観光について，「京都市観光実態調査」の結果

を通して現状を紹介するとともに，京都市観光行政について触れたい。

1　京都市観光の現状－1999年「京都市観光実態調査」の結果から

● **「観劇，スポーツ，休養を含んだ観光を目的に入洛した人」が観光客**

　何事も実態を知るうえで，数値的把握は非常に重要である。しかしながら，「観光」の場合，住民が少数の地域では住民と観光客（日常生活圏から離れているか，否か）の識別は容易であるが，大都市など対象地域が広がるほど，住民と観光客の行動そのものに差異が見えなくなり，識別は困難というより，不可能に近い。「観光とは余暇時間の中で日常生活圏を離れて行う様々な活動であって，触れ合い，学び，遊ぶということを目的とするもの」（1995年6月観光政策審議会答申）が一般的な理解であろうが，時代や立場によって，「観光」の概念は一定ではない。実際，現在，都道府県をはじめ各自治体で「観光」の動態，動向が調査されているが，調査方法，「観光客」の捉え方等，必ずしも同じではない。

　京都市では，入洛者のうち，買い物やビジネスで入洛した人，帰省客などを除いた「観劇，スポーツ，休養を含んだ京都観光を目的に京都市へ来た人」を観光客として捉えている。各交通機関，旅行者の協力を得て，次に紹介するような方法で調査，推計し，暦年で観光客数，利用交通機関別，日帰・宿泊別，性別，年齢別，出発地別等およそ20項目について「京都市観光調査年報」として公表している。暦年比較をすることにより観光実態を長期的に把握し，それをもとに将来を予測し，行政施策に反映させるためには，しばしばの調査内容の変更は避けるべきだが，最近では，商圏を拡大するために，地元の誇る歴史や文化を前面に出し，観光商店街へのシフトを企図する商店街や，伝統産業界においても観光産業化を図る企業が増えつつあり，交通網の整備，新たな観光施設の開設等の状況変化などにも対応して，より正確な実態把握をめざし，常に検討していく必要があろう。

　〔調査概要〕

　① 市内に乗り入れている鉄道各社の主要駅の降客（定期券利用客を除く），

長距離路線バスの降客数，名神高速道路の京都東，南インターの市内への流入車両台数，全国バス会社の観光バスによる入洛者総数を把握（いずれも年間）。

② 毎年，鉄道各社の主要ターミナルで，時期，場所を一定にし，無作為に約1万2000人を抽出，面接，ヒアリング調査を実施し，京都市民，通勤・通学客，買物客・ビジネス客，帰省客等を除いて「観光，観劇，休養などを目的とした旅客」を観光客として，全体に占める率，すなわち観光客率を算出。

③ 京都東南両インターで，市内流入車両のうち8000台を無作為に抽出し，視認により，京都ナンバー，商用車，トラックを除いた他府県ナンバー車の比率，1台当たりの平均乗車人数を算出。

④ ②③の観光客率，他府県乗用車比率，平均乗車人数を①の該当する総数に乗じて，年間観光客数を算出。

⑤ さらに，京都市観光案内所等観光関連施設の月別利用者数を参考にして，月別の比率を算出，月別観光客数を推計。

⑥ ヒアリング調査では，性別，年齢，住所地，利用交通機関，目的，日数等を聴取，確認している。また，市内訪問地，観光消費額，感想等の項目については後日の郵送回答を依頼し，約1300人から回答を得ている。

⑦ そのほか個人・団体別客数は各交通機関からの報告により，宿泊観光客数，外国人観光客数，修学旅行児童・生徒数についてはホテル，旅館からの報告ならびに報告のなかったホテル，旅館分を推計し算出。

●観光客は年間3900万人

1999年の京都市への観光客数は3899万人で，前年に比べ0.04％増加している。旅行業界関係者にとっては，厳しい環境下での微増は健闘といえる。

しかし，最近20年間の京都への観光客数の推移は横ばいである。対前年比が3％以上の増加を記録したのは，1981年4.3％，90年5.8％，94年3.6％，96年4.6％，97年5.2％の各年でしかない。1981年に3970万人と現在以上の観光客を迎えているが，この年は神戸市で「ポートピア博覧会」が開催され，

また，90年には大阪市で「国際花と緑の博覧会」が開催され，京都市への観光客数は4085万人を数えている。この数字は1958年にこの調査を実施してからの最高の数字である。さらに，1994年には平安建都1200年を記念して，京都市全体がテーマパークであるとの設定で，市内一円で，1年間途切れることなく催事が行われ，3967万人を記録，91～93年と続いていた減少傾向に歯止めがかかった。1996年，97年の数字は95年の阪神・淡路大震災の復興への道程が順調に推移し，京阪神全体への観光客が戻ってきたからである。この傾向からみると，観光地として京阪神3市はライバルではあるが，同時に運命共同体でもあり，それぞれが独自の個性をもつ京阪神3市が一体となって振興策に取り組むことが必要なことを示唆している。

●**利用される交通機関は乗用車，JR（東海，西日本），私鉄，バスの順**

最近の傾向は，**表3-1**のようにJR（東海，西日本），私鉄，乗用車の利用

表3-1　年次別・利用交通機関別・個人団体別・日帰宿泊別観光客数　　（単位：千人）

	総数	対前年伸率	JR	私鉄	バス	乗用車	個人	団体	日帰	宿泊
1980	38081	0.6	8600	12736	4563	12182	32987	5094	28770	9311
1981	39700	4.3	9202	13565	4218	12715	34384	5316	29325	10375
1982	37783	－4.8	8037	11327	3726	14693	33016	4767	28085	9698
1983	37986	0.5	7800	11234	3621	15331	33656	4330	28929	9057
1984	38983	2.6	8131	11527	3539	15786	34687	4296	30051	8932
1985	38326	－1.7	7871	11222	3557	15676	33982	4344	29391	8935
1986	37011	－3.4	7425	10753	3440	15393	32822	4189	28734	8277
1987	37996	2.7	7806	10576	3481	16133	33734	4262	29431	8565
1988	38725	1.9	8572	10419	3434	16300	34491	4234	28976	9749
1989	38620	－0.3	9461	9957	3385	15817	34440	4180	28694	9926
1990	40846	5.8	10294	10968	3756	15828	36365	4481	30423	10423
1991	39303	－3.8	9934	10079	3496	15794	35089	4214	29322	9981
1992	38692	－1.6	9544	9873	3247	16028	34839	3853	29120	9572
1993	38288	－1.0	9566	9554	3112	16056	34620	3668	29516	8772
1994	39667	3.6	9627	10206	3289	16545	35895	3772	30323	9344
1995	35343	－10.9	10214	9650	3080	12399	32046	3297	27111	8232
1996	36986	4.6	11274	10472	2786	12454	34186	2800	28090	8896
1997	38918	5.2	12293	11449	2752	12424	36137	2781	29963	8955
1998	38973	0.1	11390	11803	3071	12709	35787	3186	29877	9096
1999	38991	0.0	11628	11739	2992	12632	35925	3066	29868	9123

注：対前年比－は減
出所：京都市産業観光局『京都市観光調査年報平成11年』2000年より。以下各表も同じ。

者がほぼ拮抗している。バス利用者は，高速道路網の整備，バス車両の改良にともなって長距離路線バス網が充実，運行回数も増加し，若い人を中心に人気があるが，全体としては主力である団体客の減少などにより微減の状態が続いている。

　乗用車利用者は1263万人，全体の32.4％を占める。ついで，大阪，神戸等近距離からの観光客が多い私鉄利用者が1174万人，30.1％，遠距離からの新幹線利用者も含めJR利用者が1163万人，29.8％，バス利用者は299万人，7.7％となっている。

　この20年間に，旧国鉄の分割民営化，JR西日本新京都駅ビルの完成，市営地下鉄の開通ならびに近鉄との相互乗り入れ，京阪電鉄の地下化および出町柳までの延伸，長距離バス網の拡充，道路の拡幅等，京都へのアクセスは改良が進んでいる。1980年の内訳は私鉄が1274万人，33.4％と最も多く，乗用車が1218万人，32％，JRが860万人で全体の22.6％，そしてバスが456万人，12％であった。過去最高の観光客数を記録した1990年では乗用車が1583万人，38.7％，私鉄が1097万人，26.9％，JRが1029万人，25.2％，バスが376万人，9.2％であった。1999年までの20年間に，JR利用者は300万人も増え，ほぼ右肩上がりの状態で，JR東海の京都観光キャンペーン，JR西日本の京阪神近郊線の充実などの効果がうかがえる。乗用車利用者は1982年から94年にかけて40％を超え，とりわけ94年には1655万人，41.7％と最高を記録したが（比率では87年の42.1％が最高），95年以降急激に減少し，その後最近5年間は1200万人台とほぼ横ばいの状況が続いている。交通アクセスが公共輸送機関にシフトされつつある現状を考えると，市内交通機関が観光客にとってより利用しやすい「足」として整備されることが望まれる。

　私鉄利用者は100万人，バスは150万人それぞれ減少している。私鉄に関していえば，京阪神市営交通も参加したスルッと関西ネットワークや市内中心部への地下乗り入れなど，利用者にとって便利になってきている。バスについても車両の高性能化，豪華設備と快適な移動空間を提供し，目的地までダイレクトに行ける遠距離バスは若年層を中心に利用者が増えている。遠隔地での京都キャンペーンにあわせて，長距離バスの運行地や私鉄沿線の大阪，

神戸を中心に近場での PR 活動も積極的に進めていかなければならない。とりわけ，営業を開始したユニバーサル・スタジオ・ジャパンとの共存，あるいは競争のいずれにしても，京都ならではの「ほんもの」を全面に出し，近畿圏からの観光客の増加を実現させなければならない。

●団体観光客は減少傾向，少人数グループの観光は増加

　もともと修学旅行を除けば，京都市への観光客は団体客が少ないが，1980年の団体客数は509万人，13.4％，個人旅行者数は3299万人，86.6％，これに対し1999年は団体307万人，7.9％，個人3593万人，92.1％で，団体客数はこの間に200万人も減少している。ここでいう「団体客」は鉄道各社の団体扱いおよび貸し切りバス利用者の数字で，職場や友人，家族等の小グループは個人として計上している。修学旅行と並んで京都への団体旅行の主役は数多くある本山寺院への参拝客であるが，参拝の後，宿泊は他地域で，というケースも珍しくなく，通過客として統計上把握しにくい場合もある。また，旅行エージェントでも，実質は団体旅行であっても，顧客へは個人旅行として販売されている商品が多くあり，今後ますます，団体よりも家族，気に入った友達同士といった小グループ旅行が増えるのは確実であろう。

●宿泊観光客は900万人・宿泊客は平均1.87泊，ホテル派が増加

　新幹線沿線の各地から京都へは日帰り可能である。しかしながら，業務出張はともかく，観光消費額のなかで比較的内訳比率が高い旅費（海外へのディスカウント航空運賃，外国の鉄道運賃等と比べると日本の運賃は高い。もう少し安くならないか。）を払って来ていただくお客様には，なんとか京都市内に宿泊していただきたいし，大阪，神戸，名古屋等からの比較的近距離のお客様には旅費がかからない分，宿泊にお金を使って「京の宿」を満喫していただけたら，と思う。**表3-1**にみられるように，1999年は日帰客が2987万人で76.6％，宿泊客は912万人で23.4％である。この比率は20年間顕著な変化がないが京都市内での観光消費額を増やすためには，宿泊客比率を高める必要がある。現在の京都市内のホテル，旅館の宿泊受け入れ能力からみると，

一部の季節を除けば，まだまだ余力があり，経営上からも客室稼働率のアップは旅館，ホテル業界にとって大きな課題となっている。

表3-2のように平均宿泊数は1.87泊で，1泊，2泊をあわせて88％を超えている。学校，企業，自営業とも欧米のように長期休暇が望めないわが国の現状からすると，この数字もやむをえない。

表3-3は宿泊先をあらわしているが，ホテル利用者は年々増え続け，逆に旅館利用者は減ってきている。年齢別にみると，高齢になるほどホテル利用者は少なくなり，旅館利用者は高齢者が多い。女性は男性以上にホテル，親戚・知人宅の利用者が多いが，京都には歴史のある素晴らしい名旅館が多いので，多数派の女性に是非泊まってもらい，その良さを確かめていただきたい。

また，低価格で家族的なもてなしが魅力の民宿利用者は少ない。時間的，経済的に比較的余裕のある高齢者をターゲットに，京都ならではの生涯学習メニューを揃え，「京都流もてなしで長期滞在」をセールスにした「家業的民宿」「エルダーホステル」がもっと増えれば長期滞在者も増え，京都観光全体にとっても大きなプラスになるであろう。

表3-2　宿泊日数別 (単位：％)

	1999年	1998年
1　泊	47.4	48.3
2　泊	41.0	34.7
3　泊	6.1	11.8
4　泊	1.4	2.1
5泊以上	2.8	2.4
10泊以上	1.3	0.7
平均宿泊日数	1.87泊	1.87泊

表3-3　性別・年次別利用宿泊先

(単位：％)

	ホテル	旅館	ユースホステル	民宿	寮	親戚・知人宅	公的宿泊施設等
総計	63.2	19.0	0.3	2.0	1.0	11.9	2.6
男性	61.3	23.2	0.2	3.2	0.9	8.9	2.6
女性	64.2	16.6	0.5	1.3	1.0	13.6	2.3
1992年	44.7	28.3	0.4	2.4	1.1	20.3	2.8
93	49.0	29.7	0.9	2.7	0.5	13.5	3.7
94	50.3	28.3	0.9	1.9	1.1	11.7	5.8
95	55.7	20.1	0.9	2.3	1.2	15.8	4.0
96	58.9	21.9	0.8	2.2	0.6	12.5	3.1
97	62.8	19.9	0.3	1.0	0.4	13.9	1.7
98	62.9	19.6	0.8	1.0	0.5	13.2	2.0
99	63.2	19.0	0.3	2.0	1.0	11.9	2.6

表3-4　月別観光客数　　　（単位：上段＝千人，下段＝構成比　単位：％）

1月	2月	3月	4月	5月	6月	7月	8月	9月	10月	11月	12月	総数
1866	1826	3249	3974	4207	2532	2717	3777	2839	4275	5848	1881	38991
4.8	4.7	8.3	10.2	10.8	6.5	7.0	9.7	7.3	10.9	15.0	4.8	100.0

● オンシーズンはお花見，新緑の4月・5月と紅葉の10月・11月

　月別観光客数は**表3-4**のとおりである。サクラの花見，花街のおどり，新緑の4月，5月，周囲の山が錦繡と化す10月，11月は，市内の観光地はどこも人，人，人，人で賑わう。とりわけ11月は，宿泊施設が100％近い稼働率といえるほど盛況となる。

　京都市では，JRが国鉄時代から京都市観光協会，旅行業者と共同して，観光客の少ない冬，夏の誘客のために，普段は公開されない寺社庭園などの文化財公開，季節ならではの名物料理などのさまざまな企画商品を開発，全国的にキャンペーンを展開し販売している。それでも統計的にみると春秋に比べて夏冬の落ちこみは大きい。たとえば嵐山の紅葉目当ての観光客は，11月の第4週の週末を過ぎると客足は極端に落ち，オンシーズン，シーズンオフがはっきりしている。

● 女性客が3分の2，年齢別では男女とも50歳代，リピーターが多い

　表3-5のように，京都市への観光客の特徴は，性別では3分の2が女性で，年齢別にみると，男性では50歳代が一番多く，ついで60歳以上，一方女性も50歳代が最も多く，ついで40歳代が多い。

　そしてもう1つの大きな特徴は，**表3-6**のように圧倒的にリピーターが多いということである。しかも11回以上というリピーターが半数を超える。昭和40（1965～）年代の半ばの高度成長期，現在に比べて，専門の旅行案内誌が少なく，海外旅行も一般化していなかった時代に，女性誌が相ついで創刊され，京都の特集記事がしばしば組まれた。その当時，本を片手に嵯峨野めぐり，大原めぐりをした世代の女性が子育てを終えて，再び古都めぐりをという人々が現在の京都観光の主役である。

　京都の感想についてのアンケート調査によると，良かったのは1位風景

表 3-5　性別，年齢別観光客構成比　　　　　（単位：％）

	20歳未満	20歳代	30歳代	40歳代	50歳代	60歳以上	男女比
男	11.9	10.9	8.5	15.2	30.6	22.9	33.4
女	11.8	13.1	7.4	22.8	30.4	14.5	66.6
合計	11.8	12.4	7.7	20.3	30.5	17.3	100.0

表 3-6　入洛回数・性別・年齢別観光客構成比　　　（単位：％）

	総数	男性	女性	～19歳	20歳代	30歳代	40歳代	50歳代	60歳以上
今回初めて	3.1	0	4.5	37.5	0	2.6	0	0	2.4
2回目	3.8	0.8	5.2	12.5	7.6	2.7	1.4	1.9	4.0
3回目	6.7	7.7	6.3	12.5	18.9	10.6	1.4	3.8	4.8
4回目	8.2	10.8	7.0	8.3	7.5	10.5	6.8	6.7	9.7
5回目	3.8	5.4	3.1	0	1.9	2.6	8.2	0.9	5.7
6回以上	18.0	16.9	18.5	8.4	22.6	10.5	27.4	16.2	16.1
11回以上	56.4	58.4	55.4	20.8	41.5	60.5	54.8	70.5	57.3

（回答者のうち71％），2位名所旧跡（同59％），3位自然（同56％），4位雰囲気（同52％），5位文化財（同52％）の項目で，半数以上の人が良かったと回答している。悪かったのは1位交通（同50％），2位道路（同39％），3位食事（同19％）が上位にあげられている。「観光」は「感性商品」であり，宣伝活動は経費がかかるわりに効果がみえにくい。消費者の判断である「評判」は口コミによって伝わり，口コミの影響を無視して観光産業は成り立たない。観光客にいかに満足して帰ってもらえるかが最高の宣伝といえる。

● 近畿の観光客が69.5％，関東は11.7％

京都市への観光客数は，表 3-7 にみられるように近距離の近畿地方からが圧倒的に多い。ついで人口の多い関東，そして比較的距離が近く人口も多い中部の順となっている。府県別にみると，大阪府（全体の31.3％），京都府（京都市を除く，同12.1％），兵庫県（同10.4％），滋賀県（同9.4％）の順であ

表 3-7　出発地別構成比　　　　　（単位：％）

北海道	東北	関東	中部	近畿	中国	四国	九州・沖縄
0.9	1.0	11.7	10.9	69.5	2.6	1.0	2.4

る。東京都からは5.2％，愛知県からは3.9％となっている。近隣府県以外からの観光客数は新幹線，高速道路等高速移動可能地域からが多く，今後，新幹線沿線，長距離高速定期バスの運行先，比較的距離の近い中四国において重点的に誘致活動を強化する必要がある。

●**観光客の市内消費額は4667億円**

　観光客が市内で消費した額は1人当たり1万1970円，総額4667億円で，前年に比べ金額で94億円，2％の減となっている。「運輸省観光部」の観光基礎データ（1995年）の係数を用いて1998年の観光客が京都で消費した4761億円をベースに京都市産業観光局で試算した数字をみると，生産波及効果1兆1507億円，所得効果5841億円，雇用効果9万8000人となった。いずれにしても，観光産業の京都経済に占める比重は大きい。

　消費の内訳は，日帰客では食事代に2044円，土産品代に1860円，市内交通費に1121円等合計5837円である。これに比べ宿泊客は宿泊費に1万1594円，土産品代に7189円，食事代5736円，市内交通費に3995円等合計3万2050円である。できるだけ宿泊観光客を増やさなければならないゆえんである。

●**外国人観光客はアメリカ合衆国，台湾が多数**

　外国人観光客にとっても日本文化の中心・京都市は魅力ある観光地である。**表3-8**のように1999年に京都市内で宿泊した「外国人宿泊旅行者数」は39万4588人である。この数字は，市内のホテルや旅館等の宿泊施設からの報告による宿泊者のみの数字であり，このほかに，他都市で宿泊し京都へは日帰りという外国人観光客も相当数推測される。年によりかなりの変動がみられるが，阪神・淡路大震災時の1995年を除けば，最近の年間外国人観光客は40万人前後である。決して満足できる数字ではない。1999年に日本から海外へ出かけた旅行者が1640万人。これに対して来日した外国人旅行者は約4分の1の440万人に過ぎない。京都へ来る外国人旅行者はさらにこの9％にとどまっている。

　次に国籍別にみると，毎年アメリカ，台湾からの旅行者が多い。台湾から

表3-8 年次別宿泊外国人旅行者数・国籍別上位国　　（単位：％）

1999年		1998年		1997年		1996年		1995年	
394,588人		400,017人		413,593人		396,322人		295,942人	
アメリカ合衆国	26.7	アメリカ合衆国	24.2	台湾	23.7	台湾	23.3	台湾	22.2
台湾	23.0	台湾	22.7	アメリカ合衆国	22.4	アメリカ合衆国	23.3	アメリカ合衆国	21.5
韓国	5.3	香港	9.1	韓国	11.5	韓国	12.3	韓国	11.1
香港	4.6	ドイツ	4.6	香港	4.4	香港	4.7	香港	4.5
ドイツ	4.6	イギリス	4.1	ドイツ	4.3	中国	3.9	中国	4.5
中国	4.0	中国	3.7	オーストラリア	3.9	ドイツ	3.4	ドイツ	3.5
オーストラリア	4.0	オーストラリア	3.6	中国	3.7	オーストラリア	3.2	イギリス	3.4
イギリス	3.8	韓国	3.6	イギリス	3.4	イギリス	3.2	フランス	3.1
フランス	2.6	フランス	2.7	フランス	2.5	フランス	2.6	オーストラリア	2.9
カナダ	1.8	カナダ	2.1	カナダ	1.8	ブラジル	1.6	アフリカ	2.4

の旅行者をみると，1998年のアジア不況や台湾中部大地震の影響もそれほどなく，毎年京都への外国人旅行者の22～23％を占め，アメリカからは国内景気の好調，ドル高を背景に5年前に比べ5ポイントも増え，台湾に代わって，最も多い国になっている。

　外国人観光客の誘致は，地方自治体の取り組みとしては体制，経費，ノウハウとも限界があり，国においてもっと積極的に取り組まれることが望まれる。現在国において2007年を目標年次として，年間440万人の来日外国人旅行者を800万人にする「新ウエルカムプラン21」が進められており，さらに観光政策審議会は「2010年にその目標を1000万人とするための総合的取り組みを進めるべき」と提言している。京都市としてはその外国人旅行者をいかに京都市に立ち寄らせるか，が課題である。

●修学旅行は将来の「京都観光」を左右

　先に述べたように，京都への観光客の代表的傾向は年齢40～50歳代，京都を訪れるのは11回以上のリピーターというものである。その最初の出会いが修学旅行という方が多い。いうまでもなく修学旅行は教育の一環であり，体験学習の場である。ユネスコの世界遺産や各時代の歴史がみられる京都ならではの学習が可能で，京都市は修学旅行先として最適であろう。1999年の入洛修学旅行生は97万9532人で，前年に比べ1.9％の微増である（**表3-9**参

表3-9　年次別修学旅行生　　　　　　　　　　　（単位：人）

1999年	1998年	1997年	1996年	1995年	1994年	1993年	1992年	1991年
979,532	960,508	938,171	1,011,722	1,014,400	1,149,413	1,045,155	1,020,000	1,105,000

表3-10　出発地別修学旅行学校数，生徒数構成比　（単位：％）

	北海道	東北	関東	中部	近畿	中国	四国	九州・沖縄
学校数	5.9	6.2	36.4	25.6	5.1	7.1	5.1	8.6
生徒数	6.1	8.4	45.0	20.4	2.2	5.0	3.7	9.2

照）。ピーク時には140万人を超える修学旅行生を迎えた京都市としては，少子化による児童，生徒数の減少，海外修学旅行の増加，地方空港の整備による公立高校の航空機利用の増加等，誘致には厳しい条件が少なくないが，当面100万人台の復活を目標としている。学校別では中学校が全体の61％，ついで高校が26％，小学校は13％となっている。出発地別にみると，中学校の校数で57.8％，生徒数で61.7％の関東地方，高校では学校数で30.7％の北海道地方，生徒数で29.1％の東北地方，小学校では学校数で52.1％，児童数で55.2％の中部地方がそれぞれ最も多い。

　最近では，商店のお手伝い，伝統産業の実習，環境学習など，学校側と受け入れ側の事前協議により素晴らしい効果をあげているケースも少なくない。修学旅行は教育の一部を担っているという意識をもち，そのうえ，京都の観光にとって，将来リピーターとなって何度でも京都へ来たいと思わせるように，という気持ちで接することが必要である。

2　京都市観光行政の沿革

　京都市に「観光課」が設置されたのは，1930年である。当時の鉄道省に国際観光局が設置されたのも，同じ30年である。その経過は『京都市政史』（1941年刊）によると，第1次世界大戦後諸外国の「観光振興策」の影響を受け，国際親善の増進，貿易外国際収支改善上の理由により1930年4月に鉄道省に国際観光局が創設され，京都市にも時を同じくして観光課が設置され

た。しかし，これは国際情勢や国の観光振興策の刺激を受けて観光事業が確立されたのではなく，京都市のもっている特性を保持，昂揚せんがために一施策として，必然的な発展拡充の経路をたどったものとみるべきだ，としている。その特性として，歴史的要素，精神的要素，文化的要素，美術的要素，天恵的要素をあげている。歴史的要素とは御所，離宮，寺社等国家的，歴史的事蹟が現存し，悠久千載の歴史を眼のあたりにできること，精神的要素とは今でいう「日本人の心のふるさと」であり，文化的要素とは京都のまちが学術，文学，宗教，芸術の中心であり，美術的要素とは建築，彫刻，絵画等京都特有の美術工芸であり，天恵的要素とは秀麗なる風光に歴史的に培われた人工の美が加わった京都独特の情緒である。これらは時代背景の変化はあるが，他の地方では絶対模倣ができない，優れた京都の特性であり，21世紀の京都の観光振興を推進するにあたり今一度，認識を新たにすることが必要である。

　同書ではさらに，平安時代の鴻臚館（こうろかん），室町時代の天竜寺船，天竜寺をはじめとする京都五山などが外客接遇に加えて彼我（ひが）文化の交換に寄与し，これらの観光的事業現象が後世の京都市の重要施策として「観光振興策」が取り上げられるもととなり，またそれらが確固たる基礎と体系を具えて京都市市勢の隆盛に寄与しつつあるのは当然の帰結である，としている。明治以降，京都市においては，第4回内国博覧会（1895年）をはじめとした「勧業政策」，第2疏水建設，上水道建設，道路拡幅・市電敷設の「3大事業」など，数多くの「近代化策」が観光客誘致の視点も含めて取り組まれ，1927年には京都駅頭に市設案内所を設置している。

　また，1928年に発行された『近畿京都』（西田直二郎・西彦太郎編集，社団法人近畿協会刊）は「マルコポーロの『東の寶のくに』や『腹切り』のみで知られている時代は過ぎ，真に日本を知ろうとする外国人旅客に国民的歓迎機関として生まれた社団法人近畿協会がこの案内書を世界に贈り物として発刊する。さらに，ヨーロッパにおけるスイスやイタリアのように明媚な自然の風光と固有の精神文化を世界に知らしめなくてはならない」と序に記している。同書は今でいう観光案内書であるが，序から巻末の奥付まで一切「観

光」という語は使われていない。

　1927年に市営バスの開業，28年には昭和天皇の即位式を記念して行われた大礼記念京都大博覧会が開かれ，300万人の入場者があったと記録されている。さらにこの年には平安神宮の大鳥居の完成，新京阪鉄道（現阪急）の西院―大阪天神橋間，桂―嵐山間，奈良電鉄（現近鉄）の京都―西大寺間がそれぞれ開通，市内各大通りの舗装整備，名所めぐりの遊覧バスが開業している。1930年には鉄道省超特急列車の京都駅停車，そして，31年には京都駅頭の市設案内所を京都市観光案内所と改称，新京阪鉄道の西院―大宮間の地下鉄運行開始など，京都市は今でいう「大観光ブーム」状態であった。1930年，組織名，事業名に初めて「観光」という言葉が採用され，「観光課」の設置とともに，近代的観光都市「京都」がスタートしたといえる。

　さらに加えるならば，1931年には伏見市をはじめ周辺の26市町村との合併が行われ，人口100万人の大都市「京都市」が実現，飛躍的発展を遂げた時期でもある。

　その後，第2次世界大戦期の中断があったものの，1947年に観光課として，翌年には観光局，52年に産業観光局，54年に観光局，65年に文化観光局，そして95年に現在の産業観光局にと，組織，名称はたびたび変更されたものの，観光行政は常に京都市の重要施策の1つとして位置づけられ，今日に至っている。

3　「おこしやすプラン21」

　最近の20年間，京都を訪れる観光客数は横ばい状況である。世界的にみれば余暇時間，所得の増大が見込まれ，また，消費者が物質的欲求から精神的欲求を志向するなど，観光産業のパイは大きく膨らむことが予想されている。山紫水明の恵まれた自然，年中市内各地で繰り広げられる祭りや行事，さらに平安建都1200年以前も含めて1300年の文化と歴史が集積する京都は自他ともに認めるナンバーワン観光都市である。

　しかし，最近は，東京ディズニーランドをはじめとする大規模テーマパー

クが続々と誕生し，また3300地方自治体の総観光地化で，観光地間の競争が激化するなかで，京都は守勢に立たされるようになっている。そこで，桝本京都市長の提案により，今後10年間で年間観光客数を現状から25％アップした5000万人とすることをめざして，京都市のすべての行政分野にわたる総合行政として，「京都市観光推進計画－おこしやすプラン21－」が定められた。同計画の理念は，観光を京都市の都市活力創造の基軸に位置づけ，以下の5つの重点戦略のもとに，目標実現に取り組むものである。

① 京都の都市特性を生かし「ほんもの」による年中賑わいの絶えない観光地をめざす
② 地域ごとの無数に近い観光資源を発掘，創造し，観光客が快適に楽しく回遊できる「界わい観光ネットワーク」を創出
③ 京都を素晴らしい魅力ある商品として提案し，積極的なシティーセールスを展開し，リピーターの確保，事業活動に伴う団体旅行の誘致を推進
④ ITの急速な進展に対応し，次世代型観光案内システムを開発
⑤ 市民はもとより，事業者，社寺，文化施設関係者，大学等と行政が一体となり，京都あげての受け入れ体制づくり

とりわけ⑤の体制づくりは昔からいわれていることで，前述の『京都市政史』にも，京都市と緊密な連絡定形を保ち，事業の進展に不断の協力をしている観光事業団体を記載している。団体名をあげると京都商工会議所交通観光課，近畿観光協会（近畿協会が改称），保勝会（近畿全体），嵐山保勝会，三尾（高雄，栂尾，槇尾）保勝会，鴨樵（鴨川，木屋町筋）保勝会，水尾保勝会，それに京都大学観光科学研究会であり，民，学，公の連携のもとに観光事業が進められたことがうかがえる。

おりしも2001年3月に，大阪市にユニバーサル・スタジオ・ジャパン（USJ）がオープンした。開設者側の予測では，入場者は年間800万人，旅行エージェントや経済研究所の一部には1000万人を超えるのでは，と期待されている。

USJの京都観光への影響を危惧する向きも少なくはないが，アメリカと

SFの世界を疑似体験するUSJとの差異を明確にし，京都ならではの魅力，いわば「ほんもの」の魅力を前面に出して立ち向かえば，相乗効果を期待でき，京都はより多くの観光客を迎えることができると確信している。

WTO（世界観光機関）の予測では，21世紀の国際観光客はアジアにおいて著増するといわれている。最近の東アジアにおける日本人歌手の活躍やテレビ・ドラマのヒットなど，日本に対する関心は今までになく高まっている。アジアの人々にも日本人の心のふるさと・京都の素晴らしさが理解され，今まで以上の観光客が訪れることとなるだろう。国際化が進めば進むほど民族アイデンティティが求められるが，市民，観光関係者そして行政が一体となって，京都の保有する資源を生かしながら，また新しい魅力を創造しながら観光振興に取り組めば，おのずと結果は期待するものになると確信している。

〔資料〕　「京都市観光推進計画－おこしやすプラン21－」の概要
1　趣　旨

　観光振興は国内外において大競争時代に突入している。これまでの京都はわが国を代表する観光の中心地であったが，21世紀おいては，豊かな観光資源を生かしながら，さらなる創意工夫を重ね，新たな魅力の創出が求められる。そのような背景のもとに，本計画は平成13(2001)年1月策定の「京都市基本計画」に示された「観光は経済の活性化はもとより，文化力の向上や国際交流の推進，魅力あるまちづくりなどにも大きく貢献するものである。このため，京都ならではの観光資源の発掘や創出，幅広い世代のそれぞれのニーズに応じたきめ細かい情報発信，国内外からの観光客やコンベンションの誘致活動の強化，観光客を温かくもてなす仕組みづくりを行う。さらに，市民，事業者，社寺・文化施設・大学等を含めたネットワークづくりなどにより，21世紀の京都を牽引する観光を創造する」という政策を戦略的に具体化するための，2005年までの5年間の行動計画として119の施策・事業を掲げている。

(1)　目　標：1200年を超える歴史と伝統，豊かな自然を守り，次世代に引き継ぎ，これらを背景に文化資源の魅力を活用・創造して，2010年に年間5000万人の観光客が訪れる我が国を代表する「5000万人観光都市」を実現する。
(2)　理　念：「観光」を京都市の都市活力創造の基軸と位置づけ，観光と産業・文化・まちづくり・国際交流などの活動が相互に良好な循環をすることによって，京都市全体が活性化する政策を確立する。

① 観光振興は21世紀の京都経済の活性化に大いに寄与する。
② 観光振興は新しい文化の創造と国内外への発信の契機となる。
③ 観光振興は快適で魅力的なまちづくりを進める原動力となる。
④ 観光振興は国内外との交流を促進し相互理解を深める。

2 重点戦略と重点事業

(1) 重点戦略1:「ほんもの」による通年型観光の推進

京都のもつ「ほんもの」の魅力の再発見,向上を図るとともに,季節に影響されることなく集客できる新しい観光資源を創出することにより,1年を通じてにぎわいのある観光地の創出を図る。

〔重点事業〕
① 「二条城築城400年事業」の実施
② 「フィルムコミッション」の設立
③ 「光」をテーマにした新たな風物詩の創出
④ 「歴史博物館」と「フィールド・ミュージアム」の構想の推進
⑤ 「ぎおんコーナー」の再整備
⑥ 滞在型「体験学習プログラム」の開発

(2) 重点戦略2:「界わい観光」の振興

観光客の増加を図るため,地域の個性を生かした新しい観光資源の発掘・創出を通して,歩いて楽しむことのできる「界わい観光」を振興。「界わい観光地」間を快適に楽しく回遊できる「界わい観光ネットワーク」を創出。

〔重点事業〕
① 「界わい観光モデルゾーン」の創設
② 地域ごとに多彩なテーマの観光コースを紹介する「ぶらり京都1万選」の作成
③ にぎわい空間の創設,休日やイベント開催時の歩行者天国の実施
④ 岡崎文化ゾーンにおける各種文化イベントの集中開催による「(仮称) 京都フェスティバル」の開催
⑤ 主要駅,観光地を巡回する市バスの運行と京都らしいバス車両の導入

(3) 重点戦略3:都市マーケティングの強化

国内外を問わず観光地間競争の勝者となるために,京都の魅力を全面に出し「都市マーケティング」を強化し,リピーターの確保や企業活動の一環として行われるインセンティブツアーの誘致に努める。

〔重点事業〕
① アジアに重点をおいた観光ミッションの実施

② インセンティブツアーのプログラムの開発と宣伝誘致の促進
　③ 旅行会社や交通機関と連携したUSJと組み合わせた誘致活動の実施
　④ マーケッティング調査にもとづく年次ごとのテーマ設定による京都ウェルカム・キャンペーンの展開
(4)　重点戦略4：情報通信技術（IT）の活用
　京都観光に関する情報を国内外に受発信するとともに，観光客の多様なニーズに応じた情報を効率的，効果的に提供できる地域体制づくりを進める。
〔重点事業〕
　① ITを活用した次世代型観光案内システムの研究・開発
　② 携帯情報端末機器の活用による周辺観光情報と市バス接近情報（ポケロケ）などが連動した「京都界わい観光案内システム」の開設
　③「観光文化情報システム」における情報内容の充実，多様なホームページとのリンクの促進
　④ インターネットを活用した行政区別観光情報システムの開発
(5)　重点戦略5：快適な受け入れ環境づくり
　「再び京都を訪れたい」という気持ちを抱かせるよう公共交通の利便性の向上など，市民はもとより事業者・社寺文化施設，大学等と行政が一体となり，京都をあげての受け入れ体制づくりを進める。
〔重点事業〕
　① 地下鉄東西線の延進や市バスをはじめ，観光客が便利で利用しやすい公共サービスの充実
　② 観光地における交通問題解決に向けての全市民的な取組の実施
　③ 公共建築物，公共交通機関，道路や歩道，公園，観光関連施設のバリアフリー化の推進
　④ 市民，事業者，社寺，文化施設，大学，関係機関等と行政が連携した観光振興のネットワークを推進するためのフォーラムづくり
　⑤ 宿泊施設，観光施設など，観光関連事業者の京都版環境管理認証制度や国際規格「ISO14001」の認証取得の促進
　⑥ 観光交通対策も視野に入れた新しい公共交通機関のあり方の検討
3　推進事業（略）

【参考文献】
『京都市観光年報』平成12年版。
京都市編『京都市の歴史　8巻：古都の近代，9巻：世界の京都，10巻：年表・事典』学藝書林。

『京都市市政誌』京都市会，1941年。
『観光政策審議会答申』39号，45号。
社団法人経済団体連合会「21世紀わが国観光のあり方の提言」
『京都市の経済』京都市産業観光局。

(西口光博)

4 京都の宿泊特性とホスピタリティ

　21世紀，観光産業は世界最大の産業に成長する。この言葉が米国で語られてから久しいが，いよいよ21世紀の幕開けだ。京都市長は京都経済の活性化の旗印として，「京都基本計画」において2010年には年間観光客数5000万人達成を掲げて，今後，観光産業を重視していく方針であり，さらに戦略的に行動するための計画として「京都市観光振興推進計画－おこしやすプラン21－」を策定した。

　ここで一番大切なことはその内容である。観光客といっても単なる通過客では経済的効果は大きく期待できず，京都の観光産業に貢献する経済効果あらしめるには，宿泊を伴う観光客が必要である。過去，京都の観光客は約4000万人弱，そのうち，1000万人が宿泊客だといわれている。3600万人の年の場合は，年間900万人が宿泊客であり，だいたい4分の1（25％）が宿泊客である。肝心なことはその比率を上げることである。4000万人であっても宿泊客を30％に向上できれば1200万人となり，35％になれば1400万人となって，京都の宿泊施設は満杯になる。これは大変効率がよく，京都経済に大きな効果が出ることは間違いない。過去を振り返ってみて京都入洛客数が4000万人を超えたのは，1990年の大阪の「国際花と緑の博覧会」の1回だけである（**表3-1**を参照）。それは1970年の大阪万博以来の大きなイベントであった。

　その後，過去30年間を振り返ってみてもあまり増加していない。それは4000万人という数字がキャパシティにおいて，観光シーズンはかなり飽和状態でシーズンオフにのみ余裕があったことを意味している。その証拠に，1990年は宿泊客が多く，京都の主要21ホテルの年間平均宿泊稼動率は80.6％を示している。いわゆる「京の冬の旅」，「京の夏の旅」のような魅力ある企画，オフシーズン対策をもっと充実すれば，宿泊需要は喚起され底上げされるだろう。

表4-1　京都のホテル推移

(2001年6月1日現在)

No.	ホテル名	開業年月日	客室数	収容人員
1	京都ホテル	1888年（明　21） 改築1994年（平6）7.10	322	652
2	都ホテル	1915年（大　4）4.8 改築1992年（平　4）10.	528	1,042
3	京都国際ホテル	1961年（昭　36）8.16	280	521
4	京都タワーホテル	1964年（昭　39）9.6	168	296
5	関西セミナーハウス	1967年（昭　42）10.	29	100
6	ザ・パレスサイドホテル	1967年（昭　42）11.16	120	308
7	御車会館	1968年（昭　43）7.1	26	78
8	リーガロイヤルホテル京都	1969年（昭　44）11.1	498	967
9	ホテルフジタ京都	1970年（昭　45）2.17	188	346
10	京都パークホテル	1971年（昭　46）12.7	268	508
11	ホテルニュー京都	1972年（昭　47）3.21	296	650
12	京都ロイヤルホテル	1972年（昭　47）10.21	318	560
13	京都第二タワーホテル	1973年（昭　48）3.16	306	542
14	ホリデー・イン京都	1973年（昭　48）7.14	146	292
15	京都東急イン	1973年（昭　48）11.1	400	815
16	京都祇園ホテル	1974年（昭　49）7.10	140	246
17	ホテルニュー法華・京都	1974年（昭　49）9.	190	240
18	ホテルギンモンド京都	1975年（昭　50）3.13	145	230
19	新都ホテル	1975年（昭　50）3.25	714	1,392
20	京都醍醐プラザホテル	1976年（昭　51）9.1	88	250
21	京大会館	1978年（昭　53）10.	10	15
22	京都第三タワーホテル	1978年（昭　53）11.17	122	305
23	ホテルリッチ京都	1979年（昭　54）10.18	109	195
24	平安会館	1980年（昭　55）4.	88	178
25	京都ガーデンホテル	1980年（昭　55）7.1	130	200
26	アピカルイン京都	1980年（昭　55）9.	41	128
27	京都センチュリーホテル	1981年（昭　56）4.10	222	415
28	京都新阪急ホテル	1981年（昭　56）7.7	319	582
29	サンホテル京都	1981年（昭　56）12.2	160	222
30	京都セントラルホテル	1982年（昭　57）5.1	150	266
31	ホテルアルファ京都	1982年（昭　57）7.3	119	200
32	京都東急ホテル	1982年（昭　57）10.15	433	1,030
33	からすま京都ホテル	1983年（昭　58）11.1	256	486
34	ホテル京阪京都	1984年（昭　59）3.3	308	498
35	ホテル京都エミナース	1984年（昭　59）4.	32	110
36	コミュニティ嵯峨野	1985年（昭　60）11.	27	106

No.	ホテル名	開業年月日	客室数	収容人員
37	京都パストラルイン	1985年（昭 60）12.	102	227
38	京都弥生会館	1986年（昭 61）3.25	56	111
39	ホテルサンルート京都	1986年（昭 61）6.	145	291
40	国立京都国際会館	1986年（昭 61）6.	30	60
41	京都全日空ホテル	1986年（昭 61）6.25	303	564
42	京都宝ケ池プリンスホテル	1986年（昭 61）10.9	322	658
43	マルコーイン・京都	1988年（昭 63）4.8	108	155
44	京都ブライトンホテル	1988年（昭 63）7.11	183	366
45	コープイン京都	1989年（平 1）1.	103	126
46	三条烏丸ホテル京都	1989年（平 1）9.3	154	238
47	グローバルジャパン京都ホテル	1990年（平 2）9.	45	57
48	ホテルオークス	1991年（平 3）3.	129	175
49	アークホテル京都	1991年（平 3）5.1	160	242
50	京都第一ホテル	1991年（平 3）10.	160	170
51	パルセスイン京都	1991年（平 3）10.	82	150
52	リノホテル京都	1992年（平 4）10.1	71	112
53	アーバンホテル京都	1994年（平 6）3.	199	216
54	ホテルハーヴェスト京都	1994年（平 6）3.15	81	210
55	ホテル日航プリンセス京都	1994年（平 6）4.25	225	451
56	ルビノ京都堀川	1994年（平 6）8.	94	247
57	ホテルサンクレイン	1994年（平 6）10.	52	83
58	ホテルセントノーム京都	1995年（平 7）4.2	70	146
59	ハートンホテル京都	1996年（平 8）3.3	294	419
60	京都プラザホテル	1996年（平 8）4.	110	112
61	京都ガーデンパレス	1996年（平 8）7.1	99	140
62	エルイン京都	1997年（平 9）4.1	515	527
63	京都堀川イン	1997年（平 9）4.24	126	128
64	ホテルグランヴィア京都	1997年（平 9）9.11	539	1,078
65	三井ガーデンホテル京都四条	1997年（平 9）10.1	278	546
66	ホテルブライトンシティ山科	1998年（平 10）10.3	100	200
67	東横イン京都四条大宮	1998年（平 10）12.2	179	230
68	アパホテル京都	1999年（平 11）3.18	192	252
69	アランヴェールホテル京都	1999年（平 11）4.	183	307
70	ロテル・ド・比叡	1999年（平 11）5.1	29	58
71	東横イン五条烏丸	2001年（平 13）4.2	164	174
72	R＆B京都駅八条口	2001年（平 13）4.5	225	225
	合	計	13,603	24,422

今，京都の観光振興に必要なのは新しい魅力を創り出すことである。それにはまず目玉商品を作りあげることである。京都全体がテーマパークであって見るところはたくさんあるといわれても，観光客にはインパクトが感じられない。たとえば，レストランでメニューは全部美味しいといわれても，何だか焦点がなく場が白けるだけである。何か1つでもよいから特徴をあげるか，自慢のメニューをもつことの方が集客にはよほど効果がある。これと同じで，京都も観光客に魅力を感じさせる大きな計画や斬新な企画，京都らしいシンボルの創作，たとえば，観光客用に路面電車を復活させて多くの観光地とドッキングさせたり，また京都は平安建都1200年の都であり世界の歴史都市でもあるので世界的スケールでの歴史博物館の建設などは大変意義があると思われる。

大切なことは観光客の立場に立って物事を考えることである。京都市民の推測でこれがよいと思うのでなく，観光客がどうすれば感動するだろうかをまず調査することが先決である。これがホスピタリティの原点である。せっかく京都に来られたお客様を温かくお迎えし，滞在中は楽しんでいただけるようなおもてなしをし，お帰りにはよい思い出をもって帰っていただけるように祈念し感謝の意をこめてお見送りをする。これが思いやりのあるホスピタリティというものではなかろうか。

さて，筆者はホテルマンであるので，まずホテルマンの視点から京都観光について述べることにしたい。40数年前から今日までの経験から，ホテルの推移，京都観光の特殊性，京都の観光振興策，それにサービス業の核心であるホスピタリティの重要性などについて言及するつもりである。

1 京都の宿泊事情とその推移

京都には現在，**表4-1**のように72軒のホテル（（社）日本ホテル協会，（社）全日本シティホテル連盟，共済組合系ホテル，その他）が存在する。しかし1959年では，都ホテル，京都ホテル，京都ステーションホテルの3つしかなかった。

その後，ホテル産業の躍進の契機は1964年10月の東京オリンピックの開催であった。東京，大阪，京都等の老舗のホテルに増改築が始まり，新築のホテルも数軒建設された。そして，その年は日本経済発展の主軸となった東海道新幹線が10月，東京－新大阪間に開通したのであった。さらに1965年7月には名神高速道路，名古屋－神戸開通があり，1966年5月には国立京都国際会館が開館し，当時は世界三大国際会議場の1つともいわれた。あと2つの会議場とは，スイスのジュネーブにあるものと米国のニューヨークにある国連ビルの国際会議場である。それから3年後の1969年5月には，東京－名古屋間の東名高速道路が開通した。

　特に，ホテル事業を大きく発展させたのは，1970年大阪で開催された日本万国博覧会であった。オリンピックは短期間の開催行事だが，万国博覧会の場合は，期間は半年間，入場者数約延べ6420万人で，海外からのビジターも非常に多く，インバウンド業界は一挙に弾みがかかった。当然のことだが日本人客も非常に多く，宿泊所を獲得するだけでも大変困難を極めるものであった。ホテルはどこも万博客でいっぱいになり，期間中は100％近い客室稼動率であった。京都ではその当時，ホテルは13軒（収容定員数：5409）が開業していた。一方，旅館は672軒（同：3万3626）あった。ホテル宿泊は70％が外国人客，30％は日本人客であった。訪日外国人客数85万4000人のうち，京都へは48万6000人が訪れ，その割合も56.7％という京都の絶頂の時代であった。当時の華やかでなつかしい思い出が偲ばれる。最近（1999年）の数字を**表3-8**でみると，京都への入洛外国人客数は訪日外国人客数443万8000人に対して39万5000人だがその比率は8.9％と低下しており，過去30年間，残念ながらその割合は落ちる傾向にある。

　1970年は，1ドルが360円の時代であったが，71年8月になるとドルショックとともに円の変動相場制移行が決定され，次第に円高となり，しばらくは1ドルが308円となった。1973年2月にはいよいよ変動相場制移行が始まり，10月には第1次オイルショックが発生した。1975年7月には，沖縄国際海洋博覧会（期間：半年間，入場者数：約350万人）が開催された。同年，京都では東映太秦映画村の開村があるが，映画の発祥地，京都ということで

京都観光に話題性を提供し，これは京都観光振興において当時，時期を得た成功例である。

その間，京都のホテル数は22軒（収容定員数：1万1219）旅館数は599軒（同：3万3544）であった。ホテル軒数は毎年増えたが，一方，旅館は，1971年をピーク（679件）に軒数は年々減っている。1981年3月，神戸ポートピア博覧会（期間：半年間，入場者数：約1600万人）があった。同年，京都の宿泊業界は多大の恩恵を受けたものである。京都のホテル数は31軒（収容定員数：1万4079），旅館数は513軒（同：3万2955）であった。

1983年4月，東京ディズニーランドが開業した。現在，開業して18年になるが，経過は大変順調である。当初は目標1000万人の入場者を予定していたが，予想以上に好調でその後毎年100万人ずつ増やしており，近年は約1700万人にも達している。これは企画アトラクションの斬新さもさることながら，東京都という大きなマーケットを近くにもっている強みもある。これは成功例だが，現在，テーマパークは全国で70カ所を超えるそうだが，一部を除いてほとんどが苦戦を強いられている。他方，大阪では2001年3月31日にユニバーサル・スタジオ・ジャパン（ＵＳＪ）がオープンしたが，京都観光へいかなる影響を与えるかは今後の問題である。

1984年10月，京都駅の南側広場で，国際伝統工芸博覧会（期間：64日間，入場者数：約130万人）が開幕した。これはあまり大きな博覧会ではなかったが，地元ということもあって京都へ観光客を導入するのに非常に貢献した。特に，観光のオフシーズンといわれた11月25日から12月8日の14日間は観光客でにぎわった。そして，1985年3月，筑波科学技術博覧会（期間：半年間，入場者数：約2033万人）が開催された。同年は訪日外国人客数も京都への入洛外国人客数も，ともに増えている。京都のホテル数も44軒（収容定員数：1万7428）となり，旅館の方は443軒（収容定員数：2万8433）と，ピーク時（1978年）の収容定員数3万8677に比べ1万以上減っている。1988年4月，奈良シルクロード博覧会（期間：半年間，入場者数：約682万人）が開催され，1990年4月，国際花と緑の博覧会（期間：半年間，入場者数：約2300万人），いわゆる花の万博が大阪で開催された。同年の訪日外国人客数は323万6000

人で京都への入洛外国人客数は41万人であった。なお，この年は過去最高そして観光客4000万人を突破した唯一の年でもある。やはり，大きなイベントがあった年は入洛人数の伸びが感じられる。

　1991年以降は，大型の国際会議あるいは大規模の医学学会などの総会により，月々によって多少の変動がみられる程度である。2000年までの過去約30年間はあまり大きな変化はないが，万博のような大きなイベントがある年とない年とではずいぶんと格差が生じている。すなわち，宿泊を伴う観光客があるのとないのとではその内容（観光収入額）に大きな開きが生じる。余程，京都観光へアピールできる魅力的企画を実現しない限り，その効果はない。なお，2000年3月，国際園芸造園博覧会（期間：半年間，入場者数：約700万人）があった。いわゆる「あわじ花博」は京都から少々遠いためか京都への入洛観光客はあまり見込めなかった。2005年，21世紀最初の万国博覧会が愛知県瀬戸市に決定されているが，訪日外国人客に期待がかかる。そして，京都への誘致には最大の努力を払うべきである。

　2001年6月現在，京都のホテル軒数は72軒（客室数：1万3603，収容定員数：2万4422），旅館の軒数は京都市内で323となった。現在の日本の経済状態，すなわちバブル景気（1986年12月〜91年4月まで）のはじけた後遺症もあり，廃業が相つぎ，収容定員数はホテルとほぼ同数ではなかろうか。またホテル業といえども現在の経済状況では廃業に追い込まれるホテルもこれから出そうである。古いホテルの場合，改築新築をして経営を存続するべきか判断はむずかしいところである。それは投資金額と企業としての将来性を勘案して判断されるべきものだからである。観光産業の将来性は明るい一方，競争は大変激しく，現実は大変厳しいものがある。

2　京都観光・宿泊のシーズン特性

　表4－2は，1986年以来，京都の主要21ホテルの月別平均客室稼動率の概略を示したものである（数値は公式のものではないことをお断りしておきたい）。この数字を参考にすることによって，京都の宿泊施設の春夏秋冬の季

表 4-2　京都の主要21ホテル月別平均客室稼動率

(単位：%，(　)内は年間ランク)

年＼月	1月	2月	3月	4月	5月	6月	7月	8月	9月	10月	11月	12月	年平均
1986	53.9 (11)	66.1 (6)	70.3 (5)	72.7 (4)	73.8 (3)	59.3 (9)	57.2 (10)	65.9 (7)	62.0 (8)	79.3 (2)	84.6 (1)	49.8 (12)	66.2
1990	62.8 (11)	76.6 (10)	80.6 (6)	90.5 (2)	88.9 (3)	80.9 (7)	80.0 (8)	84.7 (5)	79.8 (9)	85.2 (4)	94.3 (1)	62.6 (12)	80.6
1994	59.3 (12)	74.9 (8)	84.7 (4)	88.3 (3)	81.5 (5)	70.3 (10)	70.7 (9)	79.7 (6)	75.1 (7)	88.7 (2)	97.5 (1)	61.1 (11)	77.9
1998	55.6 (12)	64.7 (8)	78.9 (3)	83.1 (2)	74.0 (5)	63.2 (9)	61.1 (10)	71.2 (6)	65.0 (7)	78.3 (4)	92.4 (1)	58.0 (11)	70.4
2000	55.4 (12)	65.3 (10)	76.6 (5)	84.4 (2)	78.7 (4)	65.5 (9)	65.8 (8)	73.7 (6)	70.0 (7)	81.0 (3)	95.2 (1)	65.2 (11)	67.3
15年間平均	58.2 (12)	71.7 (7)	77.3 (5)	82.2 (3)	79.1 (4)	66.3 (9)	66.2 (10)	76.5 (6)	69.7 (8)	84.0 (2)	93.3 (1)	60.0 (11)	73.7

節性，年間・月間の動向などが理解できる。これでみると，京都における季節のランク1位は秋（9月，10月，11月）で平均客室稼動率82.3%，2位は春（3月，4月，5月）で同79.5%，3位は夏（6月，7月，8月）で同69.7%，4位は冬（12月，1月，2月）で同63.2%である。

次に，月ごとでみると，1位の11月（93.3%）は秋の紅葉の季節である。京都の紅葉の期間は長く，最近は12月初旬にもずれ込んでいる。11月は天候もよく，京都観光にとっては最高の月である。個人客が多く，したがって客単価も高く，ホテル等宿泊産業にとっては一番の稼ぎ月である。主たる寺院の庭に夜間，紅葉のライトアップが行われ，特別拝観がある。2位の10月（84.0%）は，22日に京都の三大祭の1つ平安神宮の祭典，時代祭が，そして夜には由岐神社の鞍馬の火祭が行われる。10月は秋季大祭が多くの神社で実施され，秋の情緒がたっぷりで，旅行には最適の季節，団体客も多い月である。

3位は4月（82.2%）。初旬は桜が美しい。神社仏閣では花にまつわるさまざまな行事がある。しかし桜は華やぎの期間が短く，その場所ごとに長くても1週間が限度で，雨が降れば終わりである。それでも桜は日本の象徴であるので海外からの観光客も多く入洛する。気候もよく，まさに観光シーズ

ンであり，団体客も多い月である。

　4位の5月（79.1%）は，15日に葵祭が行われる。宮中の儀でもある上賀茂，下賀茂，両神社の例大祭である。第3日曜日には優雅な王朝船遊びを演ずる三船祭（車折神社）が行われる。美しい青葉の季節，空気も新鮮で気候もよく，旅行には最適の月であり，学会や国際会議がよく開催される月である。

　5位の3月（77.3%）は，観光シーズンとしては月の後半だろう。前半はまだ肌寒い日が多く，梅や椿の美しい時期でもある。北野天満宮では梅苑公開が2月から続いており，最近は地方から団体で来る観光客も年々増えている。また，学校が休暇に入ることもあって学生旅行や家族旅行も多い月である。

　6位の8月（76.5%）は，お盆の行事が多いシーズンである。その象徴として16日の夜は大文字五山送り火という行事がある。大文字山の送り火は世界的にも知られており，海外から見にくる観光客もみかける。国内ではお盆休みや学校の夏休みもあって家族旅行もある。また，大型の国際会議が催されることがあって，その時は客室稼動率はぐんとアップすることがある。

　7位の2月（71.3%）は，京都では一番寒く底冷えのする月だが，節分祭（2〜4日吉田神社）や梅花祭（25日北野天満宮，中旬〜3月中旬梅苑公開）があり，また大学受験シーズンで受験生が多く集まる月でもある。しかし，最近は少子化問題と受験場が地方でも行われるようになって客室稼動率は下降ぎみである。それでも京都は大学が多く受験生のお客様でかなり潤うホテルや宿泊施設が多い。受験生のお客様がホテルに泊らなかった昔は2月は最低の月だった。

　8位の9月（69.7%）は，3月と同じく月の後半が観光シーズンに入る。前半は天候の不安定な日々が続き台風が接近する月である。観月の夕べが神社や寺院で催され，大覚寺で行われる観月の夕べコンサートは有名である。

　9位の6月（66.3%）は雨季で観光オフシーズンだが，1日・2日に京都薪能（平安神宮）が催される。厄除けの竹伐り会式（鞍馬寺）や京都五花街（宮川町，祇園東，上七軒，先斗町，祇園甲部）に伝わる伝統芸能の合同公演

もある。

　10位の7月（66.2％）は京の夏の風物詩である京都三大祭の1つ祇園祭（八坂神社）の月である。祇園祭は平安時代に始まった祭で，現在日本三大祭の1つでもある。1カ月間続く祭だが，観光客にとっては7月13～17日の5日間がおもしろい。つまり町並み所定の場所に山鉾が建てられ，17日に鉾の巡行が行われる。後半には学校の休みも始まり家族旅行も多少増えるが，夏の暑い盛りもあって個人旅行も伸び悩みの月である。京の夏の旅（7月1日～9月30日，（社）京都市観光協会）が始まる。

　11位の12月（60.0％）は，師走の名のとおり人々の多忙な月である。京都に必要があって来られる以外は，忘年会関連の宿泊需要ぐらいである。オフシーズン対策として京の冬の旅（12月4日～3月18日，（社）京都市観光協会）も始まる。12月31日は除夜の鐘を聞いたあと，京都は正月観光客で宿泊施設は満室になるのが通例である。最近は11月の紅葉季節が12月にずれ込んできており，第1週は観光客が増えている。したがって，客室稼動率も上がり1月より内容がよくなってきた。昔は12月の客室稼働率は50％を切っていたものだ。

　最後の12位の1月（58.2％）は，初詣に始まる正月期間はほぼ満杯となるが，その後，閑散となる。人の動きも挨拶回りで忙しく，観光客は少ない。毎年，（社）日本青年会議所の京都会議が国立京都国際会館で開催され全国から多くのメンバーが集まるが，こうした恒例行事が開催される。

　以上，京都の年間宿泊傾向を列記したが，全体では年平均客室稼動率は過去15年間で73.7％になる。少しでも宿泊率を上げれば京都の経済に大きく貢献するだろう。さらに，京都の観光客宿泊の特徴を1週間7日間でみても微妙な変化があることも知っておく必要がある。京都は東京や大阪のようなビジネス都市ではない。京都の宿泊稼働の傾向は金土日型といってよい。観光客は金曜日や土曜日に来られて，日曜日に出立されるというのが一般的パターンである。したがって，客室稼動率のランクは1位が土曜日で，2位金曜日，3位木曜日，4位水曜日，5位火曜日，6位月曜日，最後の7位は日曜日という順番である。ビジネス客のパターンはその逆で，東京や大阪では特

殊なホテルを除いて，月火水木金型になる。ただ金曜日の客室稼動率はやや下がり，土曜日・日曜日は極端に落ちるのが特徴だ。したがって，土日対策として特別料金を設定したり，割引やいろんな企画で客寄せの努力をしている。

　客室稼動率を上げるもう1つの方法がある。それは海外からの観光客，すなわち，インバウンドを積極的に集客することである。なぜならインバウンドは曜日に関係がなく，しかも宿泊日数は日本人客よりも多いのが通例だからである。インバウンド団体客は1つのまとまりとして経済的メリットが大きいので，観光オフシーズンの場合はなおさらである。インバウンドへの誘致活動をより活発にすべきである。

3　ホスピタリティの重要性

●ホスピタリティの心得

　ホテル・宿泊産業について語る場合，ホスピタリティの善し悪しは避けて通れない。ホスピタリティとは宿泊業の根本理念であり，簡単にいえば，思いやりのあるもてなしである。茶道でいうところの「一期一会」の精神につながるといってもいいだろう。「一期一会」とは「一生に一度の出会い」ということである。それは，千利休（安土桃山時代の茶人）の茶道の精神に由来するものである。すなわち，「一期一会」とは，お客様をおもてなしする場合，一生涯で再び会うことができない覚悟で相手に誠心誠意を尽くして接待するという意味である。特にサービス業というものはお客様とのふれあいのなかで商売をするのであり，金銭で換算できない部分の多い商品を売る商売である。つまり，お客様に喜び，感動を売っているといっても過言ではない。それはお客様の立場に立って考え，同時にお客様にサービスできるという幸福に感謝の気持ちをこめて温かいおもてなしをすることである。

　次に，接客の具体的心構えを3つあげてみたい。①すべてのお客様に対して一人一人あたかも特別な人に対するかのように応対する。すべてのお客様がそれぞれにＶＩＰ（very important person）だという意識をもたせる接客

技術である。それは真心のこもった気配り，一生懸命に尽くす心配りである。②お客様が再び利用してみたいと思わせるような誠意ある立ち居振舞いをする。それがリピーターの創造となる。③お客様が思わず人に話したくなるような行き届いたホスピタリティを提供する。これは顧客満足ということであるが，満足されたお客様は自発的に人に語ってくれるものだ。いわゆる口コミであり，これほど力強い広告はない。しかもそれは無料で行われる。

● ホスピタリティの5Sのキーワード

　ホスピタリティには，次のように①清潔（S），②親切（S），③誠実（S），④スマイル（smile），⑤スピード（speed）の5Sがある。

　① 清　潔（S）：これはサービス業経営の根幹に関わる第1のキーワードである。これに関する成功例は1983年開業の東京ディズニーランドであろう。予想を上回る大成功だ。当初1000万人入場予想だったものが，昨年には1700万人の入場者を数えている。18年前のオープンだから毎年100万人ずつ増やした勘定になる。過去，日本のテーマパークは方々にあったが結局，東京ディズニーランドの一人勝ちとなっている。当時，類似したものが奈良にも横浜にもあったが，みな消滅してしまった。清潔を保つ徹底した掃除ができなかったことが1つの象徴的な要因であろう。多くの入場者があれば必ずゴミの山ができ，館内が汚くなってしまう。これを完全にクリアしたのが東京ディズニーランドだといわれている。これはアメリカ的な発想のよい点である。ホテルでも一流二流のバロメーターはこの点だけでもよくわかる。その他，飲食店，デパートなども共通することである。特にその店のトイレを見れば，そこのレベルがよくわかるというものである。新しい設備が必ずしも清潔とは限らない。一見きれいに見えてもよく見ると塵埃がたまっていることだってある。

　ここで，清潔にまつわる話の一例を紹介してみよう。筆者がハワイのマウイ島のあるホテルに投宿した時の体験である。そのホテルでは宿泊客むきに館内スタディツアーを毎日午後に，約1時間かけて実施していた。ホテル館内のあらゆるセクションを宿泊のお客様に見せるのである。これはホテルが

よほどの自信がないと実施できることではない。すなわち，宿泊，料飲施設の表方（お客に売っている場所）はもとより裏方（普段お客にみせないところ，いや，本来は見せたくないところ）をも案内してくれた。たとえば調理場，リネン，ランドリー等の洗濯場や購買課等，物品の配置が理路整然と並んでいるところまで，また，そこで働く従業員がせっせと働いているところ，さらにお客様と目線が合えば笑顔を振りまくといった具合である。そのホテルのアットホームな温かさを感じた次第である。ここにホスピタリティの基本がある。

　② 親　切（S）：これは心配りであり，常にお客様側の立場に立ってサービスを考えるということだ。そういう習慣をもったサービスマンやサービスウーマンのいる店には，お客様はリピーターになるだろう。リピーターとは繰り返し来てくれるお客様のことであり，そのうちに常連客になっていくお客様のことである。このリピーターを増やせる店こそがサービス業として成功できるのだ。同じ物を買う場合でも，親切に対応してくれる店を選ぶのが人情である。不親切な店では多少物が安くても買う気にならない。一方，親切な店員さんがいる店では余分な商品まで買ってしまうことだって生じる。要は，相手の立場に立った心配りがいかに大切であるかということである。ここで心配りについての1つのエピソードがある。

　イギリスの女王様の話である。女王様がある国の王様をお迎えしてディナーパーティーを開催された。食事の途中でウェーターがフィンガーボールに水を入れて王様にサービスをした時のことである。王様は飲み水と思われたのか，フィンガーボールを手にするなり，あっという間にその水を飲んでしまわれたのである。フィンガーボールというのは食事の時に汚れた指を洗うために出されるものだが，その作法を王様は知らなかったのである。一国を代表する王様が訪問先で食事作法を知らずに大失敗を演じたことになる。ディナーに参加していた列席者たちはそれを見て固唾をのんでその光景を見ていた。自分たちがフィンガーボールで指を洗ってしまえば，王様に大恥をかかせることになる。その時，とっさにホステス役のイギリスの女王様は黙ってフィンガーボールを取り上げみんなの見ている前でその水を一気に飲み干

され，それから微笑んで列席者を見回わされた。列席者は女王様の意図を悟って皆フィンガーボールの水を飲み干した。そして和気あいあいのなかで最後まで食事が進んだという。最初にフィンガーボールの水を飲んでしまった王様は女王様のとっさの機転でその場は恥をかかずにすみ，その両国の友好関係にもひびが入らずにすんだということである。

　このような見事な対応が心配りというものである。たとえ相手が気づかなくとも，その功績は大きい。もし後日その王様が自分の失敗を知ったとしても，女王様のとった行動，すなわち心配りに大変感謝するであろうし，また第一，居並ぶ臣下たちも「我々の女王様はなんと心やさしい思いやりのある方だろう」と感激してより一層の忠誠心を抱くことになるだろう。これは1つのたとえ話であるが，心配りについての効用をよくあらわしている。親切＝心配りはサービス業に携さわる者の一番大切な資質である。

　③ 誠　実（S）：これはベストを尽くすなかであらわれる。裏表がなく信用できる態度であり，礼儀正しく，正直の別名である。頼まれて受けたことは誠実に実行するということである。誠実について，元英国の宰相ウィンストン・チャーチルの感動的な言葉を紹介しよう。「人の感情に訴えようとするならば，まず自らがその思いに浸りきらなければならない。人に感動の涙を流させようとするならば，自らも涙を流さなければならない。人を納得させようとするならば，まず自らが信じなくてはならない。」つまり，自分がしてほしいことを相手にやってあげるという姿勢が大切なのである。顧客に目がむいているかどうかはサービス業の基本であり，思いやり，誠実が大切である。

　④ スマイル（S，笑顔）：お客様に接する時，笑顔の呼びかけはどんな場合も大切である。笑顔は笑顔を生み，感じよさが育まれ，お客様をリラックスさせるのに役立つ。スマイルはサービス業ではあらゆる効用に役立つ。鏡を見て笑顔づくりに努力してもよいぐらいである。また，仕事上，たとえ，どんなむずかしいことが発生しても，笑顔で対応すれば相手はなごみ，解決も早いというものだ。

　⑤ スピード（S，迅速）：接客業ではテキパキとした対応が基本となる。

お客様のリクエストに対しては返答はすばやい行動で，イエスかノーかをはっきりしなければならない。返答がぐずぐず遅れるほどサービスの評価は悪くなるからである。

●ホスピタリティとセールス

　サービス業で一番大切なことは，一人のお客様を大切にするという心がけである。ホスピタリティの心得で一人のお客様を大切にすることによって，口コミでよい評判が生まれ，信用を勝ち取ることができる。そうすればお客様は二人，数人，10人，100人，何千という多くのお客様に膨れあがる可能性がある。さらに，それらのお客様がリピーターになることによってお客様をどんどん増やすことができる。このことを考えずに，たとえば，ホテルの営業マンが一人のお客様をないがしろにして団体のお客様の方を優先した方が売り上げが上昇すると同時に自分の営業成績もよくなると考えたり，またある店の店員が商品を売る場合，お客様のことを考えずに，値段の安い方を売るよりは高い物を売った方が売り上げは上がり，儲けもより大きいと考えるとしたら，これはアマの発想である。アマの発想はその場主義で先のことまで考えない。今よければよいという主義である。しかし，プロの発想は違う。深く考え，その先のことまで考えて行動を起こす。基本は一人のお客様を大切にすることから始める。一人のお客様，団体のお客様を差別しない。団体のお客様でも基本は一人一人のお客様で成り立っているのである。一人のお客様をないがしろにすれば二人減らし，数人，10人，100人，いや何千という多くのお客様を失うことになる。そこのところがアマ営業マンにはわからない。ただ表面だけをみて判断してしまう。長い目でみた場合，最終的に成功はない。

　一方，プロ営業マンの場合は営業のツボ，すなわちお客様を増やすテクニックを心得ているので，一人のお客様を大切にする，そして，そこから口コミと信用によってお客様を限りなく増やす。宿泊産業はなんといってもリピーターのお客様を増やすことが一番大切である。これが地道に，確実に顧客を獲得していく方法である。要するに，ホスピタリティの真髄とは人の心を

揺さぶる感動をつくり，「一期一会」のサービスで一人一人のお客様を大切にしていくことである。せっかく京都へ来られた観光客に対して，ゲスト・オリエンテッド・マインドでおもてなしをすべきである。

　京都市の「市民憲章」に「わたくしたち京都市民は旅行者をあたたかくお迎えしましょう」とある。ホテルの場合，旅行者のお迎えにはまず到着時に際して（Hearty Welcome）あたたかくお迎えをし，滞在中は（Hearty Hospitality）手厚いおもてなしをし，ご出発に際しては心のこもったお見送り（Hearty Send-off）が大切である。感謝の気持ちをこめて，またのお越しをお願いし，気持ちよくお見送りする。このような順序を行うのが通例である。単に初対面の際，「おこしやす」というだけではホスピタリティ・マインドを解しているとはいえない。

●ホスピタリティと英語

　いまや世界はグローバルな時代であり，世界観光機関（WTO）の統計によれば，国際観光客数は1999年で6億6000万人だが，2020年には16億人になると予想している。それゆえに日本にも多くのインバウンドが期待できる。当然，国際観光のコミュニケーション道具は英語が必須となるだろう。なぜなら，すでに英語は世界語になっているからである。国際政治，国際経済，国際金融の世界での使用言語の85％は英語だといわれている。ＩＴの世界でも外国相手の場合は英語が使用されている。世界相手の企業では英語ができなければビジネスにならないと同時に，世界から取り残されてしまう。

　ツーリズムの世界でも英語は世界の共通語である。訪日外国人観光客に対する英語によるホスピタリティにはもっと力を入れるべきだ。英語ができなくてホスピタリティを十分表現できるだろうか。外国人観光客に京言葉の「おこしやす」では通じない。やはり率直にWELCOMEというべきであろう。接客業に従事する者がインバウンドの接客に際して，相手国の言葉でお迎えするのは礼儀にかなったホスピタリティだ。外国人観光客に対して十分なホスピタリティができるためにも，今日では，実質世界語である英語をマスターすることが先決である。

むすび

　京都は平安建都から1200年の歴史と伝統に育まれ，三方を山で囲まれた美しい自然景観のなかに，17件の世界文化遺産をはじめ，多くの国宝や文化財に恵まれた日本一の文化都市である。神社寺院等も京都を本山とするところが多く，約2400もの宗教法人を抱えた日本一の宗教都市である。また大学の数も多く，比率では日本一の学術都市である。このように日本一づくめの京都ではあるが，近年，他都市の追い上げもあり，京都も安閑としてはおれなくなっている。

　今日の不透明な経済情勢のなかで，京都経済発展には観光産業を欠くことはできず，京都市も観光を21世紀の基幹産業にすることを打ち出している。京都観光活性化にはまず，単なる通過観光客ではなく，はるかに観光収入の多い宿泊を伴う観光客誘致に重点をおくべきである。そして観光客数にこだわるべきではない。要は内容が肝心なのである。京都観光振興対策として以下の提言をしてみたい。

① 国際交流，国際観光と表裏一体のコンベンションを積極的に誘致する。
② 今後，地球規模で大量の移動が期待される国際観光客の誘致（これは現在日本が非常に遅れている分野）。
③ 脚光をあびている大阪のＵＳＪと連動した京都観光誘致。観光客が京都に泊まってＵＳＪへ日帰りするというパターンに期待できる。大阪万国博の時がそうであったように，当時，宿泊業界は大阪よりも京都の方が潤い，観光客に人気があった。
④ 美術館，博物館の観光ルート化。京都には現在，約140の施設があるが，観光ルート化されていない。外国では一般に，立派な観光ルートが成立している。それらは観光の目玉商品ともなっている。たとえば，フランスのルーヴル美術館，イギリスの大英博物館，ロシアのエルミタージュ美術館，アメリカのメトロポリタン美術館，中国の故宮博物院などがある。今，京都で歴史博物館の建設構想があるが，筆者の持論としては世界文化遺産である二条

城の活用をもっと考えるべきである。二条城は規模，アクセス，外観からして世界に通用する一流の博物館となるだろう。京都観光の目玉としてうってつけではないか。

⑤ 環境にやさしい路面電車の復活。かつて京都市の外周を回っていた路線を復活させ，有名神社仏閣の至近を通り，利便性と楽しさを与えれば観光客に受けること間違いない。

⑥ 京都は国際文化観光都市であり，文化大使が必要である。今後ますます国際交流が深まるなか，外国人客も増えていくであろう。京都のイメージアップのためにも京都の文化を英語で説明できる教養ある文化人がいてもいいのではないかと考える。

⑦ 京都（在住）人の京都観光奨励。その意図するところは，京都人が観光客の気持ちをより理解できるようになり，京都の知識も豊富になり，そして，体験がものをいうホスピタリティ・マインドを育成することに役立つだろう。

（芦田友秀）

5　京都観光と地方財政

1　観光産業と観光資源

　観光資源としては風光明媚な自然や歴史的な所産である美術，音楽，建築物などがある。京都の場合，自然が美しく，山城の国として山が迫り，緑に囲まれている。しかも，春の桜，秋の紅葉など特定の時期には驚くほどの美しさを示す。観光資源として京都が依存してきたものは歴史的遺産だけではなく，自然や山や田を育んでいる農林業などの産業も重要な資源となる。「瑞穂の国」という農業に根ざした美しさを観光資源とすることも重要な役割がある。もちろん，1200年の都として御所を中心にした歴史的建造物は山のようにある。そこに蓄積された美術品，工芸品などは数限りない。

　そして，歴史的な遺産もハードに限られるものだけではない。多くの文化遺産ともいうべき音楽，料理，芸能などいわゆるソフトに関する資産も抜群の存在である。これらのハード・ソフトの蓄積は観光資源として重要なものとなる。むしろ，ソフトの方がリピーターとして観光客を呼ぶためには求められるものとなる。

　さらに，町自体が観光資源として認識される必要がある。京都の街並みが生み出す美しさを観光資源にする考えは，必ずしも重要な役割を果たすことはなかったが。そして，伝統産業のように日本人がもっていた工芸の美しさだけでなく，それを生み出す心を体験させるという観光も重要な分野となる。

　ここで留意しなければならないのは，東京ディズニーランドに代表されるように，観光資源は存在するものではなく，作るものという考えである。最近多くの地域で観光資源の「創造」が行われてきている。これは「古いもの」も「最初は新しい」というきわめて簡単なことが重要となる。新しい文化を創っていくところに観光産業を盛んにする基本がある。

さらに，観光資源があってもそれだけで，観光業が成立するわけではない。これを生かすのも，結局は民間の産業活動としての結果である。ホテルや旅館がなければ観光業は成立しない。京都には66軒（2000年）のホテル，323軒（同年）の旅館があり，観光客の収容力は大きなものとなっている。さらに，バス・タクシー，飲食店，おみやげ物屋などは観光産業として，観光資源のもっている価値からの利益の受益者であるとともに，観光客の生活を支えて観光産業を成立させている。

そして，これらの観光産業を成立させるための社会資本の存在が重要となる。これは私的には供給されないために，地方公共団体の仕事となる。特にIT時代の現代，情報の果たす役割は大きい。

ヨーロッパでもパリ，ロンドン，ウィーンなどの古都は宮廷や美術館など歴史遺産のハード面でのストックもすごいが，フィルハーモニー，オペラ，ミュージカルなどの音楽，料理やホテルサービスも抜群である。京都もそれに負けない観光資源をもっており，これをいかに現実のサービスに結びつけるかが課題となる。

筆者は京都市の基本計画の策定（京都市総合企画局政策企画室「京都市基本計画」2001年2月発行を参照）に関する審議会で「文化・観光・産業」に関する部会長を担当したところから，京都市における観光への取り組みについて，これらの点に留意しながら検討していくこととしたい。

2　華やぎのあるまち

「華やぎのあるまち」　これが京都市基本計画の基礎となっている「基本将来構想」の基本理念の1つである。かつての首都であった京都は「都」としての産業，文化が培われてきた。このなかに生まれたのが「華やぎ」であるとして，京都市民として大事にしていこうとするのが京都の将来を考える時の基本である。

この考え方を観光に生かしていこうというのが，京都の基本計画における観光に対する基本的な発想となる。すなわち，「景観や緑地を保全し，地域

住民のまちづくり活動や美化活動を支援するなど，美しいまちの実現をめざすとともに，成熟した文化・芸術の豊かさを享受できる文化首都をめざす」という考えである。「ものづくりの伝統を生かし，産学公の連携による京都独自の産業システムを発展させるとともに，21世紀の京都を牽引する新たな観光を創造する」と「観光の創造」というのがその立場となり，これまでの観光に関する概念を大きく変え，「創造」を軸とすることになる。

　そして，観光のあり方の基本的方向として，「観光は，経済の活性化はもとより，文化力の向上や国際交流の推進，魅力あるまちづくりなどにも大きく貢献するものである。このため，京都ならではの観光資源の発掘や創出，幅広い世代のそれぞれのニーズに応じたきめ細かい情報発信，国内外からの観光客やコンベンションの誘致活動の強化，観光客を温かくもてなすしくみづくりを行う。さらに，市民，事業者，社寺・文化施設・大学等を含めたネットワークづくりなどにより，21世紀の京都を牽引する観光を創造する」との考えを示している。この考えは，これまで歴史的伝統のなかにある神社仏閣に依存し，遺産で観光を行おうとしてきた姿勢に対する反省があった。観光は創造するものであり，世界に発信するものであるという積極的な姿勢に転換することが求められたのである。すなわち，観光は遺産の恩恵だけではなく，新たに創造される観光資源によることになる。

3　宿泊・滞在型，体験型観光の振興

　このような観光のあり方を京都市の戦略産業として基本計画のなかで「宿泊・滞在型，体験型観光」の振興と位置づけている。観光産業を京都市の戦略産業として位置づけ，経済波及効果が大きい宿泊・滞在型，体験型観光の推進等により，観光産業を振興することをその軸におくべきとの考えである。じっくりと奥深い京都の魅力を体感してもらえる宿泊・滞在型，体験型観光を振興するため，「夜の観光スポット」の創出をあげている。いうまでもなく，京都の文化は多くの場合，料理や芸能などの伝統に基礎をもつもてなしの文化である。また，なかには祇園，島原など「花街」の伝統をもつことに

なる。これらも重要な観光資源である。さらに，「宇多野ユースホステル」の改築や京町家の活用支援などを図ることとしており，若者の滞在型の観光を支援することになる。特に，空家となっている京町家の保全・再生により，西陣をはじめとする職住一体となった産地の観光資源としての宣伝活動を推進するなどを考えている。これらは伝統産業の産地機能の活性化を図ることにもなる。

さらに，きもの着用の機会を提供する事業を実施するなど，和装文化の継承を図ることを考えている。特に，近年の和装産業の衰退は著しく，京都の伝統産業の衰退の基本にもなっている。ここで，観光客に和装の体験の機会を与えれば，観光とともに伝統産業の振興にも資することになる。

観光地で伝統文化を紹介して，それを観光資源とするところが多くなりつつある。伝統産業村のような形で陶芸，和紙，ガラス，漆芸などの工芸を実際に経験することで，伝統産業への関心を強化しようとしている。そして，それ自体を観光資源にしようとする。

多くの伝統産業はさらに，芸術・文化への発展を生み出すとともに産業への発展を導くことになる。そこで，京都市がコーディネーターとしての機能を果たし，地元企業と芸術家との交流・連携を促すことにより，新進・若手芸術家のデザインを販売・流通する場を創出するなど，京都の文化を生かした産業振興に努めることとしている。

このように，京都市は，京都の歴史，文化，宗教など伝統の粋に触れる体験を中心とした滞在型の生涯学習のためのプログラムを作成し，観光振興に活用することを考えている。このような働きかけにより，長期滞在，リピーターとなることへの期待がある。

4 町中観光への期待

京都の観光は神社仏閣という歴史的遺産を軸にしてきたことは間違いのないところである。この遺産の規模はきわめて大きなものであるが，これだけではリピーターとしての観光客を集客できることにはならない。

京都は古都として，美しい街並みをもっている。多くの観光地は自然的条件だけでなく，街自体の美しさを観光資源としている。しかも，これは資本の投下により改善が可能なものであり，また，社会資本の整備によって大きく促進される分野でもある。すなわち，「観光の創造」の基本的対象となる。計画では次のようなものを示している。

　「京都の歴史を総合的に物語る『歴史博物館』の整備，京都を舞台とする映画・テレビロケの誘致，京の食文化の体験など若者や海外からの観光客を魅了する観光スポットの誘導，歩行者天国の実施など，1200年の歴史都市としての多様な資源を活用し，これまでにない魅力を付加した新しい観光資源となる集客施設やイベント等を創出する」としている。ここでは京都の町中にある観光資源の開発を求めており，そのための投資を行うとしている。

　さらに，「地域ごとの界わい観光の創出」として，京都の各地域での観光資源の開発を求めている。「各地域に豊富に存在する魅力ある自然景観や有形無形の文化財，伝統行事，伝統産業などの観光資源を生かしながら，まちづくりとも連動して，四季折々に何回も京都を訪れたくなるような地域ごとの界わい観光を創出する」と，有名観光地としての観光資源だけでなく，これまで埋もれてきた観光資源を各地域で引き出すことを観光の創造の柱としている。なかには京都に住んでいる者にとっては，あまり知られたくない観光資源もあるが，これらを開発してゆけば大きな観光資源を生かすことになる。

　このような観光資源の開発と京都の環境の調和をいかに保つかが問題となる。今日，自動車による環境破壊が京都の観光資源そのものを破壊する状況がみられるが，これに対して，これらの観光資源の開発は環境面でも調和することとして，「歩く町」としての京都を強調している。

　「都心のまちづくりと連動し，京都らしさを演出したにぎわいのある歩行者空間や京町家などの活用による個性あふれる店舗や工房などが集積する観光スポットを創出し，歩いて楽しむ『まちなか観光』を振興する。」

　東京も歩行者天国が新しい観光地になっている。中京区のかつての商業地もその美しい街並みを活用して観光地になれば，1つの新しい観光の展開と

なる。京都の市街地の中心にある商店街も観光資源として,「観光客にも魅力のある商店街づくり」をめざすことになる。

京都の街並みを歩いて観光する。それを可能にするより魅力的な町とするためには,民間での投資が必要になってくる。さらに,それを支援する社会資本が必要になる。

5　文化の振興

先にも述べたように,観光の重要なポイントはソフトであり,これは新しい創造を伴う芸術などの活動によって支えられる。京都はもともと,そのような活動が盛んであり,これを観光資源として活用することは京都観光を優位にする基本となる。計画では,「1200年を超える歴史に培われた京都の文化は,世界の人を引きつける魅力をもつものであり,演劇の盛んなところであり,かつては歌舞伎についてもいくつもの小屋が立つところであった。祇園などのいわゆる色街を中心に踊り,音楽や踊りが盛んに行われ,町人の文化として盛えてきた。この豊かな文化資源を観光や産業にも生かしていくという視点が必要である」として,京都の文化こそが観光資源であるとの考えを示している。そして,「美術館や二条城,『大学のまち交流センター(キャンパスプラザ京都)』などの文化・学術関連施設の活用や社寺などとの連携により,観光客に魅力ある芸術文化事業やイベントを実施し,国内外に発信することで,観光集客力の向上を図る」と,芸術文化を軸に観光集客力の向上をめざすこととしている。

この芸術文化に対する具体的な政策として,京都の芸術の中心となっている「京都芸術センター」の機能の発揮などを通じて京都全体を劇場,美術館とするさまざまな取り組みを行うこととしている。そして,「芸術祭典・京」のさらなる発展・充実を図ること,「芸術文化振興計画」の推進を図ること,新しいタイプの都市史博物館として,「歴史博物館」の整備により多角的に京都の歴史・文化資源を掘り起こすこと,神社仏閣等を会場とした芸術文化事業を実施し,伝統芸術の普及,担い手の育成を図って,観光集客力の向上

をめざすことなどが謳われている。

　音楽活動に関しても,「京都コンサートホール」を音楽文化の発信基地として,「京都音楽祭」をはじめとしたさまざまな活動の振興があげられる。また,京都は,日本で初めて映画が上映されたまちであり,映画の撮影所が集積し多くの映画が製作された歴史をもっている。太秦のように日本映画の中心地ともなってきた。現在,日本映画はチャンバラ映画の衰退とともに力を失っているが,いずれ新しい形で力をもつことが期待される。計画でも京都をテーマとした映画製作に対して製作費の助成を行う「京都シネメセナ」の実施,「京都映画祭」の開催などにより,京都に蓄積されている日本映画を育（はぐく）んできた人材や技術・経験を生かし,新たな映画文化の創造をめざすことが掲げられている。

　以上のような文化活動の活発化をめざしており,これは観光資源としてきわめて貴重なものとなるであろう。

6　エコ観光への流れ

　基本計画では「環境や自然を大切にするエコツーリズム,グリーンツーリズムの推進」を掲げており,エコ観光の可能性を追求している。すなわち,京都のもう1つの売り物が自然である。京都は周辺を山で囲まれ,「緑」に包まれている。市内も神社仏閣の広い敷地が緑の空間を作っており,自然に調和した「都」を実現している。さらに,京都市の北部は歴史的史跡と自然が併存しており,田園の風景は日本の昔ながらの美しさを作っている。特に北山杉の山林,大原などの田園風景は独特の美しさをかもしだしている。

　基本計画はこういった自然に親しむ観光資源を活用することを求めており,「環境学習の施設や自然とのふれあいを体験できる地域などをつなぐ観光コースの開発,徒歩や自転車による観光,使い捨て用品の削減など宿泊施設における環境への配慮の促進などにより,環境を大切にした旅（エコツーリズム）を推進する」という新しい柱をおいている。そして,「三方の山々やその山すそ等において,豊かな歴史文化や美しい自然を歩いて楽しむ『京都一

周トレイル事業』など，自然を大切にした旅（グリーンツーリズム）を推進する」として，京都における自然の側面を強調している。

また，今日，その存立をむずかしくさせている農林業においても，単にそれ自体の産業としてのみ見るのではなく，自然に対する保護機能を高め，それを通じて観光資源として活用しようという考えを示している。「観光客が自然体験できる新たな観光資源として，農林地を多面的に活用する北部等山間地域における農林業の振興に取り組むとともに，豊かな自然環境や美しい農山村景観を生かした観光農山村を育成し，都市地域との交流を支援するなど，地域の活性化を推進する」と，日本人の心のふるさとである農山村を観光資源にしようとする。

グリーンツーリズムは環境保護と地域の活性化を共存させようとするものであり，国際競争力の低下から産業として崩壊しつつある農林業を支える方法ともなるであろう。

7 観光情報の発信，観光客の誘致

観光産業が成立するためには観光資源の開発とともに，その情報が多くの人々に伝えられ，観光客を誘致できることが第1の条件となる。そこで，観光に関する情報の発信はきわめて重要なポイントとなる。観光資源を活用できるかどうかも，人々に対してその認知度をどこまで高めることができるかにかかっており，京都の観光情報の発信や観光の勧誘が基本的に重要となる。

特に，近年，発達してきた情報通信技術（IT）をいかに活用するかがキーポイントであり，ホームページ作成やデータベースを構築することによって観光情報，歴史的情報の提供を図ることが必要になる。現在のITはまだまだ十分な情報の伝達ができないが，次世代の高速通信ネットワークや携帯情報端末などを活用して次世代型の観光案内システムの構築を図ることが求められている。最も伝統的なマスコミや情報誌などの他の多様なPRの手段と組み合わせることで，的確できめ細かい情報の受発信を行って，観光客のニーズの把握と誘致活動を展開することが必要になる。

そこで，「海外の旅行業界や報道機関等の関係者を京都に招き，新たな観光プランの開発につながる情報提供を行うとともに，英語版ニューズレターやインターネット等の媒体を活用した情報発信を行う」ことを提案している。

　そして，京都市内の観光標識などの整備に関して，「観光客が快適に京都のまちを観光できるよう，観光地や都心，主要ターミナルにおける案内サービス機能の強化を図るとともに，海外からの観光客をはじめ来訪者に親切な観光案内図板や案内標識，歴史・由緒などを説明する名所説明立札の計画的な整備に努める」と整備の方向を示している。

　誘致の対象として，京都観光産業にとって重要なものに修学旅行がある。小・中学生や高校生などが定期的に行う修学旅行は，彼らが将来，何度も京都を訪れたいと思う観光リピーターの原点となる。このことから，総合的な京都の現場を見ながらの歴史学習だけでなく，伝統産業などの学習の導入など多様化する修学旅行の形態に対応した体験メニューを充実させなければならない。また，学校等に対する積極的な情報提供と各種の宣伝誘致活動を展開することを求めている。

　観光はビジネスの展開と不可分にある。多くのメッセやコンベンションはビジネスとともに観光の要素が求められる。欧米で商業の中心となる大規模なメッセはビジネスの場であるとともに彼らの観光の場でもある。さらに，セールスプロモーションなどの手段としての観光も人気のある方法である。そこで，経済界等と連携し，従業員の報奨・研修旅行や得意先の招待旅行など，企業が事業活動の一環として行うインセンティブツアーの誘致を促進することも重要となる。

　国際的会議を含め多くの会議の開催が観光地で行われるのは，それなりに理由がある。観光地にある多くの施設を利用できるとともに，観光もその重要な一側面になっているからである。主催者としては参加者を増やすために，設備の整った観光地を選択することになる。多くの場合，夫婦同伴で参加するためにレディーズ・プログラムも必要で，主催者は頭を悩ますところであるからだ。

　この意味からもコンベンションは，その開催にともなう経済波及効果に加

え，都市のイメージアップ効果も大きい。そこで，「京都コンベンションビューロー」と連携し，会議主催団体，関係機関や大学等への誘致活動に努めるとともに，英語版ニューズレター等により，コンベンション都市としての京都の広報宣伝活動を強化することを求めている。コンベンションの主催者に対し，会議開催準備資金の無利子融資や京都ならではの多彩な企画を提案するなど，京都でのコンベンション開催にむけた支援を充実することとしている。そして，国際会議や国内会議の拠点施設として，多様化する利用者のニーズに対応するため，会議場の増設など「国立京都国際会館」の施設整備の促進を図る必要性が強調される。

　世界的な大交流時代を迎えて，国際観光客が大幅に増加するなかで，文化的背景や自然条件の違いなどにより，地域ごとに海外からの観光客のニーズが異なるため，それらに対応したきめ細かい地域別マーケティングを展開するとともに，京都観光を宣伝する観光誘致団を海外に派遣することも大切である。

　京都だけに観光の誘致をするのではなく，近隣地の相関関係が重要となる。京都は大阪，神戸などと同時に観光の対象とする場合が少なくない。そして，大阪との連携でいえば，ユニバーサル・スタジオ・ジャパンなどの新しい観光資源の開発を京都で活用することになる。また，京都をモデルとした観光地が少なくなく，その連携も観光開発のポイントとなる。そこで，「京阪神三都市，関西広域連携協議会，全国の小京都と呼ばれる都市等の連携を通じて，それぞれの都市がもつ魅力を相互に活用し，相乗的な効果を生み出すため，多様な観光資源のネットワーク化を進める」こととしている。

　また，近年の治安の不安定化など都市環境の悪化が伝えられるようになっているが，「安全で快適な観光ができるよう，京都をあげての美化活動や犯罪，事故などを未然に防ぐまちづくりを推進する」ことが喫緊の課題となっている。

　このように考えていけば，観光は市民と行政の協力をなくしては実現できないものであり，基本計画では「観光振興ネットワークづくり」を重視して，市民参加型の「おこしやす京都委員会」を中心として，市民一人一人がもて

なしの心に磨きをかけて来訪者と交流する「おこしやす運動」などを展開するとともに，観光案内等で活躍するボランティアをはじめとする市民，事業者，社寺・文化施設・大学等と連携した観光振興のためのネットワークづくりを進めるとしている．

以上のような施策を通じて，年間観光客数5000万人をめざして「観光振興推進計画」を策定し，京都をあげて観光振興を推進することが京都市の目標となっている．

8　観光振興のための地方財政のあり方

観光の振興に地方財政の果たす役割は大きい．先にも述べたように，観光資源が生かされるのも，民間の資本投下と地方公共団体による公共投資があってである．観光産業が産業として存在するのは，このような設備投資と結びつくことによる．道路などの一般的な社会資本はもちろんのこと，「京都コンサートホール」「歴史博物館」といったいわゆる箱ものの公共施設，コンベンションホールやメッセ会場のような公共商業用施設，案内板などのような観光案内施設，観光情報の発信のためのIT関係設備，さらに京都市交響楽団のような観光ソフトも必要になる．これらの公共的サービス供給が行われなければならないのである．

また，民間での観光誘致活動などを助成することも地方公共団体の重要な役割となる．観光情報の提供，歴史的建造物や美術品の維持，伝統産業の助成，古典的芸能の維持など民間で行うのが基本となる事業も，地方公共団体が助成することでより効率的に展開することが可能になる．特に，町中観光を次の観光資源の創造に役立てることとするのであれば，地方公共団体が多くの面でリードして観光資源の開発を行う必要が生まれてくる．

基本計画でも京都市の事業が多数計画されているが，これらは公共部門の果たす役割である．問題はこの事業のために必要な資金をどのように調達するかである．今日の地方公共団体の財政資金は地方税だけでなく，補助金と地方交付税交付金が大きな役割を果たしている．補助金は国家の事業として

であるが，地方公共団体に実際の事業を行わせるために，各種の補助金が各省庁から地方公共団体に交付されている。後者は地方公共団体間の財政力格差を是正し，財政力の弱い地方公共団体でも最低限の行政が行えるようにするための中央政府から地方公共団体への財政資金の移転である。

　これまでの地方公共団体は地方公共団体として必要と考えられる行政を国の補助金のメニューに従って整備することで実施してきた。国として奨励に値する事業は地方公共団体が実施することとなっているからである。地方公共団体としては望ましい行政を実現するために重要な手段となる。

　一方，交付税は総務省（旧自治省）の定める基準による必要な財政支出である基準財政需要と，地方税法の標準税率で課税を行ったときの収入である基準財政収入との差額を補塡するものであり，その使途は限定されていない。したがって，財政運営のなかで独自の行政を行えることになるが，現実には基準財政需要のなかに入らなければ実行はむずかしい。

　このような中央からの財政資金の移転に依存する地方財政には，その地域の必要に応じた十分な行政を行うことができないという問題がある。かつては，富裕団体（基準財政需要が基準財政収入を下回る地方公共団体）であればその財源の範囲内で自由に財政運営をできたのであるが，長期の不況のもとで富裕団体は激減している。現実に，現在の地方財政支出のなかで地方税収入の占める割合は4割程度にすぎない。多くの地方公共団体にとって，財政的には地方に自治はない。京都市の場合も自主財源比率は54.5％（1998年度）であり，政令指定都市としては低い方から4番目という必ずしも自主的な行政を行える状況にはない。

　いずれにしろ，政府債務残高が700兆円に近づくなど財政運営はきわめて厳しく，中央政府の移転も将来は保障されない状況となっている。そして，地方分権の考えが強くなり，地方分権推進法が制定されて，確実に地方分権の方向に動き始めている。地方分権は自らが財政資金を調達することで行政を行うことであり，いずれそのような方向に移行せざるをえないであろう。

　本来，地方財政は国家財政と異なり，財政支出の効果が地域に限られることが重要な意味をもつ。「地方公共財」と呼ばれており，いわゆる「純公共

財」とは大きく違う。国家財政の最も典型的な例である防衛や全国の道路網のような行政は，国民すべてに関与することになる。ところが地方公共団体の行っている行政，たとえば，地域の環境整備，治水利水，生活道路などは地域に効果が限られる。ナショナル・ミニマム地域の経済の発展は地域財政に大きく寄与するだけでなく，積極的な財政の関与が地域経済を活性化させることになる。これは社会資本として，住民の生活を支えるとともに，民間資本の効率を上げるように補完的な機能をもつことによっている。一般に社会資本は民間資本の限界効率を引き上げ，民間投資全体を促進するだけでなく，地域的には他地域と競争して民間資本を引きつけることで地域の活性化を進めることになる。

　観光産業においても，観光関連の社会資本，たとえば，情報・広報の実施，交通施設の整備，各種の博物館，美術館などの文化施設の整備，コンベンションホールやメッセ会場のような施設等が建設されることで，観光産業の活性化を進めることになる。

　情報・広報・案内などの経常的な公共的サービスも重要である。さらに，安全もきわめて重要であり，治安は観光産業の基本である。ウィーンに行った時に，スコープ付きのライフルを持った警察官が町のあちこちで警備にあたっており，その徹底ぶりに驚いたが，観光都市の宿命であろう。

　いずれにしても多くの公共サービスに支えられて観光産業が成立している。このことを考えれば，地方公共団体の役割はきわめて大きい。

　問題は財源である。すなわち，どのような立派な計画を立てようとも，財源がなければ絵に描いた餅である。現実は先に述べたように，地方公共団体は地方自治のしくみではなく，中央依存の体制である。したがって，京都が独自の観光振興策を進めるにも大きな限界がある。地方公共団体の提供している行政サービスは「純公共財」ではなく，「地方公共財」であり，その便益の範囲が特定化されるところにその特徴がある。しかも，同じ地域でも利益を得る主体が特定される。すなわち，地方公共団体の行政サービスは特定の主体に利益が偏ることになるので，むしろ利益の大きな主体に負担させることが望ましいといえる。

その意味で、「目的税」は大きな意味をもっている。利益を享受する主体、たとえば観光産業であるホテルや旅館が負担することに意味がある。アトランタでは、コンベンションホールの建設の費用をホテルの部屋数に応じて課税している。これは地方公共財がもつ性質の1つである「クラブ財」の性質を活用していることになる。公共財の供給は何らかの共同行動が必要であり、これが成立しない場合には、すべての主体がマイナスの利益になる非協調行動になる。協調行動によって負担させようとしても、利益がすべての参加主体に及ぶことになければ「誘因整合性」が保障されず、非協調行動が合理的になってしまう。そこで、業者間の協調行動だけに期待するよりも、地方公共団体がリーダーシップをとって協調行動を引き出すことが地域にとって大きな利益となる。

　京都で観光産業を産業の軸として地域の発展を望むのであれば、関係主体が積極的に負担していくことが重要である。もちろん、間接税として課税されるためにコストの増加になるのであり、競争力の低下を意味することになる。しかしながら、公共的支出によって上昇する競争力を評価して負担していくことが、地域の発展を確保する基本となる。京都市民の協力で京都市が積極的な観光産業への取り組みを行うことが期待される。

（吉田和男）

II 京都文化の特徴と観光戦略

6 京都文化の特徴
■底流にある文化の重層性の魅力

　筆者の授業の1つに「イギリス文化」という科目がある。そのクラスで「英国文化と京都文化，それを結びつけて論じるとすれば，どんな切り口になるのかな」といったことを，ザックバランに問うてみたことがある。筆者の問いかけは最初から問題がないわけではない。そもそも英国は国で，京都は地域，その1つをとっても同じ座標にのるわけではないが，日本の観光地京都の国際性を考える意味で，ほんの軽い気持ちから問いかけを発してみた。すると，学生たちの反応は意外と敏感で，即座に次のような回答が寄せられた。

　①史的文化遺産と共存し生活している。②自然と人工の美が融合し，そこに快適な空間がある。③文化を誇りとしたプライドがある。④ともに自分たちの言葉を話し，言葉のなかに育ちがわかる。⑤伝統と歴史を守り抜く精神がみられる。⑥歴史を有した建物を残し，街並みを守る姿勢をみる。⑦保守的で内向的だが，古いものと新しいものを融合させているなど，彼らの京都に対する印象は「なるほど」と思わせるものであった。

　その回答は的確で，その1つ1つが観光の魅力を形成している。そこで，筆者は間髪を入れずに，「ところで，あなたたちのように東京圏で生活している若者（学生）たちが，京都に出かけたい，そんな夢が広がる京都とは何だろうね」ということを，新たに聞いてみたくなった。少し曲折したが，「『京都に対するロマン』，それは都市京都と関わりがあるのかな」と尋ねてみることにした。すると彼らは次のように答えてきた。

　①ロマンは現在の京都市にあるのではなく，歴史を有した寺院や街並み，雅や風情に起因する。②市内地の史的文化遺産，そこにロマンが生まれる。③都市の景観がロマンを宿す。④都市京都から日本の伝統文化が学べる。

⑤日本の文化を凝縮した都市である。⑥「京都に対するロマン」ではなく，「京都が栄えていた時代の文化に対するロマン」である。⑦日本人の心の故郷である。⑧文化遺産を有した京都が現代の流れに負けていない，そんな京都があるなど，これまた列挙に暇ないほどであった。

　一例を記載したに過ぎないが，京都の魅力がこのような多数の要因によって構成されていることを考えると，即座に「京都の文化の特徴」を論じることは「容易なことではない」ということだけは理解できる。そこには1つの価値観や一面的な史的文化観では語れない広義の文化の重層性からくる京都の魅力がある。そして，京都が有する歴史や文化財などが「京都ならでは」といった文化の特質をなし，観光資源になっている。

　観光資源とは，そもそも自然的資源（天然資源や天然現象），文化的（人文的）資源（有形・無形の文化財，史跡・名勝，民俗文化，史的街並み等），社会的資源（有形・無形の社会資源といわれるもので，博物館や美術館等の文化施設，人情，風俗，国民性，民族性，芸術，芸能・スポーツ等），産業的資源（工場施設，農場，牧場等）によって構成されている。

　学生との京都に関する応答のなかには，産業資源そのものを連想させるような事項はないが，他の資源はすべて含まれている。ここに京都にみる広義の文化の重層性と，その文化的特徴によって容易には枯渇しない京都観光の魅力がある。

　しかし，そこでは「重層性を有すること」も大切な要素ではあるが，より重要なことは，それが「どのような絡み」のなかで，「どのように機能している」かである。しかし，この種の問題提起に応えることは容易なことではない。なぜなら，この問いかけのなかで問題にされなければならないことは，単に静的な状況において広義の文化的資源が層をなしているということではなくて，その文化的資源が動的な要素と結びつきながら，その効果がどのように発揮され，どのような形の文化的特徴を構成したのか，という意味合いのことを含むからである。その意味でも，まず重層性を有した広義の文化的資源が観光とどのような関わりにあるかを解きほぐさなければならない。

1　英国・ヨークの観光の魅力――一目瞭然にしてわかる文化の重層性の機能

　観光資源の重要な要素に歴史的建造物や文化財があげられる。なぜ，それらが重要な観光資源になり，多くの観光客を引き寄せる目玉になるのだろうか。おそらく，そこを訪れる人たちは，過去の事象とかつてその場で生活していた過去人に対して，共感と違和感を覚え，そのことを通して自己の確認と客観化を図ることを願っているのではないだろうか。[1]

　学生のアンケート回答に「(英国も京都も) 史的文化遺産と共存して生活している」と答えたものがあったが，そんな英国のなかでも，北の都ヨークがその条件を一番満たしているような気がする。ヨークはロンドンのキングスクロス駅から特急で 2 時間ほど北上したところにある。現在のヨークは都市機能の拡大にともない市域は広がり，市壁 (ローマの都市の伝統をもつシティ・ウォール) で囲まれた中世からの都市(まち)は，市の中心をなす一部に過ぎなくなっている。しかし，その小さな市壁内は 1 年中，英国人をはじめ世界中からの観光客であふれている。

　市壁の内は時を刻み，そこにはローマ人支配当時の要塞ムルタンギュラー・タワーの遺跡があり，2 世紀から 3 世紀にかけて，市民の都市(まち)づくりはこの要塞を中心に行われた。そして，ローマ人が支配していた時代には何人かのローマ皇帝が訪れている。その一人ハドリアヌスはこの都市(まち)を基地にして北方遠征を行ったし，セプティミウス・セウェルスはこの地で没した。そして，306年にはコンスタンティヌス 1 世がこのヨークで死去した。古代ローマの時代に始まったヨークは，サクソン時代もイングランドの中心的都市であった。その頃，市壁内にヨーク・ミンスターとして木造の小さな教会堂が建てられた。それが後の英国国教会のロンドン以北を統括する大聖堂になる。

　ヨークは教会都市であると同時に文化的都市でもあった。カロリング・ルネサンスの中心的人物であったアルクィンはヨーク生まれということもあって，カール大帝に招かれてアーヘンに赴くまで，このヨークのグラマー・ス

クールで教鞭をとっていた。その頃彼の名声を聞いた学生たちが，イングランドに止まらず遠くヨーロッパからもヨークに訪れてきた。

ヨークはその後もイングランドの北の都にふさわしく，ヘンリー１世が自治都市の特許状を交付したのもこのヨークであった。ヘンリー２世の時代1160年には議会がこの地で開催されたし，ヘンリー３世の妹や娘はヨーク・ミニスターで結婚式を挙げた。現在のヨークを象徴する石づくりの市壁門は13世紀に建てられた。ヨークに大聖堂院が建てられたのもちょうどその頃であり，教会も40余りを数えていた。修道院や教会が次々に建設されたヨークは教会都市としても全国に知れわたっていた。

しかもそれは文化的意味合いだけの都市ではなかった。マーチャント・アドヴェンチャラーズ，つまりは冒険商人の活躍した都市でもあり，彼らがロンドン商人とともにイングランドの経済を動かしていた。セント・アンドリューゲイトとアルドワォークの接合点には，当時の商人組合の１つマーチャント・テーラーズ・ホールがある。現在でもこのホールでは伝統を重んじた同業組合の活動をみることができる。

また，ヨークはピューリタン革命の時代にも衆目を集めた。王党派の旗頭チャールズ１世がヨークのキングス・マナを宮殿にしていたこともあって，クロムウェルはヨーク進撃の命を出した。現在のキングス・マナは1961年に再建され，ヨーク大学の建物の一部になっている。たしかにヨークは，ヘンリー８世の宗教改革から革命までは，時の為政者によって大きな打撃をこうむるが，そのことも英国史の重要な史的事象であるため，今日ではそれもまたヨークの史的資源になっている。

そして，革命の段階で終焉したかにみえるヨークの歴史も，18世紀になると再び蘇る。北部イングランドからやって来た金持ちは，マイケルゲイトやブロッサム・ストリートに居を構え，近代的な都市生活を満喫した。そして，19世紀の「英国鉄道狂時代」には，英国の鉄道を演出したジョージ・ハドソンが登場する。彼は英国幹線鉄道づくりに多大な貢献をなしたので，彼の名にちなんだストリートがヨークにある。また，世界一といわれる「鉄道博物館」がヨークにあるのも，鉄道と都市（まち）の結びつきをみると不思議なことでは

ない。

　ジョージ4世をして「ヨークの歴史はまさにイギリスの歴史である」といわしめた。このようにヨークの都市(まち)は目で確かめることのできる歴史の宝庫である。都市ヨークは，歴史的建造物や遺跡が市民の日常生活と切り離された個々の物体としてただ存在しているのでなく，それぞれの歴史的建造物や遺跡が過去の生活の様相をそのまま現在に伝えているかのように，私たちの眼前に連続する歴史の流れを提供している。その現実が私たち自身の主体的な思考の実験の場になり，現代に生きる私たちに多くの素材を与えてくれる。

　古代史と中世史の世界，そして現代へと，その史的流れは魅力ある観光都市ヨークの重要な文化的資源になっている。ところが，史的文化財が文化財としてただ静的な状態で留め置かれているだけでは，複数回にわたってその場所を訪れる人たちの目には，いつの日か色褪せていくものである。そうした現象に歯止めをかけるのが，祭とかイベントといった動的要因である。

　かつてヨークにはマーチャント・アドヴェンチャラーズといわれた特権的貿易商人が活躍した時代がある。今でもバンクエットや寸劇が行われているし，現存するチューダー期の建物がレストランや店として利用されていることが，文化財に大きな意味合いをもたせている。また，英国国教会の1つの本山，ヨーク・ミンスターには観光客として多くの信者が訪れることも，ヨーク観光の重要なプラスの要因になっている。

　聖地と信徒，教会や寺院とその信者の絆は強い。エルサレムは聖地巡礼者をはじめ，観光客が絶えることはない。過去を問わず現在でもおおいに着目されている。そして，時にはその存在があまりにも大きいために武力抗争の主役になることさえある。

2　京都文化の特徴―文化がもつ重層性の意義

　高度経済成長によって日本人の暮らしむきは変わった。それは「勤労を第一義とする生活」から「レジャーを含むゆとりある生活」への移り変わりである。その傾向を1965年代頃から顕著にみることができる。その頃になると，

1人当たりの所得に対する余暇関連支出は着実に増加している。そして1970年代に入って，週休2日制適用労働者数の割合が増えると，それとの相乗関係をみるように，レジャー，趣味，娯楽，スポーツといった社会活動に関連した二次的活動時間が増加してきた。

　そして，その活動の中身も量から質へと転換した。その結果が質的充足への対応であり，それとの連動が価値観の多様性をもたらしている。そのための自己実現型の欲求は個々人の主観的で主体的な活動を助長した。余暇活動の重要な要素である観光施設についてみても，近年地方自治体が地域の特性を活かしたテーマ・パークやモニュメントを建設し，客集めに奔走しているが，それも個々人の価値観の多様性への対応のあらわれである。

　しかし，短絡的かもしれないが，こと日本においては，テーマ・パークやモニュメントが長い期間にわたって市民の関心事であることはむずかしい。[2] それは「木」と「紙」の文化のなかに生きている日本人の特性なのかもしれない。文化の永続性は「石の文化」のヨーロッパに比してはるかに乏しく，いつの間にか過去が忘れ去られてしまう。私たちの日常生活の周辺をみても，30～40年の周期で建て替えられる木造家屋は，次の段階では別の仕様による建物になって生まれ変わる。改築以前までは調和をもっていた家具までが納まりがつかなくなるといった現実に出合う。そんな現実を考えた時，私たち日本人の社会では，過去と未来，伝統と理念の時間的複合観念のうちに自己を確かめるという精神的基盤は築き上げられてこないであろう。

　テレビやインターネットに映し出されるコマーシャルに，私たちの生活が大きく影響を受けていることが，新しい事実の新奇性に押し流される1つの要因ではないだろうか。そして，私たちはそのような経済社会のなかで生活することを余儀なくされている。こうした現実がかつてわが国の高度経済成長を支えた要因であったのかもしれない。

　その意味では，「木」や「紙」の文化で象徴されるわが国においては，過去は必然的に忘却の対象になりやすいために，生活優先の論理や経済理論だけでものを考える傾向に対して，禁欲的でなければいけないのかもしれない。文化の永続性に乏しい日本の現実を直視し，それだけにそのものがなぜ位置

づけられているのかといった根源的思考が，常に求められなければならない。

こうした日本人の特殊性を前提に，観光のメッカ京都に目をむけてみよう。東京圏に住む市民の多くは，「京都は素晴らしい，東京の文化的風土とは大違いだ」と評価する。ではその素晴らしさとは何か。おそらくその素晴らしさが京都文化の特徴を演繹しているのではないだろうか。

まずあげることのできる京都の文化の特徴は，その重層性にあるといえる。文化の重層性の意義とその作用が高次な観光資源を形成する要因になることは，先のヨークの事例が物語っている。本書の編著者でもある山上徹氏が著書『京都観光学』（法律文化社）で再三論述しているように，まさに京都は文化・芸術・学問・宗教活動の「ハブ・ターミナル」である。つまりそのことは，京都が既述の文化諸活動の中枢機能を果たしているということである。

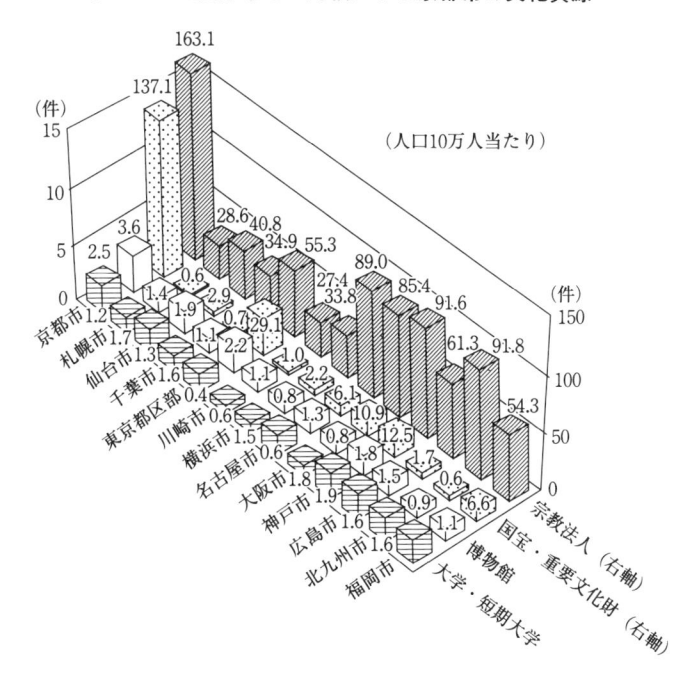

図6-1　主要都市との比較にみる京都市の文化資源

出所：京都市基本構想等審議会調整委員会『京都市基本計画第2次案』平成12年11月，111頁に基づく。

飛行場にたとえれば成田や羽田のようなものであり,港についていえば横浜や神戸に該当する。

　これらのハブ空港や港湾には,多くの行政の手が介在したことや,長い歴史のなかで蓄積された機能があって,それがハブ・ターミナルとして栄える要因になった。京都もまた例外ではない。1200有余年の間,平安時代から引き継がれてきた日本の首都機能が,諸文化領域の活動の要因になり,特殊な文化環境を形成した。京都の文化環境を構成する要素を次のようにまとめることができる。

① 自然環境：これは天然資源や天然現象を含む自然資源といわれるもので,東山,西山,北山の三山と加茂川や桂川の山紫水明がそれである。

② 文化的（人文的）環境：これは有形・無形の文化財,史跡,名勝,民俗文化,史的街並みを含む,いわゆる文化的資源によってつくりだされたものである。その代表的なものが世界文化遺産であり,その文化遺産と重なり合うが金閣寺・銀閣寺をはじめとした歴史的建築物や特Ａ級のランクを有する修学院離宮庭園や桂離宮庭園をはじめとした庭園も,質的に他の地域を圧倒している。

③ 社会的文化環境：これは有形・無形の社会的資源といわれるもので,国際会議場や映画村をはじめとした文化施設,美術館や博物館,人情,風俗,芸能,スポーツなどである。非常に抽象的な表現になるが,「京都らしさ」はある種の無形の社会的資源によって培われた1つの表現形態であるといえる。

④ 諸文化的環境を受容する都市環境：これは過去の文化をどのように受けとめ,それを次世代にどのように繋げるのかといった課題を包含したものなので,そのためには文化を受容する社会的活動が停止し,過去の文化財が単に過去のものとして置き去りにされた環境では好ましくない。そうした状況を回避するためには,都市構造そのものが今日でも魅力あるものであり,現代を位置づけるにふさわしい魅力ある産業社会が,そこには存在しなければならない。過去の文化環境の保存と産業社会,この問題は一見乖離しているようであるが,決してそういうものではない。平安建都から

1200有余年にわたって京都が文化の「ハブ・ターミナル」であったのは，そこには時代時代の要請に基づく京都の発展段階論的位置づけが可能となる社会的・経済的状況があり，その状況下で京都には新しい文化と産業が生まれ，その結果，重層的文化の蓄積の土壌が形成されたのである。既述の論理を借りれば，京都に日本を代表する産業，京セラやワコールの本社があることの意味は大きく，魅力につながっている。なぜなら，西陣織などに象徴される伝統産業と現代産業が共生することの意味が，文化が活きていることの魅力を証明しているからである。また，大学の都市であることも，京都の魅力の重要な要因である。現在，市内だけでも大学と短期大学をあわせて37校あり，学生数は11万8000人余りを数える。そして京都で学ぶ学生の意識からみると，若者による京都文化の求心的啓発と遠心的情宣が繰り返し行われているように思える。⁽³⁾

　既述の文化環境のほかに着目しなければいけない要因は，京都が日本の仏教文化の「ハブ・ターミナル」であるということである。京都には東・西本願寺，知恩院をはじめ約2400の宗教法人がある。信仰対象の寺院参りは人が集う大きな動的要因になる。また，祇園祭で代表される京都の祭は，内外を問わず観光客を集めている。そうした祭の魅力が京都観光事業の目玉になっているばかりでなく，寺院参りと同様，動的要因を形成している。祇園祭の主催者や参画者は，伝統的な京都の町衆の心意気を継承する重要な要素で，それは失いつつある日本特有のコミュニティの確認に結びついている。⁽⁴⁾

3　汎神論者日本人―本山参りは日本人の願い・京都観光の動的要因

　日本人には無神論者が多いといわれているが，それはとんでもないことで，むしろ宗教心に厚い国民といえる。ただ複数の宗教を容易に受容している現実があり，信仰そのものには曖昧さを残している。正月の参拝・祈願などでは，お寺参りをしたかと思うと，その足で神社詣でをする。またその逆もある。そこには何のためらいもない。

　結婚式も同様で，キリスト教の信者でもないのに教会で挙式する人が多い。

新生活を教会でスタートしながら、その後彼らは教会を訪れることもない。それどころか自分たちの人生に幕を下ろす時には、寺の世話になる。奇妙なことといえばそれまでだが、何のためらいもない不思議な世界が日本にある。そういう意味では、日本人の多くは汎神論者なのかもしれない。
　汎神論者は神社・仏閣巡りを好む。京都市にはたくさんの宗教法人があり、神社は270前後、神道は110余り、仏教はおよそ1600を数えるという。驚くべき数字である。その意味では京都は日本一の宗教都市でもある。また、日本人の信心は歳を重ねるとともに高まり、一度は本山を訪ねたいという気持ちをかりたたせる。そんなことも本山や有名寺院の多い京都を訪れる要因になっている。
　そのなかでも京都には、真言宗・浄土宗・浄土真宗の有力寺院が多い。京都に真言宗の寺院が多いのは、現世利益的な祈禱で貴族の信仰を集め、そこに寺院が建立されたからである。その有力な寺院の1つ醍醐派（醍醐寺）は、全国に信徒56万4000人余りを有し、智山派は153万7000余人の信徒を数える。
　浄土宗の拠点は京都である。それは浄土教を宗教的に大成させた法然と京都の結びつきに基づく。現在、日本の仏教寺院の4割は浄土系であり、仏教徒の半数は浄土教徒であるといっても過言ではない。なかでもその大半は浄土宗鎮西派と浄土真宗である。浄土真宗では本願寺派と大谷派の信徒がほとんどであるといえる。そして、そこには次のような組織と数字をみる。
　浄土宗の総本山は知恩院で、その傘下には、大本山7、本山・特別寺院5、一般寺院7080、宗門関係学校40を数える。そのほかに幼稚園・保育園・各種福祉施設を多数有しており、巨大な組織を構成している。
　浄土真宗本願寺派の本山は本願寺である。寺院数1万411、信徒数693万1700人余り、海外開教拠点191、宗門関係学校は龍谷大学をはじめ25を数える。真宗大谷派は傘下団体数8911、法人数8713、信徒数はおよそ553万3200人である。1981年に宗憲の改正によって本願寺を正式に真宗本廟と称した。また1987年には、別法人であった本願寺派と大谷派が合併し、宗本一体化が実現した。そのことによって、京都における浄土真宗の地位は一層強固なものになった。

これら3つの本山参拝を兼ねた観光客の数字もさることながら，京都市内に所在する神社・仏閣を訪れる人数となると，予測もつかない大きな数字になることは確かである。「教団と離れた仏殿は閑古鳥がなく」といわれるが，仏教信者の会などの団体客は本山の行事と結びつけて行動することが多いので，複数回の来訪を可能にする。観光地の課題はリピーターといわれる二度目の来訪客をどうつくりだすかにかかっているので，隆盛をみている寺院をもつ京都の場合は，寺院参拝者が「観光地・京都」の動的要因になっていることはいうまでもない。

　また，宗教都市は伝統工芸をつくりだす。京仏壇，京仏具，京漆器，京焼，清水焼などはその一例で，京都の文化に重みをもたせている。料理についても同様で，精進料理はその1つである。精進料理は本来鎌倉時代の禅僧のもとで発達したものである。京都の精進料理は京都五山と結びついて発達した。京都の精進料理の場合，たんぱく質類は大豆で補われることが多く，特に豆腐が好まれた。現在でも京都五山の中核をなす南禅寺の湯豆腐は有名である。

　京都にはかつて貴族文化が栄えたこともあって，食文化の資源は豊富で，東京などではなかなか賞味できない有職・本膳料理を楽しむこともできる。また，茶道文化と結びついた懐石料理も発達しているので，現在のような「飽食の時代」では，「京都食べ歩きツアー」は観光会社の目玉商品になっている。

　料理とは不思議なもので，美味なるものを賞味できればそれでいいというものでもない。たしかに東京には粋を極めた京都の伝統料理の店もある。しかしホテル内の暖簾をくぐっても，そこには風情がない。料理はおおいに風土や環境に左右される。そういう条件を備えた京都はさすがだということで，料理の価値が倍加する。東京や横浜に居住している者のなかには，こと精進料理や豆腐料理となると，わざわざ30〜40分も電車に乗って鎌倉まで出かける人がいる。それは，鎌倉禅宗文化の風土を料理と重ねあわせて食べさせることの意義が全面に出た結果である。これまた人の来訪を促す動的要因である。

4 観光都市・京都の特性

イベントやテーマパークが多いのも京都の特色である。そして，京都には，イベントやテーマパークが独自の問題意識で企画されながら，それが若者の現代感覚とも調和し，京都の自然と有形・無形の文化財とが結合することによって，その存在意義が「京都らしさ」に置き換えられる風土がある。

テーマパークの代表的なものの1つが東映太秦映画村である。そこを訪れると時代劇映画がどう作られているかがよくわかる。時代劇映画がもつ娯楽性の面だけではなく，そのテーマパークは日本人の歴史理解の補助的機能としておおいに貢献している。日本人は明治維新を境界線として，それ以前を前近代，以後を近代に区分し，現代を通して日本をみる場合，維新をもって歴史を断続的に理解する傾向があるため，「侍の時代」はむしろ日本人の近代論のなかではネガティブに描かれることが多い。そうした日本人特有の歴史観に対して，過去を振り返ることのヴィジュアルな材料が映画村にあることの現実的意義は，高く評価できる。そうした映画村が京都に存在するのは，歴史的文化財や自然の景観が京都にあることによって，映画村といったテーマパークが京都文化の1つとして収まりがつき，有機的連関をもつからである。

鎌倉の松竹撮影所跡に寅さん記念館があった。これも1つのテーマパークであるが，最近その施設は閉鎖された。もちろんそこには映画会社の経営の合理化問題が絡んでくるが，それ以前に施設と風土の課題があった。撮影所のある大船は鎌倉市の北側を構成する。決して古都鎌倉を表現している街並みではないが，それでも寅さんの舞台になった柴町帝釈天界隈の下町の様相とは大きく異なる。そんな中に寅さんの世界がある。撮影所周辺には「寅さんが食べた食堂」と看板を立てている店も何件かはあるが，それは俳優渥美清が利用した食堂であって，そこからは「寅さん」を連想できない。環境と風土がテーマパークにとっていかに必要であるかを物語っている。

イベントを代表する祭も京都観光の重要な動的要因である。「祭とは何か」

という議論は別にして，新興の団地では「祭」がコミュニティづくりの手段になっている。祭を通してコミュニティの創生を図り，神輿をかつぐなかでコミュニティ内の人とのふれあいを実現する。そんな役割が祭にはある。もちろん京都の祭のスケールは違う。祇園祭，葵祭，時代祭等をみても，そのスケールはコミュニティの枠をはるかに超えるものである。しかし，それらの祭を存続させていくためには，京都市民の伝統を守りそれを継承していく心意気が前提になければならない。そして，それを主催し，参画する人たちにとっては，祭という舞台が，京都という大きなコミュニティにおける自らの位置づけ，それに伴う自己の確認や自己の再発見の場になる。そして，祭に集う観光客は，祭を通してそれを実現させた地域のエネルギーと，それを支える人たちの熱気を積極的に吸収し，自己の活性化の滋養剤にする。そんな相乗効果が祭というイベントを通して，京都では展開されている。

　そして，島原や先斗町にみる京都特有の都市の景観，あるいは民俗芸能，こうした有形・無形の文化財も，どちらかというと静的なるものと理解されている歴史的建造物に息吹を与えている。その意味での静的文化と動的文化の相互性と補完性を通して，共生し合う文化的資源の魅力がつくりだされ，そうした作用を通して重層的文化が構築された。こうした京都の重層的文化構造のなかに，他の都市には類例をみない京都文化の固有性，希少性，優秀性が培われた。それが「京都ならでは」という1つの抽象的概念が一般化したことにもつながっている。

　こうした文化資源をもつ京都の観光が今後どうあるべきかといった課題が，現在いろいろな形で論じられているようだが，文化の評価と文化の運用とは別次元の問題であり，他の地域の人たちが羨望する豊富な文化資源については，手放しで喜ばなければならない。

　そして最後にいえることは，文化財が文化財として存在するのではなく，その文化財に市民の息吹がどう伝わっているのかを常に検証しながら，過去の文化環境を過去の文化環境として保全していくことが肝要になる。歴史的文化財という非常に限定した枠組みのなかではあるが，過去の文化財が現代に名残を留めているがゆえに問いかけることに値するのではなく，そこには

現代とは異なる独自の文化と社会があるからこそ、それを訪ね、そこに問いかける意味が存在するのである。

1　木村尚三郎・本間長世編『概説西洋史』有斐閣選書、1977年、7〜8頁。堀米庸三『歴史の意味』(中央公論社、昭和45年、29頁)には、次のような論述がある。「われわれが歴史に向かうのは、われわれ自身を知ろうとしてである。(中略)、しかし、歴史的方法はそのすべての基礎にあり、事物をその生成においてとらえようとするものである。歴史的にみずからを知ろうとすることは、不断に生成転化する歴史世界のなかにおいて、同じくまた不断の生成転化の過程にあるわれわれがどのような位置を占めるかを明らかにしようとすることである。ここにみずからへの問いは客観的歴史世界への問いに結びつく」と。
2　菅野英機『文化とレジャーの経済学』(中央経済社、1993年、25〜35頁)には、次の内容の叙述がある。ここではその要点だけを紹介する。この叙述は「大仏作って、文化なし」という章題で始まる。そして、中見出しには「大仏で一時の発展」とあり、「秋田・田沢湖町のハイテク大仏」、「勝山市は大仏で法人住民税の伸びは全国一」といった項目が続く。そして菅野はいう。「本来の仏教の精神とは無関係に、投資と観光用に巨大な大仏や観音様などを作っても、一時的な好奇心で観光客を集めることはできますが、長続きはなかなかしません」と。
3　河村(丸岡)律子「大学の街　京都で学ぶ学生の意識調査」(京都市総合企画局政策企画室編集/発行『都市研究・京都』第11号、1999年3月)の調査記述より、京都の大学で学ぶ学生の京都観を前提に1つのありようを論述してみたものである。
4　詳細については、山上徹『京都観光学』法律文化社、2000年、第4章「国際文化観光都市・京都の祭の特質と問題点」を参照されたい。そこには祭の特徴、祭を支える構造などが展開されている。
5　山折哲雄『日本「宗教」総覧』新人物往来社、1992年、150頁参照。
6　同書、151〜160頁参照。

(小林照夫)

7 京都の観光空間の形成

　歴史や文化の香りがあふれる京都の町は，私たち日本人にとって憧れの地であり，日本各地あるいは世界の国々から年間4000万人もの観光客が訪れている。

　1999（平成11）年に行った観光客の感想調査によると，京都の誇る名所旧跡や文化財はさることながら，自然・風景，そして町の雰囲気が非常に高い評価を得ている。京都は恵まれた多くの観光資源によって観光都市として成り立ち，その魅力は尽きることがない。

　しかし，それらの観光資源が単体で存在しているだけでは，憧れの地とはなりえなかったであろう。すべての要因が1200年の長い歴史のなかで徐々に育まれ，重なり融合しあって初めて京都独特の雰囲気をかもし出してきたのである。したがって，平安京の観光と現代の京都観光とは当然ながら形態が異なり，いつの時代も憧れの観光都市として安泰であったわけではない。

　「ミヤコ」には，①王宮性（皇居の存在），②都会性（人口が多く，主に経済・文化の中心となる繁華性），③首都性（首都の存在）の3つの意味が含まれる。平安京は，政治都市として出発したが，次第に上記三要素を吸収した「完璧なミヤコ」として発展し，日本のなかで特別な存在となった。しかし，現代の日本では，①王宮性，③首都性ともに東京が掌握し，②都会性に関しては，東京・横浜・大阪・神戸など多数の地域があげられる。いまや京都はかつての「完璧なミヤコ」とはいえない状態なのである。

　それにもかかわらず，「ミヤコ」といえばすぐに連想され，日本人が心の拠り所とする京都の優越性は決して拭い去られない。「東の京」である「東京」に対し，「西京」ではなく「京都」（「京」も「都」も「ミヤコ」をさす）であり続けることに「ミヤコ」としての誇りがあらわれている。京都には，他の大都市がどんなに努力をしても人工的につくり出すことのできない長い

歴史があり，憧憬に値する空間が存在しているのである。

本章では，京都におけるさまざまな観光空間がどのように形成され，特別な空間を築きあげてきたのかを主として論述し，あわせて「国際文化観光都市・京都」の現状および将来の課題も考察する。

1 王朝貴族の観光空間

観光の歴史をみると，権力者と庶民の旅の発生要因は大幅に異なる。庶民の旅は生きるための「強制の旅」から始まり，泊まる場所もなく，非常に困難であったその様子が『万葉集』に歌われている。

   しなが鳥猪名野を来れば有馬山　夕霧立ちぬ宿はなくて（1140）
   家にあれば笥に盛る飯を草枕　旅にしあれば椎の葉に盛る（142）

死を覚悟しなければならない旅を強いられていた庶民にとっては，「楽しみを目的とする旅行」などまったく考えも及ばないものであった。

しかし，現在，一般に「観光」とは，楽しみを目的とする旅行をさし，観光政策審議会答申では，①余暇時間に，②非日常生活圏において，③自発的に行われるレクリエーション活動を「観光」と定義している。それゆえ，本章では，「観光」を生きるための「強制の旅」とは区別し，「自発性」と「日常生活圏からの一時的な脱出」という点に注目して，古代王朝貴族の非日常的・娯楽的営みを京都の観光空間の始まりと位置づけた。

（1）行幸・別業の旅

古代の天皇は，聖なる存在として，律令国家の時代から「王城の地以外は踏まず」といわれ，旅は従者を引き連れた行幸に限られていた。

奈良時代の行幸はたいへん大がかりなもので，天皇の権威を示すために数百人にのぼる従者を引き連れることもあった。行幸に同行した皇族・貴族たちは，それ以外にも自主的な旅をしている。『万葉集』には，「伊予温泉に至りて作れる歌」「不尽山を望める歌」（山部赤人），「筑波岳に登りて作れる歌」（丹比国人）などが収められており，その様子を知ることができる。

平安時代になると，近郊地への行幸となり，従者の数も縮小された。京都

盆地の縁辺部には，水の確保が困難で水田化から取り残された「野」が多くあった。北野・紫野・大原野など多くの遊猟空間が広がり，平安時代初期の天皇や貴族は何度も「野」に遊猟にでかけ，時には視察・献物収受などの公務も同時に行っていた。桓武天皇は少なくとも98回，嵯峨天皇は73回も「野」へ遊猟に出かけている。⁽⁷⁾

また，嵯峨天皇（810-824）は，嵯峨に後院（嵯峨院）を営み，別業（別荘）文化を生み出した。それ以後，皇族や貴族たちは，こぞって嵯峨や宇治，現在の岡崎のあたりに別業を建て，しばしば赴いている。

（2）宴

平安時代の初期には，貴族社会を中心に中国文化の影響が強く残っており，唐風の管弦楽演奏や茶会の要素を取り入れた宴がたびたび催された。

神泉苑は，桓武天皇以下，歴代天皇の臨幸のあったところとして知られ，春には「花宴の節」が催されていた。[8]わずかな距離でも，大内裏を生活空間としている天皇が二条大路（現在の二条通）を挟んだ神泉苑に臨幸したり，貴族が日常的な生活（「ケ」褻）を離れてさまざまな儀式や宴を行うことは，「非日常的な営み（ハレ「晴」）空間」へ「自発的」に脱出していることであり，京都における観光の始まりと考えられる。

当時の宴は今日の観光客を誘因する条件にも通じ，車折神社の「三船祭」は平安貴族たちが詩歌管弦を楽しんだ姿を再現したものである。春には桜，秋には紅葉を賞賛し，寺社の庭園で優雅な空間を楽しむ。まさに，雅な王朝文化が1200年という長い年月を経て，今なお京都観光に引き継がれている。

2　宗教・文化的観光空間

●信仰・本山参り

（1）信仰の旅

古代から貴族の間で社寺参詣の豪華な旅が繰り広げられ，なかでも平安末期頃から盛んになった熊野詣は，一行が数千人にも及ぶものもあった。

鎌倉時代になると，武士が東国から伊勢路を経て熊野入りし，「和国に生

を受くる人，伊勢神宮へ参詣すべき事勿論」(『塵嚢鈔(あいのうしょう)』)といった観念から伊勢信仰が盛んになる。
(9)

　中世は，①宿屋の発達，②貨幣の流通，③御師(おし)・先達・宿坊などの受け入れ体制の成立により旅の負担が大分軽減されたが，庶民には生活のゆとりがなく，観光ブームが訪れるには時期尚早であった。
(10)

（2）宗教都市・京都

　寺社参詣や見物は，現在の京都観光の重要な要素であるが，「宗教都市」として参詣者が集まり，発展し始めるのは中世以降である。古代・平安京では寺院勢力を排除するために京中の私寺建設が禁止されていたが，本山を擁する宗教都市として大きく発展し，地方の末寺との間に参詣者の交流がおこった。
(11)

　現在も京都には本山寺院や大規模神社が多く，「本山御用達」の看板を掲げた仏具店が多く，全国の神社に関わる物品も京都の業者が供給している。
(12)

　室町時代に入ると，畿内の農民は社会的・経済的に向上し，比較的近い京都や奈良の神社仏閣を参詣するようになったが，当時の地域格差は非常に大きく，参詣の旅が全国的に広がることはなかった。

●文化・経済中心地

　鎌倉幕府が開かれると，京都の政治的機能は縮小されるが，経済的・文化的中心としての地位は揺るぎないものであった。

（1）花　の　都

　「花の都」という表現は，『源氏物語』・『古今和歌集』・『伊勢物語』にも登場し，繁華できらびやかな様子を垣間見ることができる。『今昔物語集』にあらわれる「京」は「田舎」とはっきり分けられ，物語に登場する田舎人にとっての憧れの対象であった。この「都会性」が京を成熟した都市として築き上げ，人々に京への憧憬を抱かせ，都をしのばせたのである。
(13)

　鎌倉時代に台頭した新仏教は，書画・築庭・建築などに影響を与え，茶の湯や生け花といった日本の伝統的文化を形成した。なかでも禅宗は武家社会に広まり，南禅寺・天竜寺・鹿苑寺（金閣寺）・慈照寺（銀閣寺）など，京に

ある有名寺院の多くは禅寺である。

「宇治の川瀬の水車　何とうき世をめぐるらう」や「面白の花の都や　筆で書くとも及ばじ」（『閑吟集』）と歌われたように，山紫水明・街並み・寺社・京の名産品などが和歌や連歌の素材として使われ，都にますます各地の人々の興味・関心を引きつけた。

(2) 職人の技

全国各地の特産品が原料や半製品の形のまま都に持ち込まれたため，京都やその周辺で加工された。現在も京都には目利きの人が多いといわれるが，それは，職人が高級志向のパトロン（貴族・武家・僧侶）の需要に応えるべく，競って良品を作り上げたためである。同時に，職人層は「町衆」としてほぼ同じ地域に住む習慣があり，互いに交流し，切磋琢磨しながら職人文化を築き上げた。(14)

3　庶民の旅と娯楽空間

●庶民の旅

江戸時代に入ると，戦いに明け暮れた時代に代わって平和が到来し，参詣に事寄せた庶民の旅が流行する。幕府は，勉学・修行・採薬・治療目的であってもなかなか通行手形を発行しなかったが，伊勢参りだけは別であった。

江戸時代の百科事典ともいうべき『嬉遊笑覧』は，「今人多く鹿島詣はせで，まづ京・大坂・大和廻りをすめる。神仏に参るは傍らにて，遊楽をむねとす。伊勢は順路になれば，かならず参宮す」と伊勢詣がおまけで，京都・大阪などの見物がメインであったことをおもしろく表現している。なかには厚い信仰の者もいたであろうが，レクリエーション的要素の方が強かった。

東海道五十三次には旅行者が集中し，19世紀前半の文化・文政期から天保年間にかけては，大名の参勤交代を別にしても年間200万人もの旅人が通ったといわれる。(15) 旅の普及とともに，街道筋や寺・神社・名所の近辺に人足稼ぎが待機し，茶屋や旅籠屋が並び，土産物の販売業や，留女・飯盛女・按摩・案内人など旅に関わるいろいろな産業が成立した。(16)

近世を通して「旅」に対する考え方が大きく変化し，「いとおしき子には旅をさせよ，といふ事あり。万事思ひしるものは，旅にまさる事なし」(『東海道名所記』)と，旅そのものを人生の修行の場として奨励している。さらに19世紀初めには，旅に出ない人間は人情に疎く，陰で笑われる(『旅行用心集』)と考えられるほど，人間形成に重要な役割を果たすようになった。[17]

全国的な旅行ブームの到来は，京都の娯楽空間を拡大し，観光名所・観光土産のほか，「拝見料」の必要な観光寺院を生み(『譚海』)，観光都市化をすすめた。旅の欲求をかきたてる『京童』(中川喜雲)・『洛陽名所集』(山本泰順)・『京雀』(浅井了意)といった名所案内記や，『京羽二重』(孤松子)のような地誌的作品が相ついで出版され，人々は京への憧れを募らせた。江戸後期に登場する『都名所図会』(秋里籬島編)は挿絵に大きなスペースを割いたもので，製本に間に合わないほどの大ベストセラーとなった。

●娯楽空間

中世後期から，公家や武家の上層階級の生活文化が次第に都市庶民の間にも受け入れられるようになった。さらに，16世紀中葉に流入した南蛮文化の楽天性が市民を解放させ，遊山・遊楽といった屋外での遊びを浸透させた。[18]京名所や遊興に外出する姿，祭礼の様子などは，「洛中洛外図屏風」に細かに描写されている。

1603(慶長8)年に，出雲の巫女「国」が始めた「かぶき踊」(『当代記』)は，やがて四条河原に定着した。四条河原は京の一大興行地として栄え，歌舞伎のほか，人形浄瑠璃，雑芸，見世物などでにぎわった。その様子は，「四条河原図屏風」に見ることができる。歌舞伎は元禄期をピークに全盛を迎えたが，芝居小屋はやがて，わが国最古の劇場・南座と，明治期に閉鎖された北座の二座に限定された。

『見た京物語』(二鐘亭半山)には，「四条のすずみに所々芝居あり。みなかるわざ見せもの等なり」と綴られ，「夜も若き女ひとりありく」ほど京の治安がよかったことが記されている。

馬琴も夏の夜，四条河原へ見物にでかけ，「納涼は四条二条の河原よし。

四条には義太夫或は見せもの等いろいろあり。二条河原には大弓，楊弓，見せ物もあれど，四条尤にぎはへり」(『羈旅漫遊』)と描写した。

また，島原のような公認の遊廓を中心に「くるわ遊び」に興じる観光客も多く，「客は春，他国の人三分の二，地の人三分の一」(『羈旅漫遊』)というほど，外からやって来る者に占められていた。

現在，日本各地に「花街」が数多くあるが，京都には祇園・先斗町・上七軒・宮川町と近世から続く一流の茶屋町が今も残っている。

●京の土産物

上洛する理由の1つに「買い物」がある。元禄期に京都を訪れたドイツ人医師ケンペルは，「京都に来る人で，自分たちのため，また友人親戚への贈り物として何らかを買い求めない人は一人もいない」(『江戸参府旅行日記』)と記録している。[19] 現代の日本人観光客は，国内・海外を問わず土産物屋に殺到しているが，当時も同じだったといえよう。

京都は，西陣と友禅に代表される染織産業，陶磁器・扇・銅器・鋳金・仏具など美術工業，甲冑・太刀・馬具など金属工業が盛んで，これら美術工芸品や手工業製品の生産と販売において，質量ともに抜きん出ていた。[20] ブランド価値をつけるために製品に「京」を冠し，京扇子・京人形・京友禅・京蒔絵・京菓子・京紅・京おしろいとして販売した。

4　近代化と古都空間

京都は近世中期以降，江戸・大坂といった都市に「首都性」・「都会性」を次第に奪われて斜陽に向かう。『見た京物語』には，「花の都は弐百年前にて，今は花の田舎たり」とひなびた様子が述べられ，京の人に関しても，「うはべ和らかにて心ひすかし（ずるい）」(『後はむかし物語』)といったネガティブな感想が多くなった。

明治の新しい時代を迎え，京都は，天皇の東幸（明治2年）で1000年以上も続いた「王宮性」をも失う。幕末の騒乱から奠都（てんと）直後，京都の戸数が1万

近く減少し、神仏分離や文明開化の動きで文化的制約も強く、能・歌会・茶事・祭など日本の伝統文化は大きな打撃を受けた。

かつて、「全て市のごとし」(『京雀』)と繁栄していた京都にとって、絶対的に保持していた「王宮性」まで手放したことは非常に大きな痛手となり、新しい模索が強いられた。「ミヤコでなくなった」京都の復興には、近代都市となるか、古都として生まれ変わるかが迫られた。その結果、京都は両方を取り入れ、博覧会の開催で産業振興と古都文化の復興を促し、沈みがちな京都市民の意気を盛り上げたのである。

●博　覧　会

消沈した京都を回復・啓蒙させようと、京都府と民間とが協力して1872(明治5)年3月10日、第1回京都博覧会が開会された。当時、外国人は、開港場から10里以内の旅行しか認められていなかったが、特別に博覧会目的の入洛が許可された。

西欧にならい、京都博覧会は娯楽性を交じえ、花火大会、茶席の設置、後に「都をどり」となる祇園芸妓の踊や能が公演されるなど、伝統的文化芸能復活の足がかりとなった。外国人770人を含む、3万2000人近くの入場者を集める大盛況となり、これ以後、博覧会は連年開催された。

一方、全国的には、欧米の博覧会に刺激を受けた日本政府が、勧業政策推進にあたり、内国勧業博覧会開催に踏み出した。1877(明治10)年、東京・上野の第1回内国勧業博覧会を皮切りに、以後基本的に4年ごとの開催が決定する。第3回まで東京で開かれたが、平安奠都千百年記念祭に合わせて、第4回内国勧業博覧会(1895年)は京都に確定した。上京区岡崎町に博覧会場が決まり、そばには奠都1100年を記念した平安神宮が建設された。この博覧会の入場者数は4ヵ月間の会期中(4月1日〜7月31日)で113万人にものぼり、同年から「時代祭」が開催され、市民を活気づけた。

●古都空間

京都の人々は、明治奠都より以前から、名所・旧跡のあふれる美しい「古

都」が京の最大の誇りであることに気づいていた。

かつて，ガイドブックの内容は，名所・旧跡とならんで流行商品や風俗の紹介が中心だったが，次第に華やかさや流行性を失い，江戸時代後期には「名所」や「旧跡」が主流となっていく[24]。

京都の町人・岩垣光定は，「常に御所がた寺社などの結構なる所を居ながら拝み，名所旧跡山川の面白き所多く」，「万のやさしき事，諸芸の司さ，寺社の結構，山の美しさ，水の清き事，住居の奇麗，京に越たる所なし」（『商人生業鑑』）と述べ，京都に生まれ住むことの幸せをうかがわせている。

観光資源には固有性・独自性が要求されるが，京都の「歴史・伝統」の重みは決して他では創出できない有力な武器である。明治時代の京都が近代化の波に完全にのみ込まれることなく，一方では，近代化と相反してみえる「古都」として再生できたのは，外部的政策よりも京の人々の「誇り」と「土地への愛着」だったといえる。

江戸末期における三都市の人々の気風を比較すると，大坂の人は「富」を，江戸の人は「官爵」を，京の人は「土地」を尊んだ（『九桂草堂随筆』）。土地を尊ぶことで，「古都・京都」のなかに歴史的・伝統的「誇り」を見出したのである。

5　戦時下の観光

●日中戦争前

わが国の開国は，欧米で世界周遊旅行が始まった時期と重なり，日本の主要な観光目的地となった。1893（明治26）年，国際観光事業に注目した国策により「貴賓会」が設立され，その後，ジャパン・ツーリスト・ビューロー（ＪＴＢ）に引き継がれた。初期のＪＴＢは営利を目的とせず，運営費は協賛会社からの会費収入で賄われ，手数料収入を大きく上回っていた[25]。

しかし，昭和に入ると状況が変わってくる。観光の大衆化によって団体旅行が流行し，登山，ハイキングなど郊外レクリエーションの拡大と相まって，国内旅行ブームを迎えた。

1930年代は、レクリエーションによる民衆の集団化を図り、旅行が「健全娯楽」の1つとして奨励された。各自治体の観光担当部署の新設や観光機関の整備が進み、国鉄団体旅客数が急上昇する。JTBは、手数料収入に積極的になったため、非営利的な部門を鉄道省に設置された国際観光局にゆだねた（1930年）。外国人客も増加し、特に1935，36年は、円暴落のため日本観光ブームにもなる。1933年に2万6000人だった訪日外客数は4万2000人台にのぼり、観光が日本の外貨獲得で重要な位置を占めた。[26]

　1928年11月10日、「御大典」が挙行され、町が奉祝ムードに染まった。即位礼前後の9月20日から年末まで「大礼記念京都大博覧会」が開催され、大礼にともなう諸設備・調度類の発注によって伝統工芸が潤い、近代的な観光都市化が進められた。これを機に名所遊覧バスが走り、観光課（1930年）や京都駅前の観光案内所（1931年）が設置され、京都観光の器が整えられていく。[27]ブームの煽りを受け、1935年の入洛観光客は3万人以上の外国人（推計統計）を含む約1000万人にも及んだ。[28]

●旅行の制限と「紀元二千六百年奉祝記念式典」

　1937（昭和12）年、日中戦争に突入すると、観光旅行は享楽的と批判され、自粛ムードが広まり、鉄道省も各種割引や旅行団体の募集を中止せざるをえなくなった。「不要不急の旅行」が制限され、代わりに心身鍛練を目的とした旅行や、大和橿原、伊勢神宮、霧島、高千穂など天皇制と関連した地域への「国策旅行」が推奨された。[29]京都市産業部観光課では、冷泉天皇櫻本陵・法然院・南禅寺などを巡る「皇陵史跡巡礼の会」を何度も主催している（『日出新聞』1940年11月13日付）。

　温泉は軍や日本医療団の療養施設として摂取され、京都の「叡山ホテル」のようなリゾートホテルは廃業や軍の病院などに転向させられた。

　その一方、「京都ホテル」「都ホテル」のような都心のホテルは、軍部や官公吏の出張、戦争成金の増加により、宿泊、宴会ともに戦前をしのぐ繁盛振りであった。[30]戦争の進行で外国人旅行客が減少したが、料亭や日本旅館の宴会よりも安上がりのホテル宴会が増えたのである。

戦時下においては，戦勝祈願を理由に各地の神社に参詣したり，傷兵慰問などを口実に温泉へ「楽しみの旅行」に出かけるという「近世の伊勢参り」同様，「ちゃっかり旅行者」も多かった。

　1940（昭和15）年11月10日に宮城（皇居）前広場で「紀元二千六百年奉祝記念式典」が挙行され，全国でも祝われた。その頃，織物業・染色業を中心とした京都の伝統的平和産業は，奢侈贅沢品の製造販売を禁じた「七・七禁令」によって大打撃を受けていた。市民の生活物資が不足して，相つぐ企業倒産・失業者増加など苦しい状態であったが，5日間（11月10～14日）の祝賀期間中は飲酒も許され，一時的なお祭ムードに浸った。平安神宮に孝明天皇が合祀され，御所建禮門前の奉祝式には一般市民約5万人が参加した。町には装飾された奉祝電車・バスが走り，繁華街の奉祝提灯が輝き（『日出新聞』1940年11月10日付），橿原参詣に訪れた「満州国」からの一行150人が入洛するなど，少なからず京都観光にも影響を与えている（『日出新聞』1940年11月16日付）。

　短い祝賀期間が終わると「祝ひ終つた　さあ働かう！」という大政翼賛会のポスターや，「ぜいたくは敵だ！」「お前は日本人か」といったスローガンが叫ばれ，旅行抑制が強まった。(31)京都では，戦争の進行にともない祭も中止され，防空壕の建設や，堀川通・御池通・五条通などの防火道路が建設された。(32)

6　現代京都の観光空間

　戦後，1950年，国会で「京都国際文化観光都市建設法」が制定され，「日本の京都」の枠を超えた国際的視野に立ち，「国際文化観光都市・京都」が提唱された。(33)1956年に制定した京都市市民憲章では，旅行者の歓迎をうたい，文化観光施設税条例を制定するなど，「国際文化観光都市」としての体制を整えていった。(34)

　京都は比較的恵まれた状態から観光都市としてスタートし，1960年代には，宿泊施設からの報告だけでも訪日外国人観光客の3割近く（推計統計で8割

以上）が入洛している。高度成長期には，東京オリンピック・東海道新幹線の開通（1964年）・大阪万国博覧会（1970年），さらにマイカーの急増で観光ブームに拍車がかかり，万博以後，毎年3000万人以上の入洛者を数えた。

●観光空間の破壊

　大衆観光ブームは，京都景観・伝統文化破壊の幕開けでもあった。観光諸施設の整備や経済優先の開発で，1000年以上の歴史を経て育まれてきた空間が危機に瀕している。

　1994年，京都市・宇治市・大津市の17の社寺や城がユネスコの世界文化遺産に登録された。それら世界共通の遺産やわが国指定の文化財は，他の要素（自然景観・街並み・歴史的な建造物など）と結びついてこそ，京都の美しい立体的な「観光空間」を形成する。

　たしかに，現代人の生活様式が変化している以上，古いものをそのまま保存するのはむずかしく，経済開発・発展をしなければ，都市は滅びてしまうだろう。しかし，あちこちに高層ビル・マンションが並んでしまっては，美しい姿が覆い隠され，京都の独自性・優位性が失われてしまう。

　平安建都1200年記念事業の1つとして，JR京都駅が巨大な複合的施設に生まれ変わった。この施設は，市内訪問地のなかでも比較的人気があり，若者を中心に関心を集めているが，京都らしさを壊しているとの批判も強い。ただ，パリのシンボル，エッフェル塔がそうであったように，建設直後の評価よりも後世の人々によってその判断が下されるべきで，後述する新旧共存の考え方も必要だと思われる。

●外国人観光客と修学旅行生の推移

　かつては，欧米を中心とした国からの観光客が多く，東京オリンピックの開催された1964年に25.8％，その翌年に28.1％もの訪日外国人客が入洛した。訪日外国人数が増加するにつれ，入洛外国人数の増加がほとんど見られず，その割合が減少し，近年では6％前後という状態が続いている。国内訪問地が多様化したことで，相対的に京都・奈良といった日本の伝統的な観

光地離れが進行している。

　同様の傾向が，京都を来訪する修学旅行生の間にもみられる。修学旅行が与えるインパクトは大きい。日本人の京都に対するイメージは修学旅行によって形成される場合が多く，京都を再訪するきっかけづくりとなる。京都観光はリピーターによって支えられている面が非常に強く，8割近くが5回以上京都を訪れており，10回以上訪れたことのある旅行者が半数以上にも及ぶ。[37]

　「体験学習」が優先されるなか，京都には「体験」するスペースが少ないといわれるが，近年では，伝統芸能の鑑賞，伝統工芸の創作，座禅・生け花・茶道体験など，旅行者にも「非日常体験」の場が開かれるようになってきた。[38] こういうスペースをもっと確立していくと同時に，市民自らが楽しめる空間創りが必要である。

●市民が楽しめる空間

　市民と旅行者双方が楽しめる空間をロンドンを例にみてみる。ロンドンには歴史的建造物や伝統的風習が数多く残り，京都と共通する部分が多い。劇場・美術館など芸術的要素が整い，「大英博物館」「ナショナル・ギャラリー」「テイト・ギャラリー」といった世界的に有名な美術館は入場無料（寄付金のみ）で，誰もが気軽に芸術探求ができる憩いの場となっている。ウェストエンドを中心に，市内のいたるところに劇場があふれ，各国から観客や役者が集まり，昼夜通じて活気あふれる国際文化観光都市である。これが，サミュエル・ジョンソンに「ロンドンに飽きた者は，人生に飽きた者だ」といわせしめた大都市の姿で，実に市民と旅行者双方が楽しめる空間である。

　一方，「京都に飽きた者は……」と同じことがいえるだろうか。岡崎公園一帯の文化施設群が京都市民の知的文化・芸術の中心地となっているが，何よりもまず閉鎖的な印象を受ける。

　景観破壊につながる開発には反対だが，「グローブ座」再建や「テイト・モダン・ギャラリー」建設のようなアイデアが期待される。シェークスピアで有名なグローブ座は，清教徒によって破壊された過去の遺産だが，1997年，

エリザベス時代と同じ屋根のない円形劇場に再建された。当時のように客の大部分は立ち見で、3時間に及ぶ劇中、座ることが許されない。雨はレインコートでしのぎ、当然ながら冷暖房などなく、公演期間は夏だけに限られる。それでも、400年前の姿を求めて連日観客が詰めかけるのだ。

「テイト・モダン・ギャラリー」は、昨年「テイト・ギャラリー」から分離した新しい美術館である。建設予定地に、廃業となった火力発電所が残っていた。破壊して新しいものをという案が多かったなか、選ばれたのは、工場の外郭をそのまま残して中だけを大改修するヘルツォーク＆ド・ムーロンの革新的な案だった。ギャラリーは、新しい遊歩橋（ミレニアム・ブリッジ）でセント・ポール寺院と結ばれている。「旧」な器である建物に「モダン」な展示物を配し、ロンドンの歴史遺産（セント・ポール寺院）との間を線で結ぶ。そして「ミレニアム」という時代を反映した、新旧の共存する「空間」が誕生した。財政的・文化的な違いから比較するのはむずかしいが、「伝統」を守りながら「再生」するアイデアには見習うところが多い。

むすび

「観光は平和へのパスポート」といわれる。国際観光によって相互理解を促進し、ひいては国際平和をもたらす、という考えから発生した言葉である。

京都は、1200年という長い年月をかけて、文化的伝統や遺産を受け継ぎ、美しい自然と融合して独自の観光空間を育んできた。朝廷・公卿といった特権階級の文化が武家社会、有力商人へ、やがて庶民の生活のなかに息づき、京都は日本文化最大の発信地となった。

今日、国内外の観光客が求めているのは、観光資源を通した物質的なつながりだけでなく、地元の人を通した文化的交流、心の交流である。江戸後期の神沢杜口は、かつて、京の人は洗練されて美しく、旅行者にも丁寧で優しかったのが今は変わってしまった、と嘆いた（『翁草』）。旅行者に対する気遣い（ホスピタリティ）を失ってしまったのは、当時、都会性が奪われ、京都人の誇りが欠けつつあったからであろう。ホスピタリティは市民の心にゆ

とりがなければ生まれてこない。市民が京都を理解し，誇りをもつことによって初めてホスピタリティのある応対が旅行者にできる。

最近は，市民講座を通して積極的に京都理解に臨み，伝統芸能の稽古事や美術・工芸分野の趣味を広げる人口が増えている。このような輪を広げ，市民一人一人の生活のなかに「ほんものの文化」が浸透し，息づいてこそ，京都は真の「国際文化観光都市」となりうる。入洛する修学旅行生を通して国内の若い世代へ，外国人旅行者を通して海外へ，京都市民の内から「本物の日本文化」を世界へ発信していくのである。

先人たちが多くの戦災から守り，温存してきたこの町を，市民に居心地のいい美しい町として次世代に引き継いでいきたい。

1　京都市産業観光局編『京都市観光調査年報　平成11年』京都市，1999年，18頁参照。
2　園田英弘『「みやこ」という宇宙』日本放送出版協会，1994年，24頁参照。
3　新城常三『庶民と旅の歴史』日本放送出版協会，1971年，17～18頁参照。
4　運輸省運輸政策局観光部編『観光立国への戦略』日本観光協会，1995年，15～16頁参照。
5　樋口清之『旅と日本人』講談社，1980年，123頁参照。
6　児玉幸多『日本交通史』吉川弘文館，1992年，66頁参照。
7　足利健亮編『京都歴史アトラス』中央公論新社，1994年，38～39頁参照。
8　京都市編『京都　歴史と文化(3)』平凡社，1994年，4～5頁参照。
9　児玉幸多，前掲書，168頁参照。
10　新城常三，前掲書，31頁参照。
11　京都市編『京都　歴史と文化(1)』平凡社，1994年，8頁参照。
12　二場邦彦編『京が蘇る』淡交社，1996年，104～105，151頁参照。
13　黒田紘一郎『中世都市京都の研究』校倉書房，1996年，109頁参照。
14　二場邦彦，前掲書，46頁参照。
15　今野信雄『江戸の旅』岩波書店，1993年，126頁参照。
16　山上徹『京都観光学』法律文化社，2000年，69～70頁参照。
17　今井金吾『江戸の旅風俗』大空社，1997年，29頁参照。
18　京都市編『史料　京都の歴史(5)』平凡社，1984年，24～25頁参照。
19　原田伴彦『京の人　大阪の人』朝日新聞社，1980年，87～88頁参照。
20　鎌田道隆『京　花の田舎』柳原書店，1977年，139頁参照。
21　京都市編『京都　歴史と文化(1)』平凡社，1994年，139頁参照。
22　京都市編『史料　京都の歴史(1)』平凡社，1991年，385頁参照。
23　京都市編『京都の歴史(8)』學藝書林，1975年，139頁参照。

24 園田英弘，前掲書，76頁参照。
25 白幡洋三郎『旅行のススメ』中央公論社，1996年，38〜42頁参照。
26 同書，92頁参照。
27 京都市編『京都の歴史(9)』學藝書林，1976年，4〜5頁参照。
28 京都商工会議所　百年史編纂委員会編『京都経済の百年』京都商工会議所，1985年，384〜385頁参照。
29 赤澤史郎・北河賢三編『文化とファシズム』1993年，日本経済評論社，10頁参照。
30 京都ホテル編『京都ホテル100年ものがたり』1988年，京都ホテル，258〜260頁参照。
31 白幡洋三郎，前掲書，99〜106頁参照。
32 京都市編『京都の歴史(9)』學藝書林，1976年，6〜8頁参照。
33 同書，511頁参照。
34 京都市編『京都　歴史と文化(1)』平凡社，1994年，159頁参照。
35 京都市産業観光局，前掲書，13〜14頁によると，入洛者のうち1997年15.2%，1998年20.7%，1999年8.1%が「京都駅ビル」を訪れている。
36 京都市総務局総務部統計課『京都市長期統計書（昭和21年〜平成元年）』京都市，1992年，155頁参照。国際観光振興会（JNTO）『世界と日本の国際観光交流の動向』国際観光サービスセンター，1999年，3頁参照。
37 京都市産業観光局，前掲書，1999年，9頁参照。
38 山上徹，前掲書，155〜157頁参照。

（工藤泰子）

8 おこしやす・京都の文化観光戦略

　修学旅行生が連日，京都へ押し寄せ，JR京都駅の構内は修学旅行生や観光客であふれんばかりの混みようである。まさに日本の修学旅行・観光のメッカ・京都にはすさまじい集客の底力があることに驚かされる。

　しかし現在，修学旅行生・観光客が押し寄せている現象とは裏腹に，京都観光には必ずしも楽観視できない問題が多々あることを認識せねばならない。京都の文化観光がどのような手法で推進されてきたのかを検証してみることが重要と思われる。京都の文化観光問題とは何か，その背景を考察することが必要となろう。本章では，特に社寺を中心とした文化観光を時間価値という側面からその特徴について分析する。21世紀においても，京都観光をさらに活性化させるには，時間を基軸とする「セールス」から「マーケティング観光戦略」を構築することの必要性を提起してみたい。

1　おこしやすの文化観光

　京都という都市に対峙した時，人々は何を考えるであろうか。京都という都市は，古い文化遺産と山紫水明に富んだ自然景観を保持してきた「千有余の古都」である。それゆえに京都を賛美し，心酔し，ひたすら保護・保存という重圧が襲いかかってくる。たとえば，「京都は戦後，『文化観光都市』を宣言した。その『文化観光都市』とはいったいどういう意味か。もともと，文化と観光とは相反する概念である。文化というものは，はじめから見世物ではないし，観光化するということは，たいていの場合，文化の破壊である。そんな矛盾する概念をふたつくっつけて，どのような都市をつくろうというのか」[1]のように，俗っぽい観光地化することに反対の立場から，文化のビジネス化・商業化に全面的に対立する根強い批判が京都にある。

文化観光（cultural tourism）とは，自然そのものの資源よりも，人間が作り出したモノ・コトである人文資源を活用した観光の総称をいう。一般的には，それぞれの地域に固有の生活文化やそれらを基盤とした民俗や伝統を観るという観光形態を意味する。今日，グローバル化によって国境という垣根が低くなり，文化は地域の境界を越えて共有できる範囲が拡大化してきている。

　ところで，私たちはいったい何を京都の光として観せるのか，示すべきか。かつて滝沢馬琴は辛口ながらも「京によきもの三ツ」あると京都の光を示した。それは「女子・加茂川の水・寺社」である。京都には，建都1200年の間に人々によってつくり出された豊富な文化的観光資源がある。日本を代表する有形・無形の文化が京都に集積していることを忘れるべきでない。「京都は日本固有の伝統文化を豊に保有し，生活のなかに息づかせている。今日，日本文化のふるさととして多くの人々の認識を得ているところである。」京都文化イコール日本文化であり，京都を通じて日本文化が形成されたといっても過言ではないであろう。

　それゆえに，「おそらく京都の骨組みを構成しているのは，かつて白足袋をユニホームにしていた人たちかもしれない。この街には昔から『白足袋に逆らうな』という警告がある。つまりお公家さん，茶人，花街関係者，僧侶，室町の商人たちである。学者もその仲間に入るかもしれない。」京都で，かつて白足袋にさからった代表的な例が，文化財保護の費用などを捻出しようとした行政と仏教会との古都税問題である。行政権力，司法権力が「表の権力」とすれば，文化を継承している「白足袋」の人々は京都の影の権力者たちとも称されているほどである。その京都文化を大別すると，以下のようになる。

　　公家・武家文化：平安遷都から江戸時代までの有職故実の文化
　　寺社文化：仏教の各宗派の本山27カ所が市内に存在
　　芸能文化：茶道・華道，能・狂言の家元などの存在
　　町衆文化：遷都以来，政治・商業都市として祇園祭に代表される町衆などの存在

京都は文化観光のハブ・ターミナル（拠点）といえる。まさに「京都に本山や家元をもつ分野ではかつてと同様にそれらが吸引の核の役割を果たしているが、その他の分野では、たとえば美術工芸分野での『一概に地盤沈下』と決めつけがたい深さと広がりが京都の地には息づいている」[6]のである。たしかに春の桜、秋の紅葉という山紫水明にあふれた豊かな自然環境、本山・家元の文化活動としての諸行事、著名な観光寺院の集積、数多くの文化財・文化遺産、さらに老舗をはじめ、伝統産業における職人の芸術性の高い作品を鑑賞できることもあり、全国各地から観光客を誘引している。

2　おこしやすの文化観光と時間価値

◉時間価値

　日本人は昔から時間をテーマにし、時間を知的刺激の源としてきた。日本人は世界中で最も時間を厳格に守り、かつ遊び心をもって活用する国民でもあった。

　「時は金なり」という諺があるように、現代において、時間がより大きな価値をもっていることはたしかである。観光客にとって、金銭と同じように旅程の時間・日数がどれだけかが大切になる。また観光事業の側では、どのようにして時間的な差別化が行われていたか、どのようにしてその価値が創造されていたかが重要な要件となる。従来、企業はコスト低減のための効率性という観点から時間を大切にしてきたが、時間は節約するという観点ばかりでなく、それをいかに有効に活用するかという観点が含まれている。つまり、豊かな社会における価値ある時間とは、単に時間の短縮を意味するばかりではなく、適切なタイミング、ゆとりある時間消費などの有効活用という発想で時間価値を評価するのである。

　観光の場合、オン・オフシーズンという波動性がみられ、オフシーズン中に需要喚起し、できるだけ通年化を図るという需給調整が必要となる。またオンシーズンの適時性の価値を訴える季節・旬サイクルの時間価値が存在する。

このような時間軸で考えるのは，日本人は古来から冠婚葬祭などの周期性をもって諸行事を催してきたことに帰因する。現代でも博覧会，見本市，スポーツ大会，文化的催し，周期的な選挙のような政治行事においても時期・時間が重要な要素となっている。すなわち①時間の短縮による速さ（スピード），②時間的な正確性，③同時性，④恒常性，⑤タイムリー性，⑥また時間内に遂行されるという実施期間の限定・特定時点，⑦時間的サイクル性，および⑧消費時間の心理的な有効活用（短くしたり，長くしたり，時間を忘れさせたり）などによる時間調整が価値を創造することになる。

●京都の文化観光と時間価値

　京都の文化は，一般にどのような像として捉えられ，またどのように評価されてきたのだろうか。特に，観光客が上洛したいと考える理由とは何か。その最大の理由は，京都に職・住をもつともたないとにかかわらず，京都は日本人の多くにとって「わが心のふるさと」であり，観光客は一般的に「外から観る内なる京都」，「外から観る外なる京都」を思っている。京都に来訪する観光客には，自己のアイデンティティを感じさせる「心のふるさと」や自然への懐古を望んでいるリピーターが多く，「外から観る内なる京都」として京都を憧れる。「日本人の心の原点」，「日本人の心のふるさと」，「日本文化の根源を内蔵する」という日本文化や伝統を京都で再発見したいと来訪し，そして自己再生のための英気を甦らせるのである。

　「京都が心のふるさとであって，ここを訪れることを通じて自己のアイデンティティを強化・確立でき，そのことによって自己に誇りを見出せ，かつ多様な好奇心を満足させるようなイメージ，およびイメージに見合った町づくりが必要となる」と指摘されるように，京都には伝統的・文化的なイメージがすでに築きあげられている。たとえば，陸上競技でグランドのほぼ一周分遅れた選手があたかもトップかと錯覚するように，京都という都市は「一周遅れのトップランナー」という時間的ずれがある。一般に日本人は外部からみて，京都に居住している内部の人々以上に熱い思いをもって京都に憧れ，日本の伝統文化都市・京都ブランドの時間価値を評価している。それゆえに

国内外からは，それをそのままに維持すべきであると強く主張されることになる。日本人にとって京都は今日でも「心のふるさと」，「日本らしさ」を振り返って懐かしむというレトロ（retrospection：懐古）の場として高い評価を得ている。観光客は京都の文化，言い換えれば「国の光」，「心のふるさと」を五感で確かめるために入洛するのである。日本の戦後の近代化は経済性，合理性を追求してきた。つまり西欧化ないし，それに衣を着せて和洋折衷，西欧の模倣化をひたすら実現することにあった。しかし近年，日本人は覚醒し，戦前からの歴史的な日本文化の本物志向，特に日本そのものの固有な文化が何かを考えるようになってきている。

3　文化観光におけるタイム・マーケティング戦略の重要性

●文化観光とタイム・セールス

　京都観光を考えると，期間限定，限られた日時で開催される祭，年中行事など多彩な時間設定があることが想起されよう。京都においてはタイム・セールス活動がかなり古くから行われていた。特に京都の社寺の諸行事の開催がタイム・セールスの典型ではないだろうか。

　京都の宗教法人は約2400あるが，京都の文化観光は従来から宗教活動の一環として結婚式場や交通安全・合格祈願などの「病・貧・争・運」などに対する「ご利益」をセットし，時間を基軸とした年中行事が年々歳々行われてきた。社寺それぞれが信徒を中心に集客の成果をあげてきた。それは日数・時間を限定することにより，その時間がより大きな価値，希少性を有し，一

表8－1　時間を基軸とした京都の文化活動

観光対象	開催内容
公家・武家	有職故実の年中行事・年忌，公開・特別拝観等
社　寺	冠婚葬祭の年中行事・年忌，公開・特別拝観，縁日，古書・ボロ市等
芸　能	年中行事・年忌，公演・公開等
市民・諸団体	祭，キャンペーン・イベント・コンベンション等
大学・学校	学内外の年中行事，各種の学術会議等

時に集中的な上洛数を高める結果となる。まさに既存の文化施設を活用し，特定期間を限定し，信徒，観光客を誘引してきた史実が多くある。

　本山とは信仰の世界のハブである。僧侶・信徒らは常に全国のスポークから本山をハブとして羨望しており，地方の信徒にとって本山へ参詣することは一生の念願であり，年中行事でそのハブへ団体参詣で上洛するのであった。地方信徒の上洛の契機で最大のものは，宗祖・開祖および開山などを追慕する50年，100年単位の遠忌や開帳などであり，このような社寺の行事が周期的に開催され，入洛の機会となっている。

　さらに茶道・華道・能・狂言・踊り・笛・尺八などの家元が京都から年中行事を発信しており，全国のスポークの弟子たちからハブ京都への憧れを高めている。このように各本山・家元の年中行事，開祖の年忌記念，大遠忌の事業・法要などの際に，全国各地から善男善女の団体参拝者が多数上洛する。社寺などで繰り広げられる年中行事が内外の人々を京都へと吸引するパワーを有するのである。それらの宗教法人・芸能関係機関の多くは私立学校を経営し，多くの学生を全国から集めている。特に毎年秋期から春期の一定期間に行われる入試のために，全国各地から多くの受験生が上洛する。修学旅行生の上洛するシーズンも毎年，特定の月に集中・固定化している。日本三大祭の1つである祇園祭をはじめ，葵祭，五山の送り火，時代祭などのように多彩な祭事が開催され，そのためのタイム・セールスが展開され，集客力を高めている。タイム・セールスの展開は観光客の上洛の波動性，オフとピーク時期の解消策という通年化策としても寄与し，結果的には毎年，一定の集客力を堅持してきた。このように社寺を中心とした文化観光の多くが歴史的な手法としてタイム・セールスを展開してきたといえよう。

　以上のように京都では，社寺文化をはじめ，産官学の発想という点では似たもの同士でワンパターンの集客手法を大事に固守してきた。しかしながら京都の文化観光の供給者は，ハブ文化都市としての京都を過大評価し過ぎてはいないだろうか。特に文化供給者は，京都を日本文化の本物性に裏づけられた代替不可能性，唯一性を大前提としてきた。「伝統的・文化遺産の上にあぐら[11]」をかいてタイム・コントロールで集客力を維持できたことを過大視

していないだろうか。つまり，全国から観光客が上洛するのは，わが社寺があってこそ京都の文化観光が成り立っていると「誇り高く」過信していないか。「社寺なくして京都観光はなし」や「わが社寺のみ観光価値あり」の心境になっていないか。たとえ拝観料・入場料が少々高くとも，今後も上洛者があり，自社寺を拝観しないわけがないと過信してはいないだろうか。

というのも，多くの社寺では観光客のニーズを軽視して拝観料・入場料を一方的に設定しているように思われてならない。たしかに，社寺などの拝観料・入場料は過分な負担を強いるものではなく，日本人の宗教行為に対して支払う金銭の額を定額化したものに過ぎず，宗教行為の重要な位置を占めている相互扶助の精神に基づくものである。つまり有料拝観は宗教思想の「布施」の概念からきたものであり，「喜捨」という行為に基づくと主張されよう。しかし「布施ない経に袈裟を落とす」という宗教と布施のたとえがあるように，観光寺院では観光客の満足優先よりも，拝観収入，収益の拡大化を優先し過ぎてはいないだろうか。それは自社寺の文化ストックの存在などを「誇り高く」考え過ぎるあまり，現状のニーズとのギャップを軽視することになる。布施の概念を引き出したとしても本音は，タイム・セールスに甘んじて単に時間・期間をコントロールすることにより，不特定多数の観光客からできるだけ多くの拝観収入を得ようとの口実に過ぎないと批判されても致し方ないのではなかろうか。

なぜなら，上洛する観光客の多くは１つの社寺のみを拝観するのではなく，限られた日数のなかで複数の観光社寺を回遊しながら，それぞれの歴史的な社寺文化を見聞する。それゆえに回遊社寺数が増えると，その拝観料・入場料が加算し，京都の文化観光に対し，過重な負担さえ感じるようになる。「外から観る内なる京都」と好意的な人々でも，回遊する箇所の増加にともない負担も高額になり，「外から観る外なる京都」への批判的意識が芽生えることになる。拝観料の請求が度重なることにより，「外から観る観光客の満足」というよりも，むしろ文化観光の社寺側の金儲け主義が優先されているのではないかと疑問を抱くことになるであろう。

京都が吸引力のあった時代は，比較的高圧的に時間・期間限定のプロモー

ション活動が設定できたであろう。各種の祭，年中行事などは宗教上とはいえ，独善的に拝観の意図的制限，特別拝観日を設定し，さらに高圧的な拝観料の設定が可能であった。京都の文化観光の社寺は，これまで独善的なタイム・セールスにあぐらをかいていたと批判されても致し方ないであろう。こうした状況は，「日本人の心のふるさと」「一周遅れのトップランナー」として時間価値を評価した「外から観る内なる京都」の好意的な評価から，次第に「外から観る外なる京都」との批判を増やす結果に通じる。

「観光都市，京都はいつまでもふところ手していては，観光客が寄り付かなくなる時が来るのではないかと思う。周りの府県が経済力を貯えて，時代にかなったいろいろな観光施設を造りはじめてきた。各種の催しもののできる会場の建設に乗り出している。そうなったら，これまでのような客寄せができなくなる京都になってしまうのではないか[13]」との指摘を謙虚に受け止めるべきである。近隣の府県は従来，京都の文化力の高さ，質の格差から観光資源では太刀打ちできないと，暗黙の恐れをもって諦めていた。しかしながら大阪のユニバーサル・スタジオ・ジャパンをはじめ，近隣の府県でも，新たな異質の観光資源が開発・蓄積されるようになった今日，もはや京都観光中心の独占市場は存続できなくなっている。

● **文化観光におけるタイム・マーケティング戦略の重要性**

時間軸の発想が多様な価値を生む力を有することは，すでに歴史的にも京都の社寺などのタイム・セールスで実証ずみである。ここでは，時間を軸にして「市場創造，調整活動」を展開するマーケティングをタイム・マーケティング（time marketing）と称することにしたい。それは時間的特徴を通じて観光客のニーズを最優先することである。発想の基軸を時間という次元で考える点では，セールスと同じである。しかし，マーケティングは顧客（観光客・生活者）のニーズを最優先するという点でセールスと明らかに異なる。それゆえにマーケティング戦略は，過去・現在・未来へと流転する時間軸を調査・分析・予測しつつ，観光客のニーズを配慮し，適時性を最大限尊重し，いわゆる「観せてあげるという意識から観ていただくという意識」が基本理

念となる。

　北の政所(きたのまんどころ)が創建した名刹・高台寺では，単なる拝観のみのタイム・セールスに甘んじることなく，週末（金・土・日曜日），夏期に「夕涼みのお茶会」，秋期に「観月のお茶会」を付加し，特に内外から茶道に関心がある観光客のニーズを考慮し，京都らしいタイム・マーケティング戦略を展開している。ライトアップで庭園を拝観できるだけでなく，非日常体験でもある大福茶碗による呈茶を通しての寺関係者（亭主・半東など）との交流，美術館の見学と一体化している。さらに寺のみで利益を囲い込むことをせず，門前の料飲店とのタイアップで食事・飲物を供するという，トータルな要素のマーケティング・ミックスで観光客の五感への訴求を最優先する戦略がとられている。これは，まさに寺側と門前商店街との共存共栄による集客力を高めるタイム・マーケティングといえよう。これと類似したマーケティング活動が京都市内で散見されるが，必ずしも多いとはいえない。

　京都の文化観光は，古くからの観光資源をそのまま観るだけの観光対象ではなく，時間を基軸に工夫や改善を施し，さらなる価値を付加し，新たなシステムをつくり出し，演出効果を高めるならば，現代のニーズに符合した新たな光をつくり出すことが可能になる。その場合，既存の「一周遅れの観光」ばかりではなく，京都文化から時代にふさわしい「一周先に進んだ」新しい時間価値を創出することも必要である。過去・現代・未来とをつなぐ作業が必要不可欠である。端的には，現代人の欲求と「心のふるさと」をどのようにつなぐかを考えねばならない。京都の従来型の「一周遅れの文化観光」から「一周先へと新方向性」を導き出し，「体験・参加・交流型」のタイム・マーケティングを企画開発するべきである。それは単体の社寺文化のみの拝観ではなく，異質なもの，新しいものを受け入れ，融合させることによって可能となる。多様な文化の融合化，同種文化の観光資源と異種文化のそれとのネットワーク化がなされれば，シナージ効果が発揮され，新たな観光対象が追加されることになる。たとえば文化と観光の連携として，著名な社寺境内での本物・本場の芸術文化のイベントの開催，伝統芸術と融合した文化観光の実施がシナージ効果を高めることになる。その際，現代人の欲求

をDoingでもって的確に充足し,「体験・参加・交流型」に工夫し直せば,新しい文化観光のタイム・マーケティングが可能となる。結果的に,観光客は文化観光のタイム・マーケティングによって最高の時間的消費をトータルに体感できることになる。

4 おこしやす・京都観光のタイム・マーケティング戦略

　京都の文化観光の社寺は,これまで独善的なタイム・セールスにあぐらをかいていても,大勢の観光客がきた。それは,長年にわたり日本人にとって「心のふるさと」京都は,「外から観る内なる都市」として好意的な羨望の都市となっていたからである。しかし京都への観光客は拝観料・入場料の過大な負担を目の当たりにするにつれ,次第に「外から観る外なる京都」へと意識が変わり,「心のふるさと」京都が遠い存在となってきている。また今日では,観光市場は多様化し,競争社会となっており,もはや日本人の「心のふるさと」京都は国内で独占市場を持続できなくなりつつある。現実に観光客から京都の文化観光がどのように評価されるようになったか,その変貌についても反省することが必要である。特に「一周遅れ」という時間価値は死蔵されたままの遺物のような文化財と考えるのではなく,京都の文化観光はレトロ性を大切に守りつつも,古くて,かつ新しい生命力あふれるものにしなければならない。

　そのためには,タイム・マーケティングというソフト面の革新化が重要であり,その場合,顧客（観光客・来訪者）のニーズを最優先すべきである。過去・現在・未来へと流転する時間軸を調査・分析・予測しつつ,観光客のニーズを配慮し,適時性を最大限尊重するタイム・マーケティング戦略を統合的・全体的に展開することが必要となる。

　京都全体・市民意識に観光の魂をいかにして構築するかが重要となる。特に時間を軸にして「市場創造,調整活動」するタイム・マーケティングは,観光客と観光の供給者との間に信頼関係を構築するというヒューマンな面をも配慮すべきである。観光客は直接・間接的に市民と出会い,交流すること

になるが，観光客と観光供給者，さらに市民全体が共通の感動・喜びを共有し合うというホスピタリティ・マインド（hospitality mind）を醸成せねばならない。つまりパートナーシップ，相互主義による親密な信頼関係は，単なる観光客と観光事業の供給者ばかりではなく，京都市民も関係していることを認識すべきである。京都市民全体で観光客を温かくもてなすという意識改革が望まれる。

「京都の人は本当に親切だ」と心から観光客が感動するならば，再度，京都へ来訪することになるであろう。そのような人は固定客化，いわゆるリピーターとなって京都の文化観光を「外から観る内なる京都」として評価し続けるであろう。そして，そうした人々は口コミ（word of mouth communication）によってよき情報を伝達し，京都への新規の観光客を上洛させることになる。しかし，悪い批評はすぐ受け売りして他人へ話す「道聴塗説・街談巷説」といわれるように急速に広まりやすく，京都観光を危機に落ち込ませる力となることもある。悪評は人から人へと口コミで世間へ伝わり，一度流れた悪評は容易に消えるものではない。逆に好評の口コミは，悪評よりも世間への広がりは速くなく，世間がなかなか評価・認識しないのが一般的である。しかし「外から観る内なる京都」と評価し，かつよき情報を口コミで伝達している人々のなかには，憧れの京都ということもあり，いつまでも観光客として外から観るばかりではなく，できるならば内からの「学ぶ学生，働き・生活する市民」になることを望む人もいるかもしれない。そのような人々が誇りと愛着をもって「内から観る内なる京都」として市民となれば，外から観る観光客に対して日々心あふれる高質なホスピタリティでもって京都のよさをアピールすることであろう。

要するに，おこしやすの文化観光は，社寺を「観せてあげる」という自己中心的な一方的なセールス型の発想を破棄せねばならない。いうまでもなく観光客が満足するには，いかに「観ていただく」かという顧客志向のマーケティングの観光戦略への発想の転換が必要となる。さらに新たな Doing による「体験・参加・交流型」の観光へと京都が変貌するには，総合的な対応策が必要不可欠となる。特にソフト，ヒューマンな面から時間を軸にしたタ

イム・マーケティングの観光戦略が構築されるべきであろう。

1　梅悼忠夫『梅樟忠夫の京都案内』角川書店，1987年，138頁。
2　前田勇編『現代観光学の展開』学文社，1996年，97〜98頁参照。
3　滝沢馬琴「羇旅漫録」『日本随筆大成1』吉川弘文館，1975年，223頁参照。
4　林田悠紀夫『新しい京都の歴史を拓く』ぎょうせい，1985年，78頁。
5　読売新聞京都総局『京都影の権力者たち』講談社，1994年，3頁。
6　二場邦彦・地域研究グループ編『京が甦る―いま何をすべきか―』淡交社，1996年，137〜138頁。
7　三家英治『マーケティングとは何か』晃洋書房，1993年，235頁参照。
8　二場邦彦，前掲書，146〜147頁参照。人間の感情と都市のつながり型には4つのタイプがある。①市民として都市に惚れ込む「内から観る内なる都市」，②自分は市民でありながら批判的にみる「内から観る外なる都市」，③まったく第三者の立場で批判的にみる「外から観る外なる都市」，④第三者的な外部者の立場で「心のふるさと」と惚れ込む「外から観る内なる都市」に分類している。
9　同書，127頁。
10　同書，124頁。
11　ダイヤモンド社「京都の危機」『週刊ダイヤモンド』第87巻41号，1999年，114頁。
12　布施に関連する諺には，次のようなものがある。「布施だけの経を読む」「布施見て経読む」「布施ない経は読まぬ」「仏事供養も布施次第」
13　出口勇蔵『京都わが心の町』風媒社，1990年，68頁。
14　山上徹『ホスピタリティ・観光産業論』白桃書房，1999年，154〜157頁を参照せよ。

（山上　徹）

III
京都観光と交通・景観問題

9　京都観光と定期観光バス

　「京都定期観光バス」は，京都駅前から安心して一人でもグループでも手軽に乗れる観光バスで，有名社寺や名庭園を回るコース，料理を楽しめるコース，また半日コースあり，夜のコースありとバラエティに富んでいる。毎日決まった時刻に出発し，車内や下車箇所ではガイドの説明と案内で，観光名所を効率よく観て回ることができる。70有余年の歴史を誇り，「京都定観」として親しまれてきたが，その歴史は，まさに京都観光の歴史といっても過言ではない。
　近年，京都を訪れる観光客数は伸び悩み，日本を代表する国際文化観光都市としての地位も相対的に低下しつつあるといわれてきた。また同時に，定期観光バスの旅客数も減少傾向が続いている。京都観光がこのような状況になった要因として，人々の価値観が変化し，旅行の目的も物見遊山的なものから参加体験型に変わるなど，観光に対するニーズは多様化していること，国内各所に大型のテーマパークが建設されたこと，低価格の海外へのパッケージ旅行が急速に普及したこと，などがあげられる。
　このような京都観光の現状を打破するため，すでに行政，市民，事業者，社寺，大学等京都をあげて観光振興を推進する動きが始まっており，京都観光の一翼を担う定期観光バス事業も，その役割を果たすためいろいろな施策に取り組んでいるところである。本章では長年にわたって観光に携わってきた観光バス事業者の立場から，この事業の歴史や現在の状況，今後の事業の課題などを取り上げたい。多くの人々に定期観光バスに少しでも関心をもっていただき，また京都を訪ねてみようと思っていただければ幸いである。

1　京都定期観光バス事業の歴史

　1928（昭和3）年4月京都定期観光バスの前身である京都名所遊覧バスが，全国の都市に先駆けて走り始め，翌年京阪電鉄がその営業権を譲り受け「京都名所遊覧乗合自動車」を設立し営業を開始した。シボレーの12人乗りの箱型車を配し，京都駅前を起終点とし，三十三間堂，清水寺，平安神宮，金閣寺等を約8時間で回り，運賃は大人3円50銭，小児2円であった。「僅の時間で愉快に見物」とか「女子案内者が歴史的に興味のある説明を丁寧に致します」「自動車は遊覧式の高級車」というキャッチフレーズを掲げていた（**写真9-1**）。その後事業は，コース内容を充実させることはもちろん，その間に観光の記念写真を撮り帰着時に希望者に手渡すなど旅客サービスに努めている。戦時下にあっても事業継続に努力したが，関係省庁から遊覧バスの営業休止という通達があり，1940（昭和15）年9月に京阪バスと合併することになった。しかし事実上，営業は休止の状況であった。

　戦後，燃料事情が好転した1949（昭和24）年10月から定期遊覧バスの営業を再開，1950年代後半から日本経済も成長発展段階を迎え，観光需要も伸び始めた。そうしたなかで1955年8月に，京都市交通局と京阪バスが全面的に提携する形で事業運営をすることになった。以後，新しいコースの設定やコース内容の充実が図られ，今日の事業発展の基礎が築かれたのである。そしてその頃から旅客数は大幅に増え始め，国鉄京都駅前の京都市電のターミナル横にあった定期遊覧バスのりばは，多くの観光旅客でにぎわいを

写真9-1　開業当時の宣伝チラシ

みせた（写真9-2）。

1960年代後半には本格的な自動車時代が到来，バス業界もおおいに発展をみせ，定期遊覧バス事業でも輸送力の確保やニーズの多様化に応える努力がなされた。京阪バスにおいては，定期遊覧バス事業だけでなく，乗合バス，貸切バス事業ともに，競争や事業防衛のために新線の開業や輸送力増強などを進め，事業規模は拡大した。しかし一方で，大幅な人件費のアップや国の物価抑制策による運賃の据え置きなどが経営を圧迫していた。そこで定期遊覧バス事業では，コース再編などの合理化をはじめ，車両と乗務員を乗合事業と併用して運用するなど経営合理化が進められた。そして1970年には経営を好転させることになった「日本万国博覧会」が開催された。

写真9-2　京都駅前バスのりば（1958年）

1970年3月15日から9月13日まで大阪千里丘陵で開催された博覧会は，関西圏に未曾有の経済効果をもたらすことになった。定期遊覧バス事業では，会期中の京都観光客むけの定期遊覧コースを充実させ車両の増強を行った。国鉄京都駅前は遊覧バスの旅客であふれ，車両と社員を総動員し，休日も返上して輸送にあたった。万博開催期間中の京都における定期遊覧輸送客数は80万人に近い数字となり，創業以来の輸送記録となった。このように大阪万国博覧会の開催は，京都定期観光バス事業にも波及効果をもたらしたのである。

大阪万博の少し前，1967年1月に，京都市・京都市観光協会の企画による事業，「京の冬の旅」キャンペーンが始まった。底冷えの季節に普段見られない史跡や隠れた文化財等を観賞できるもので，定期観光バスもこれに協賛して特別コースを運行した。オフシーズン対策として企画されたものである

が，新しい京都の魅力として人気を集め，毎年テーマを変え徐々に内容も充実してきた。そして1982年には，第17回「京の冬の旅」が旧国鉄の主催する「デスティネーションキャンペーン」に組み入れられ，今日まで事業の強力なバックアップとなっており，この冬（2000年12月～2001年3月）で35回目を迎えている。また1976年9月には，夏の閑散期のテコ入れ対策として「京の夏の旅」キャンペーンも始まった。これは国鉄京都―大阪間開業百年記念の年にあたるのを契機として企画されたもので，第1回目は「幕末の史跡をたずねて」をテーマに運行され，その後京都の夏の観光に定着し，2000年夏で25回目を迎えている。また夏の旅が始まった2年後の1978年には，京都定期観光バスが開業50周年を迎え，記念乗車券を発行するなど記念キャンペーンが実施された。

　国民生活の安定化とともに，観光客の要望も多岐にわたり，さらに魅力あるコースの設定や販売体制を構築する必要があった。そのため新しい観光施設や観光対象を組み入れたコース，博覧会や大型イベントに合わせた協賛コース等の運行を企画し実施した。東映映画村の開業（1975年），琵琶湖の外輪船「ミシガン」の就航（1982年），ポートピア神戸博の開催（1981年），国際伝統工芸博・京都の開催（1984年），国際花と緑の博覧会の開催（1990年・大阪），平安建都1200年記念イベント開催（1994年）などである。1982年12月

写真9-3　2階建バス（左）とレトロバス（右）

には，定期観光バスとしてわが国初の2階建バスを運行し脚光をあびた（**写真9-3（左）**）。そして1994年3月の平安建都1200年記念イベントが開催された年にはレトロバスが導入された（**写真9-3（右）**）。また1986年には，男女雇用均等法に基づいて，運転手に女性を登用し話題を呼んだ。

また旅客誘致とともに販売体制の強化も図られ，1977年にはコンピュータシステムによる予約・発券システムを全国に先駆けて導入し，その後大手旅行業者等とのオンライン化も推進され，今日販売におおいに威力を発揮している。

旅客数の推移をみると，大阪万博のあった1970年には年間約113万人となり，その後は1975年の約118万人をピークに減り始め，85年以降になると50万人余りに減少した。そしていわゆるバブル経済期には増え，花の万博が開催された1990年には75万人と大きく旅客数を伸ばしたが，バブル経済の崩壊後再び減少し始め，95年の阪神・淡路大震災の発生による出控えムードはそれに追い討ちをかけた。また，バブル崩壊後の日本経済は低迷を続け，雇用情勢の悪化や消費の停滞は今日も続いており，加えて京都観光に対する諸情勢の変化のなかで，この10年定期観光バスの旅客数も減少の一途をたどっている。そして今京都観光は大きな転換期にあって，京都市あげて観光振興に取り組んでおり，定期観光バスも新たな事業展開を進めているところである。

2　京都定期観光バス事業の現状

現在，定期観光バス事業の運営は京都市交通局と京阪バスが共同で行っている。運行コースの数や内容はシーズンによって変わるが，期間限定コースを入れると，2000年度では昼・夜コースあわせると約50コースにのぼり，どのコースもガイドによる案内を行っている。運行コースの概要は**表9-1**のとおりである。「のりば」はＪＲ京都駅前（烏丸口と八条口の2カ所）となっているが，京阪電車の三条駅前からも乗車できる。

表 9-1　京都定期観光バス事業の変遷

年	主な事業と関連事項
1928（昭和3）年	京都遊覧乗合自動車営業を開始
1929（昭和4）年	京阪電鉄が京都遊覧乗合自動車の営業権を譲り受けて京都名所遊覧乗合自動車㈱を設立して事業を本格化
1935（昭和10）年	嵐山も含めて京都市内全域を運行
1941（昭和16）年	京阪バス㈱が吸収合併，同社が遊覧事業を継承したが戦時下にあってほとんど休業状態が続く
1949（昭和24）年	京都市内定期遊覧バスとして営業を再開
1955（昭和30）年	京都市交通局と共同運営を開始全国初の公民一元運営
1958（昭和33）年	比叡山ドライブウェイの開通に伴い「比叡山びわ湖」コース設定　夜の観光コースを設定
1967（昭和42）年	第1回「京の冬の旅」コースを運行
1968（昭和43）年	定期観光バス京都駅構内営業所開業
1970（昭和45）年	日本万国博覧会開催…開催期間中の旅客数79万5000人
1976（昭和51）年	第1回「京の夏の旅」コース運行
1977（昭和52）年	コンピュータによる予約・発券システム運用開始（全国初の導入）　JTBのコンピュータ等とのオンライン化実施　以後旅行代理店とのオンライン拡大
1978（昭和53）年	開業50周年キャンペーン実施
1980（昭和55）年	京都駅構内営業所移転（駅前広場と地下街整備）
1982（昭和57）年	2階建バスコースの運行開始（全国初の導入）　琵琶湖外輪船ミシガン就航に伴うコースの新設　第17回「京の冬の旅」を国鉄のデスティネーションキャンペーンに組み入れ
1984（昭和59）年	京都駅八条口案内所開業（京都タワービルから移転）
1986（昭和61）年	男女雇用機会均等法に基づいて，女性運転手を採用（全国初の登用）
1990（平成2）年	国際花と緑の博覧会（大阪）開催
1991（平成3）年	車内禁煙の実施
1992（平成4）年	嵯峨野観光鉄道・トロッコ列車開業に伴うコースの新設
1994（平成6）年	建都1200年記念イベント開催　レトロバス運行
1997（平成9）年	新京都駅ビル完成
1999（平成11）年	全コースにおいてコース再編実施　京都駅北口広場整備に伴う京都駅構内営業所の建替え

●旅客の動向

　観光旅客のニーズに応え，事業計画の策定に生かすため，毎年旅客のアンケート調査を実施している。1999年度と93年度分を比較しながら調査結果からわかる旅客の最近の動向を以下に記す（このアンケートは春・夏・秋・冬の4季にわたって1999年度は約9500人を，93年度は約1万7000人を対象に実施した結果である）。

① 旅客数の推移（図9-1）：この10年余りをみると，1990年をピークに減少傾向にあり，99年度の旅客数は37万4000人と，90年前半の旅客数と比較すると半数余りとなっている。

② 四季別の旅客数と割合（表9-2-1）：観光客の四季別人員を比較すると，1999年度では秋季（10～12月）が最も多く，秋，春，冬，夏の順となっているが，93年と比べると，秋季への偏在がより顕著で，冬季の落ち込みが大きくなっている。かつて，京都の観光は四季を通じて波動が少なかったが，現在は秋と春に偏るために，観光客の受け入れ施設はその対応に苦慮することになってきている。

③ 旅客の性別割合（表9-2-2）：女性がおおむね6割を超え，男性が4割弱となっており，1993年度と比べて大きな変化はない。

④ 旅客の年齢別の割合（表9-2-3）：主たる年齢層は40代から60代で，全体の約7割を占め，中心層は50代となっている。それに比べて，定期観光バス旅客に対するアンケート調査とは別に主要観光地で調査した観光客の場合は，20代が最も多く（26％），定期観光バスの20代旅客は1割にも満たない状態となっている。つまり，定期観光バスは若年層の利用者をつかみきれていないといえる。また1993年度との比較では，20代から40代の落ち込みが大きく，高齢層への偏りが顕著になってきている。

⑤ 出発地別割合（表9-2-4）：関東地方3割強，続いて近畿地方が2割弱，以下中部，九州地方となっている。主要観光地での観光客，京都市観光調査年報による入洛観光客では，近畿の割合が4割から7割であるのに対して，定期観光バスではこの地域が極端に低く，日帰り圏の近郊客をつかみきれていない。遠隔地の北海道・東北や九州からの旅客数は，定期観光バス旅客の

図 9-1　京都定期観光バス旅客数の推移

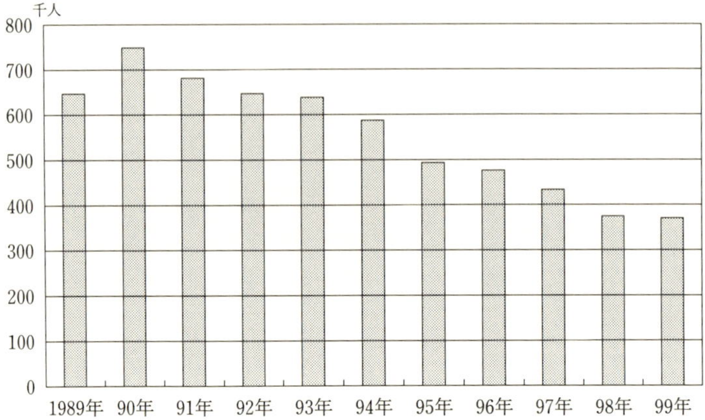

年	旅客数(千人)
1989年	650
90年	750
91年	680
92年	650
93年	640
94年	590
95年	500
96年	480
97年	440
98年	380
99年	375

表 9-2　京都観光と定期観光バス事業の動向

(1) 四季別の旅客数

	1999年度		1993年度	
	旅客数(千人)	構成比(%)	旅客数(千人)	構成比(%)
春季	90	24.1	152	24.0
夏季	75	20.0	142	22.4
秋季	132	35.3	187	29.5
冬季	77	20.6	153	24.1

注：春季(4～6月)　夏季(7～9月)　秋季(10～12月)　冬季(1～3月)

(2) 性別割合　　　　(単位：%)

	1999年度	1993年度
男性	37.4	37.3
女性	62.5	62.7

(3) 年齢別割合　　　(単位：%)

	1999年度	1993年度
10歳代以下	4.6	5.5
20歳代	8.9	11.3
30歳代	8.7	11.0
40歳代	18.4	22.1
50歳代	28.6	25.9
60歳代	22.3	19.2
70歳代以上	8.5	5.0

(4) 出発地別割合　　(単位：％)

	1999年度	1993年度
北海道	3.6	3.0
東　北	5.3	5.2
関　東	32.7	30.3
北　陸	4.2	4.3
中　部	12.8	12.3
近　畿	18.7	22.8
中　国	7.1	8.0
四　国	3.1	2.9
九　州	10.5	8.7
沖　縄	0.7	0.4
外　国	1.3	2.1

(5) 旅程別割合　　(単位：％)

	1999年度	1993年度
日帰り	23.4	29.5
宿　泊	76.6	70.5

割合の方が，主要観光地での観光客や入洛観光客の割合に比べて高いものになっている。つまり遠隔地からの観光客に対して，定期観光バスは地理不案内でも安心して観光できることなどから，他の交通機関に対して優位に立っていることになる。

⑥ 入洛に利用した交通機関別割合（**表3-1参照**）：バスの発着場所がJR京都駅前であることから，JR利用が全体の8割近くを占めており，その内新幹線利用が5割を超えている。逆に私鉄（京阪，近鉄，阪急）利用は1割にも満たない状態である。マイカー利用は，定期観光バスではわずか（3％）だが，主要観光地での観光客で1割，京都市観光地調査年報による入洛観光客の割合で3割強になっている。特にマイカー観光の増加は，京都市内の交通環境や観光地での駐車場環境に重大な影響を及ぼし，対策が必要とされている。

⑦ 旅程別割合（**表9-2-5**）：宿泊が日帰りを大きく上回り，入洛観光客とはまったく逆の数値になっている。

● 「定期観光バス」に対する認知度

　主要観光地において定期観光バスを利用しなかった個人観光客（1800人）に対する調査（1999年5月の3日間実施）によると，定期観光バスの存在については，7割強の観光客が「知っている」と回答し，認知度はかなり高いものといえる。定期観光バスを知っているが，今回の旅行で利用しなかった理由の最も多かったのは，「自分の見学したい箇所だけを自由に観光したいか

ら」で，次に「時間に縛られるのがいやだから」となっている。「団体行動をするのがいやだから」，「料金が高いから」を理由としているのはわずかであるが，若年層に多くなっている。

3 現状を踏まえての振興策について

　以上のように定期観光バス旅客や一般観光客の実態調査を参考にし，また近年多様化している観光客のニーズを踏まえ，営業活動や事業展開を進めている。その施策を大きく3つに分け，1番目に新規観光客の開拓，2番目に逸走している観光客の再獲得，3番目に固定客（リピーター）の確保としているが，もう少し具体的に述べると次のとおりである。
（1）新規観光客の開拓
① 若年層に好まれやすい商品の開発や，目新しさや手軽さを兼ね備えた格安商品の設定のほか，インターネットによる情報提供など従来の情報提供手段の見直しをしている。
② マイカー観光客への対処は特に重要で，市内の交通環境や観光地での駐車場をめぐる状況は，京都観光のマイナスイメージを内外に示すことになっており，全国の他都市でもすでに実施されている「マイカー＆バスライド」の施策が，京都でも必要不可欠である。ＪＲ京都駅や京阪三条駅の発着場近くにある駐車場施設を利用しての「マイカー＆定期観光バスライド」を推進している。
③ 日帰り客（近郊客）むけの商品開発として，季節ごとの花巡りのほか，目先を変えた期間限定コースを設定する。また見学したい観光地だけを自由に観光できる観光客のためのコースの設定も進めている。
（2）逸走している観光客の再獲得
① 特に逸走が顕著となっている壮年層（30～40歳代）に好まれやすい商品の開発として，家族やグループむけの格安商品が必要だと考えている。
② 近郊客（大阪，兵庫，京都）のＪＲ西日本の新快速運行区間での，ＪＲ西日本と提携した商品を開発する。

③ マイカー観光へシフトしたとみられる，愛知，三重，岐阜，岡山への「マイカー＆定期観光バスライド」による誘致を推進する。

（3）リピーターの確保

① 圧倒的に多い女性観光客に受け入れられやすい商品の強化（季節の花巡りなど）や，熟年層（50歳代以上）に好まれやすい商品の強化として，案内時間をたっぷり設けて，ゆっくり，ゆったり，小定員での観光，低床観光バス車両での運行を推進する。

② 夜の観光コースの充実，ホテルなど宿泊施設と提携したサービスを実施する。

以上のように最近の施策をいくつかあげたが，国内の観光客だけでなく，今後世界的な交流が拡大していくなか，増加が見込まれる外国人客への情報提供の強化や，その受け入れ環境の整備も絶対必要である。また今後の定期観光バス事業についても，実際の事業活動を通じ，現実の旅客の方向を見きわめ，旅客や観光客の生の声を，できるだけ具体的な施策で応えることが大事であると考えている。

4　新しい時代への課題

近年京都観光が伸び悩みをみせるなか，京都市は1998年の「京都市観光振興基本計画」を受けて，このほど年間観光客数を2010年に5000万人に増やす観光振興推進計画「おこしやすプラン21」を発表，観光事業を21世紀の京都の基幹産業になりうると位置づけている。こういった動きをみると，京都における観光事業の重要性はますます増していると考えなければならない。

京都にはすばらしい自然景観や数多くの史跡や文化財がある。こうした恵まれた観光資源，つまり先祖の遺産をベースに観光客を誘致してきた。しかし近年，それらを見て回るだけの観光形態では魅力がなくなってきた。全国的にみて大きなテーマパークといわれるものが随所に作られてきたが，単にハコ物（ハード）を見せるだけの施設は低迷している。やはり形，物を見学させるだけではなく，人の心に感動を与えるソフトや味つけが必要である。

表9-3　京都定期観光バス・コース一覧（2000年春季の場合）

コース名	コース内容
＜ぐるり京の名所めぐり＞	
京の半日	名所（金閣寺，知恩院等）をめぐる半日コース
京の3名所めぐり	金閣寺，清水寺，三十三間堂をめぐる
2階バス　二条城　映画村	時代劇テーマパーク見学のお手軽コース
特別参観　御所と洛中	御所や名刹を特別参観
西山讃歌	隠れた名所の花（桜，山吹，つつじ）めぐり
＜京都散策コース＞	
京の1日	名所（清水寺，嵐山等）をまわる1日コース
嵯峨・嵐山	名勝嵐山周辺の名刹，名庭を観賞
宇治・醍醐	平安王朝ロマン・源氏物語の町を探訪
比叡山と大原三千院	新緑の比叡山と人気スポット大原散策
トロッコ列車と保津川下り	自然の魅力を体感
二条城と哲学の道	大人の雰囲気と心休まる散策
東山3名園めぐり	午後に出発，名庭早回り
京の美・味と匠の町西陣	西陣の町で京の素顔を再発見
比叡山と石積みの町坂本	比叡山と石積みの町並みを散策
＜夜の京めぐり＞	
京料理と祇園島原	舞妓や太夫に会える夜の代表コース
2階バス　夜の京ハイライト	京料理を味わい，魅力の夜景を観賞
夜の京都ゴールデン	懐石料理と京舞など古典芸能を観賞
金閣寺・夜の特別拝観	定期観光バスだけのオリジナルコース
ライトアップ京の夜桜	ライトに浮かぶ清水寺，高台寺と夜桜
ライトアップ京の新緑	ライトに映える新緑の清水寺，高台寺
＜期間限定特別コース＞	
ぶらり京都　銀閣寺岡崎公園	低料金，短時間のお手軽コース
ぶらり京都　石畳の道三年坂	低料金，短時間のお手軽コース
西国札所めぐり－大津宇治	西国札所5か所を巡礼
西国札所めぐり－京都	西国札所6か所を巡礼
御室桜と槙尾の山つつじ	4月遅咲きの御室の桜等を訪ねる
善峰寺のさつきと花菖蒲	5月洛西の名刹に花を訪ねる
洛西の紫陽花めぐり	6月法金剛院，妙心寺退蔵院を訪ねる
洛南の紫陽花めぐり	6月三室戸寺，藤森神社を訪ねる

注：シーズンによってコース数や内容（一部）は変わる。料金はコースによって2000円から9950円である。所要時分はコースによって約3時間半から7時間半である。

写真 9-4　現在の京都駅前定期観光バスのりば

　京都市にとって国際文化観光都市を標榜する以上，それにふさわしい取り組みが必要であり，国内はもちろん海外からみても魅力ある街にしなければならない。今後，東アジアからの観光客が増えるといわれているが，来訪者を受け入れる独自のソフト・演出を施した観光スポットの構築が望まれるところで，都市環境の整備と相まってそれらが有機的に機能することが重要である。外国に例をとるならば，モスクワのボリショイサーカス，パリのリドやムーランルージュのショー，ニューヨークのミュージカル，ウィーンのオペラなどのように，その都市でしか見られない素晴らしいものがある。もちろん京都にも舞妓や芸妓の舞，能，狂言そして葵祭，祇園祭，時代祭，大文字五山送り火など伝統的な技芸や祭事等がたくさんある。これら京都独自のものを活かし，若い人や海外からの来訪者を魅了できる仕かけづくりをして，いつ京都を訪れても食事や酒を楽しみながら，その魅力を満喫できる大規模なシアターがあってもよいのではないか。
　また，国際的な観光都市としての機能を果たすためには，外国人にもわかる案内標識の整備，外国語が話せる案内人の養成，案内所機能の充実，そして観光施設はじめ各種観光料金の低廉化も図っていかなければならない。
　さらに，観光振興を図るために重要なことは交通問題であり，交通環境を

整備しなければ，都市機能は劣化し観光都市としての魅力は薄れる。特にシーズンにおいてはマイカーから公共交通機関へ乗り換えるシステムとして，「パーク＆ライド」，「パーク＆バスライド」の構築も考えていかねばならない。そのためには，目的地までの交通手段に関する情報提供等も不可欠となってくる。また市民にとっても観光客にとっても魅力ある都市づくりのためには，高度情報化，少子高齢化，地球環境保全等への対応も必要で，観光事業においても例外ではない。そして観光振興のためのいろいろな事業活動も経営として成り立たなくてはならず，その投資や負担をどうしていくかも課題となる。

　このように多くの課題を解決し，世界に誇れる観光都市になるためには，やはり産・公・学・民が一体となって具体的な取り組みをしなければ成功しないと思われる。定期観光バスとしても振興策のところで述べたように，すでに新しい施策を実施しているが，今後さらにバスの特性を活かした取り組みが必要である。またバス事業においても規制緩和が進むなかで，定期観光バス事業の形態も将来変えていかざるをえないかもしれない。いずれにしても京都が活力を取り戻し発展していくためには，やはり「観光」を抜きには考えられない。現在，バス事業者としても英知を集め，全力をあげて観光振興に取り組んでいるところである。

（西村公夫）

10 京都観光をめぐる交通問題

　歴史都市で，まわりを山で囲まれた盆地にある京都市では，都市交通の危機がモータリゼーションの進展とともに年々加速的に深刻になりつつある。危機の代表は，自動車交通による道路渋滞・交通マヒ（特に観光シーズンがひどい）で，都市内および都市内外間の移動が困難になってきている。大気汚染をはじめとする環境悪化も深刻である。交通事故による住民の肉体や精神の損傷等も危機といえる。他方で，利用しにくい公共交通機関に対しても不満が鬱積している。

　道路渋滞を解決し，京都を〝活性化〟するためとして，京都市および阪神高速道路公団では京都市内部にダイレクトに大量の自動車を乗り入れさせるべく都市高速道路（**表10-1，図10-1参照**）の建設を住民の強い反対を押し

表10-1　京都高速道路計画概要

路線名	延長	車線数	区間	出入口 （ランプ/仮称）	構造	都市計画決定	事業認可
新十条通	2.8km	4車線	山科区西野山 ｜ 伏見区深草	山科・十条	トンネル (70%)・掘割	1987年4月	1995年5月
油小路線	7.3km	4車線	伏見区深草 ｜ 伏見区向島	鴨川西・上鳥羽 伏見北・伏見南	高架	1993年3月	1999年12月
堀川線	3.7km	2車線 （南行一方通行）	下京区高辻 ｜ 伏見区竹田	堀川五条 堀川八条 （堀川線は入口のみ）	地下(80%) 高架	1993年3月	—
西大路線	4.0km	2車線 （北行一方通行）	右京区西院 ｜ 南区上鳥羽	西大路十条 西大路七条 西大路五条 （西大路線は出口のみ）	地下(80%) 高架	1993年3月	—
久世橋線	3.1km	4車線	伏見区竹田 ｜ 南区久世	吉祥院／石原 ／久世橋	高架	1993年3月	—
総延長	20.9km	※当初計画では油小路線4.5km，久世橋線4.8km，総延長19.8kmであったが，油小路線の延長・区間変更と久世橋線の区間変更が行われた。					

出所：土居靖範「21世紀のまちづくりと交通」『建築とまちづくり』2000年10月号，6頁。

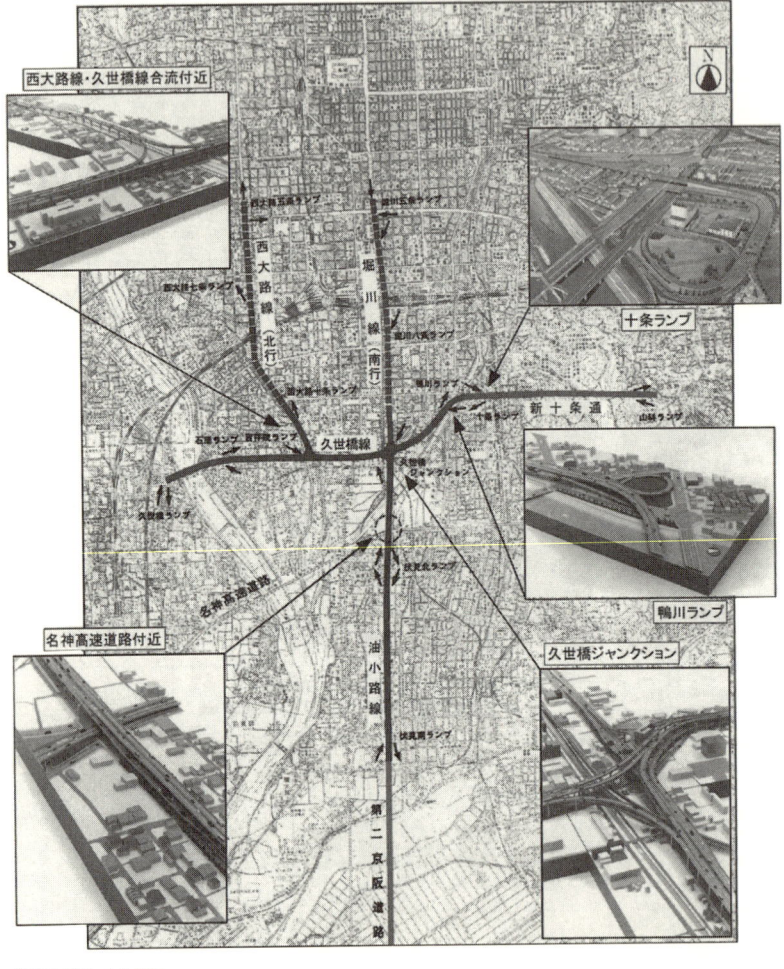

図10-1　京都高速道路計画路線図

出所：表10-1と同じ。

切って決定し，すでに新十条通線および油小路線の工事が強行されている。この都市高速道路の建設は，クルマを都心に入れないというヨーロッパ歴史都市の交通政策の流れに逆行するものである。供用された暁には，都市内交通に一層の混雑・渋滞の激化をもたらすことは火を見るよりも明らかであり，

一層の大気汚染や騒音・振動といった公害激化に追い込む暴挙といえよう。そこでは京都の都市交通の危機は一層深化し，京都は早晩〝死の町〟に至るものと予想される。そうなった町にそもそも観光客がやってくるのだろうか。

本章では，京都観光をめぐる交通の現状と問題点を分析し，京都にふさわしい交通機関を提言したい。

1 京都市における観光交通の現状と問題点

●京都の交通を他の大都市と比べると

京都市の交通は東京都，大阪市，名古屋市といった日本の他の大都市と比べて，どう認識されているだろうか。「観光都市・京都」というが，市民が真っ先に思い浮かべるイメージは〝交通渋滞〟ではないだろうか。観光シーズンを迎えた嵐山などでは数珠つなぎの観光マイカーに邪魔され，自宅のガレージから車をまったく出せない市民もいるという。

人それぞれの認識や評価には違いがあろうが，東京都，大阪市，名古屋市のように，ＪＲ，私鉄，地下鉄が都市内鉄道網のネットワークを形成し，面的輸送に近い役割をも果たしている大都市と比べ，京都市は市内鉄道がきわめて貧弱であり，都市内の迅速な移動を困難にしていることは誰も否定しないであろう。

大都市では，バスやタクシー，それにマイカーといった自動車を使用する陸上交通は深刻な道路マヒでとうてい信頼はおけないから，結局，専用軌道を走行する鉄道が大量高速交通機関として大きな役割を果たすこととなる。京都市ではＪＲ，私鉄（近鉄・阪急・京阪・京福・叡山等々）は市内にかかる路線をもってはいるが，一部地域をカバーする線的なものにとどまっている。地下鉄も現状では南北に走る烏丸線（竹田―国際会議場間13.7km）と東西線（二条―醍醐間12.7km）の2路線に限られている。地下鉄東西線の六地蔵への延伸工事が現在進められているが，はたして供用はいつになることか。

こうした市内鉄道網の未整備もあり，京都市は現在，深刻な都市交通の危機に見舞われている。これはなにも最近始まったものでなく，モータリゼー

ションの進展とともに加速度的に年々深刻になりつつある。

●観光シーズンにおける深刻な交通危機

まず，観光シーズンにおける道路渋滞状況をみておこう。**図10-2**は平日通勤時間帯と観光シーズンの休日の渋滞状況を比較したものである。渋滞箇所がかなり違っていることがわかる。「全国道路交通センサス」によると，休日交通量が平日を上回る観測地点数は1994年では199カ所中55カ所（28%）あり，90年の35カ所（18%）と比較すると，マイカー観光客数に大きな増減がないにもかかわらず，この4年間で著しい増加がみられる。

観光シーズンは3～5月，10～11月であるが，混雑区間は京都市周辺部と観光地周辺である。その上位の観光地は「御所周辺」「嵐山周辺」「都心部」「清水寺周辺」であり，京都市東部では観光地周遊型，京都市西部では一極集中型の傾向が強い。

『京都市休日交通体系調査報告書』によると，観光客の約9割が京都市の道路を混雑していたと評価している。このような深刻な交通危機状況を引き起こす原因に，マイカー観光がある。それについて次に取り上げたい。

2 京都におけるマイカー観光の現状と問題点

●入洛の交通手段

京都市は日本文化の中心地であり，1年間に約4000万人の観光客が訪れる国内有数の観光都市である。観光客は全国各地からきているが，マイカーで京都市内に入ってくる観光客はどれだけいるのだろうか。

1999年に京都市を訪れた観光客は3899万人であった。利用交通機関別の観光客数は**図10-3**のとおりで，近距離はマイカーと私鉄が多く，遠距離はJR新幹線を利用している。全体の観光客の3分の1がマイカーでの観光といえる。ただ，その地域別の利用では**図10-4**に示されるようにおおいに違いがある。『京都市休日交通体系調査報告書』によると，マイカー観光客は，観光に費やす時間がその他交通手段利用者に比較して短く，移動に時間をと

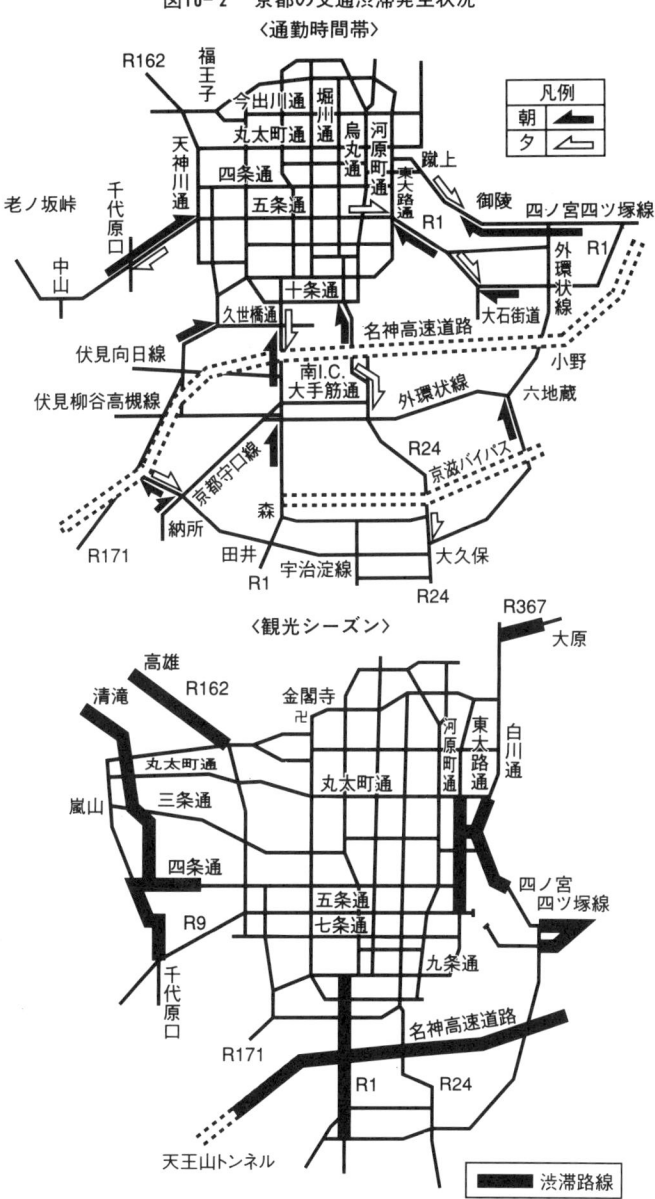

10 京都観光をめぐる交通問題 147

図10-2 京都の交通渋滞発生状況
〈通勤時間帯〉

凡例
朝 ←
夕 ⇐

〈観光シーズン〉

■ 渋滞路線

出所:『全国道路交通センサス』平成9年版および京都府警本部交通管制センター『京都の道路交通情報』。

図10-3　利用交通機関別観光客数・1999年と1998年の比較

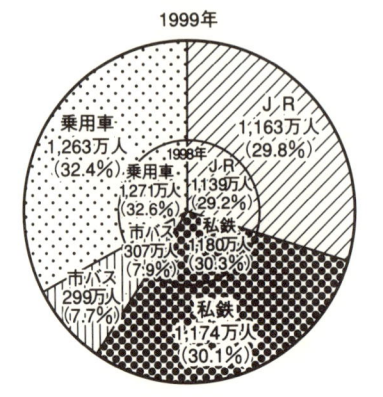

1999年
- 乗用車 1,263万人 (32.4%)
- JR 1,163万人 (29.8%)
- 私鉄 1,180万人 (30.3%)
- 市バス 299万人 (7.7%)

1998年
- 乗用車 1,271万人 (32.6%)
- JR 1,139万人 (29.2%)
- 私鉄 1,174万人 (30.1%)
- 市バス 307万人 (7.9%)

出所：『京都市観光調査年報』(1999年版) 1頁。

られている。京都市東部および西部地域の中では徒歩による移動も多いことが明らかにされている。

●マイカー観光の問題点

観光シーズンには京都市内の主要観光地とその周辺で，観光目的の自動車交通が入りこみ，交通渋滞，生活道路への進入，緊急車両の走行阻害，歩行者・自転車との輻湊(ふくそう)による安全上の問題などを引

図10-4　地域別の休日交通手段分担の割合

注1：休日交通量
- ━━ 2,000人以上
- ━━ 500〜2,000人
- ━━ 300〜500人
- ── 〜300人

注2：京都市全体平均の分担割合
- その他
- 徒歩二輪
- 自家用車
- 公共交通

出所：京都市休日交通体系検討委員会編『京都市休日交通体系調査報告書』(概要版)，京都市総合企画局，1998年10月，27頁。ただし原資料は京都市『平成8年度京都市休日交通行動調査』。

き起こしており，それが観光地の魅了を大きく低下させる要因になっていることを指摘したい。

京都大学工学部の北村研究室で実施した「京都の観光交通についての分析」によると，マイカーを利用して観光する人は，公共交通機関利用の人と比べて，移動に多くの時間をとられ，観光のための時間が減り，行きたい所に行けないので訪れる観光地も少なくなり，結果としてあまり満足した観光ができず，京都にまた来たいという気持ちにならないことを明らかにしている。

観光交通に関して，京都市ではかつて「マイカー観光拒否宣言」が出されたが，その実効性はなく，マイカー観光の比重は今なお高い。観光客へのアンケート調査ではバスなどの充実を求める声が強くあがっているように（**図10-5**参照），既存の公共交通機関が観光客のニーズに適合していないことも明らかである。

図10-5 観光客が望む交通施策

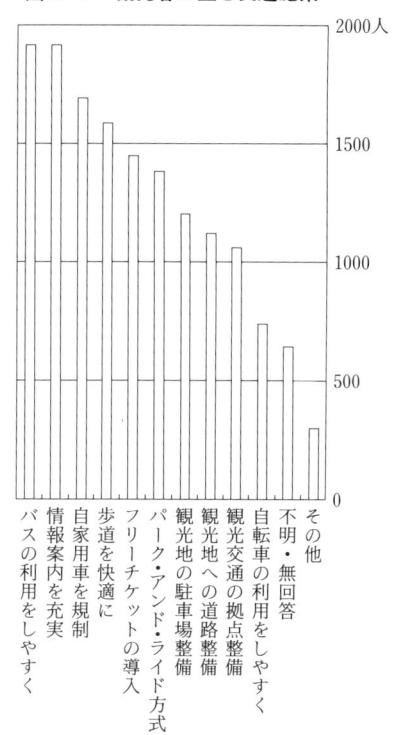

（バスの利用をしやすく／情報案内を充実／自家用車を規制／歩道を快適に／パーク・アンド・ライド方式フリーチケットの導入／観光地の駐車場整備／観光地への道路整備／観光交通の拠点整備／自転車の利用をしやすく／不明・無回答／その他）

出所：京都市『京都市休日交通行動調査』（1996年度）より作成。『Q and A ひと まち 交通』つむぎ出版，63頁。

3 京都市の観光交通改善策の紹介

こうしたなか，京都市当局は観光交通の改善にどのような方策を打ちだしているのだろうか。それを都市高速道路建設，地下鉄建設，100円バスの社会実験の3点を中心に紹介し，批判を加えたい。

●都市高速道路建設

　京都市および阪神高速道路公団は道路渋滞を解決し，京都を〝活性化〟するためとして，自動車を中心部にダイレクトに乗り入れさせるべく都市高速道路の建設を強行していることは前述した。京都市内にクルマがスムーズに入れないのが，観光の阻害にもなるとしている。

　歴史都市・京都，観光都市・京都には，それにふさわしい交通施設の整備が必要である。それは大阪や東京にあるグロテスクで，かつ非人間的な高架の都市高速道路では決してなかろう。この都市高速道路の建設は，京都の都市交通のあり方のうえで末代に残る〝第2の禍根・汚点〟といえる。第1の禍根・汚点は，路面電車（京都市電）の廃止である。京都は日本で最初に路面電車が開業したことで知られている。建都1100年記念行事が行われた1895（明治28）年に七条停車場前と伏見町油掛間6.6kmを京都電気鉄道が開業している。

　その後，路面電車は市内の基本的輸送機関として，輸送力増大と速力の向上，安全性の確保などが図られながら，京都市の手により市内に網の目のように張り巡らされ，長い間にわたり市民の足として貢献してきた。単に市民だけでなく，京都を訪れる多くの観光客にも利便性が高く，かつわかりやすい乗り物として親しまれていた。

　京都だけでなく日本の各都市では，戦前から1960年代まで路面電車が都市交通の主役として活躍していた。政府のモータリゼーション推進政策で，路面電車の廃止がなされた。当時は〝欧米では路面電車なんて時代遅れでもう走っていない〟というデマも飛ばされた。廃止反対運動が市民規模で展開されていた京都でも，市は反対を押し切って1970年3月の伏見線の廃止を手始めに，1978年までに全線を廃止してしまったのである。

　歴史都市に真にふさわしい京都の交通プランを，市民・府民の衆知を集めて考え，実現することが必要であろう。京都に「美しいまち」を取り戻すにはどうすればよいのか。京都にまた来てみたいという人々を増やすにはどうすればよいのか。それを解く鍵は，便利で快適な公共交通体系を確立することにあると筆者は考える。

● 地下鉄の問題点

　京都市は路面電車を廃止し，それに代わる公共交通機関として地下鉄建設をめざしてきたが，京都においては地下鉄の問題点は多い。地下鉄は巨額の建設費用（1989年度以降開業した全国の地下鉄建設費用は，1km当たりで次のようになっている。横浜市3号線414億円，大阪市堺筋線401億円，東京都の営団半蔵門線342億円，名古屋市桜通線335億円）と計画・着工から開業までに長期間かかる点が第1にあげられる。

　第2に，外の景色が見えない地下鉄では観光都市・京都の交通機関としてむいていない。きわめて不適切である。京都では歴史都市らしい市街地が今なお部分的に残っている。嵐山の鳴滝―高雄口間を京福電車の車窓から見れば，それが実感できよう。

　第3に地下と地上の昇り下りは，時間的にも肉体的にも問題である。特に老人や身障者にとって問題が多い。駅間距離が長く，限られた路線だけでは観光客の足を平等に，完全にはカバーしえない。

● 100円バスの社会実験

　京都市交通局では，都心部を環状でまわる100円バスを社会実験として，2000年4月から1年間の予定で運行しているので，紹介したい。このバスは，京都市の繁華街を囲む京都市役所前―烏丸御池―四条烏丸―四条河原町―京都市役所前を一方向循環で運行するものである。ただ平日は運行せず，土曜・日曜・祝日・お盆・年末年始のみの運行である。時間は京都市役所前を午前10時から午後4時50分まで発車するもので，10分間隔である。

　使用車両は中型車だが，ノンステップではない。ワンコイン（100円）のほか，敬老乗車証，1日乗車券でも乗車できる。2000年10月から循環路線内にある17の地元商店街では買い物したお客にこのバスの無料利用券を配付している。

　この京都市バスは，地元タクシー会社のMKがこの区間に「100円バス構想」を打ち出したのを受けて，急遽対抗処置として実施されたものである。

　四条通，河原町通は日本でも有数の繁華街で渋滞もひどく，100円バスは

それに巻き込まれて定時運行はまったくできておらず，若い人は歩いた方が早いということで，ほとんど利用していない。しかし，次第に100円循環バスの存在が知られだし利用者が増加してきたことから，2001年4月から本格運用されている。運行時間帯は実験時から1時間繰り下げられ，土曜・日曜・祝日の午前11時から午後5時50分となっている。

この100円循環バスを定着させるには，この道路内では自動車の乗り入れ禁止措置をとり，バスがスムーズに走れるよう交通規制をかけることが望まれる。いわゆるトランジット・モールであり，ヨーロッパの中心市街地活性化で成功をみている。中心市街地を荒廃するままに放置するなら，観光客離れが一層激化することが予想される。

4　交通改善策および観光の目玉としてのLRT導入

●世界の観光地での交通を教訓に

ウィーンやブザンソンといった歴史都市では，都市を取り囲んでいる城壁の内側にはできるだけマイカーを入れずに，路面電車を改良したLRT（Light Rail Transit）やバス，地下鉄などの公共交通機関に乗り換えてもらうシステムをとっている。

スイスのウェンゲンやツェルマットといった町はもっと徹底していて，町そのものが観光資源なので，ガソリン自動車を完全にシャットアウトして，市内の乗り物は電気自動車と馬車だけしか認めていない。観光に不便かというと，これがかえっておもしろい，ということで訪れる人が絶えないという効果がある。実際，街中に入れば本当に静かで，久しぶりにゆっくりと落ちつける。そこでまた訪れたくなるというわけである。スイスではこうしたガソリン車等の乗り入れ禁止をしている所はけっこう多くて，1990年時点で8つの町が数えられる。

このように世界の諸都市では都心の機能マヒをもたらしているクルマを閉め出し，ひとに優しい，環境に優しい公共交通の構築を進めようとしている。わが国でも金沢市などではバス専用レーンの遵守およびパーク・アンド・バ

スライド（マイカーを郊外の駐車場にとめ、バスに乗り換えて都心部に入ってくる）などを積極的に展開してきている。

●歴史都市京都にふさわしい交通機関は何か

京都市は都市高速道路を造ってダイレクトに車を市内に入れようとしているが、これは世界の都市交通の改善の流れと逆行している。東京や大阪ではあれだけ都市内高速道路を張り巡らせているので、もはや車の乗り入れを規制することはできない。京都は今ならまだ可能性がある。京都は道が悪いといわれるが、だからこそ「街中に車を入れない。かわりに公共の交通機関を整備する」という転換ができるのである。

都市交通の危機を解決するには、一方で都市内に自家用自動車をできるだけ入れないようにすべきであり、他方で公共交通機関の抜本的改善、とりわけ利便性の向上と運賃システムの改善が焦眉の課題といえる。

公共交通機関として地下を走る地下鉄は地上の自動車渋滞の影響を受けず、大量高密輸送が可能であるという点は有利である。しかし京都で充実すべき公共交通としては、地下鉄は不適当といえる。京都市の公共交通ネットワークを構想するとき、これから先の骨格づくりには新型市電のLRTが最適である（**表10-2**参照）。

LRTの車両は軽量のため滑らかで静かな走行ができ（レール下部を防震ゴムで巻いて路盤と固定してある）、車輪も小さく床が低いので路面からほと

表10-2　地下鉄，LRT，バス等の特性比較

交通機関	軌道	輸送力	速度 駅間距離	公害の発生	人への優しさ	通路建設の工期	通路建設費	安心・快適性
地下鉄	専用（地下）	◎	◎ 長い	○	△（アクセス）	△	△	△
LRT	専用・併用	◎（連接車）	○ 短い	◎	◎（超低床式）	◎	◎	◎
路面電車	専用・併用	△	○ 短い	○（騒音振動）	△（ステップ）	◎	○	△
バス	併用（一般道路）	△	△ 短い	○（排ガス）	△（ステップ）	◎（不要）	◎	△

注：◎＝優れている，○＝普通，△＝劣っている
出所：各種資料より土居が作成。

んど段差なく乗り降りができる。電気を動力とするため，都市の空気を汚さない。とりわけ建設コストが安く供用までの期間が短い点は，地下鉄に比べて圧倒的に有利な点といえよう。東西線は，醍醐－六地蔵の延伸と延

日本で走るLRTの広島電鉄グリーンムーバー

伸計画区間である二条駅－洛西ニュータウンは，地下鉄はやめてLRT路線として地表に建設し東西線の地下鉄車両と相互乗り入れするのが現実的な案といえる。醍醐－六地蔵間2.5kmの地下鉄建設費は700～800億円と見込まれているが，これをLRTで建設すればなんと20～50億円程度ですみ，供用もきわめて早い。

図10-6　京都市におけるLRT新設計画案

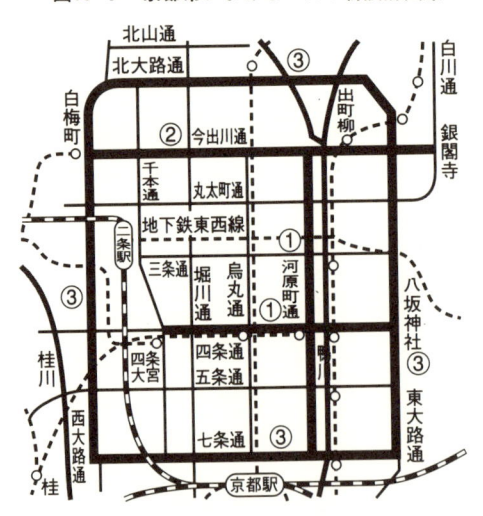

注：①は四条通・河原町通線　②は今出川線　③は外周環状線
出所：土居私案。

このように，省エネ，低公害，低コスト，ひとにやさしい，外観が絵になる，などたくさんのメリットがLRTにはある。レールの幅（ゲージ）さえ合わせておけば，既存の鉄道や地下鉄などへも乗り入れでき，オープンで発展性が高いシステムといえる。

●具体的なLRT計画案
（図10-6参照）

　LRTの導入こそ，京都

にふさわしい観光事業ではないか。まず北大路通，西大路通，東大路通，七条通といった外周部を走らせたらどうだろうか。アメリカのクルマ社会を代表するロスアンゼルスに1990年7月にＬＲＴが登場し，市内交通の主人公として活躍しているように，これは決して夢ではない。ＬＲＴを，現在のバス路線のなかで利用者が多く，たくさんの系統が集中している区間に導入する。その路線として，まず次の3路線をあげたい。

① 四条通線・河原町通線：京福電車嵐山線の四条大宮駅から四条通を，八坂神社石段下まで。それと河原町通の御池から四条まで。
② 今出川通線：京福電車北野線の白梅町駅から今出川通を銀閣寺まで。
③ 外周環状線：河原町通，西大路通，北大路通，東大路通，七条通を周回する環状線。

ＬＲＴが流れるように静かに路面を走っているその姿を想像しただけでも楽しい。ＬＲＴはぜひ車道の外側の歩道寄りを走らせたい。歩道を改良してプラットホームとすれば，そのまま超低床式の車内に水平で出入りでき，高齢社会にふさわしく，観光客にもやさしい乗り物となる。

工事費が莫大にかかり，なかなか建設がはかどらない地下鉄に比べ，ＬＲＴの導入はきわめて建設費用が少なく，かつ実現も早いのが特徴である。高速道路に比べても同様で，21世紀にふさわしい，ひとに優しい，環境に優しい交通機関といえる。

世界に誇る「木造りの都

図10-7　パーク・アンド・ライドが可能な観光地

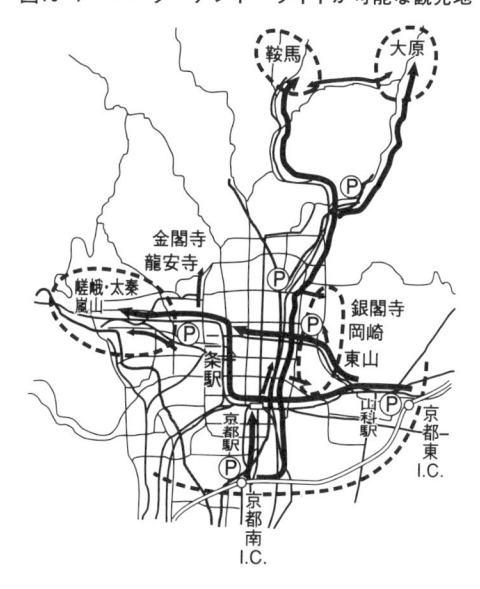

注：Ｐがパーク・アンド・ライド用の駐車場案

市」京都は市域の外周を土壁ででも囲んで、その付近にはマイカーを留め置く駐車場を設け、鉄道やＬＲＴ、あるいは電気シャトルバスに乗り換えてもらう（いわゆるパーク・アンド・ライド）。トラックの場合は貨物を共同集配用の小型の電気トラックに積み替えて市内に入ってもらうのである。

　これらは決して夢ではない。京都は交通で、それもＬＲＴで世界に勝負をかけるべきである。そこでは時間がゆっくりと流れて、人々はいつまでも住み続けたい、あるいはまた来てみたいと思うことであろう。日本で今新たにＬＲＴが導入できるとしたら、それは京都でしかないであろう。そして京都でそれが成功すれば全国各地に広がる可能性がおおいにある。

　ＬＲＴを都市交通の主人公にするためには、道路渋滞等に巻き込まれないことがきわめて重要で、そのためにはパーク・アンド・ライド（図10-7参照）やロード・プライシング（入域有料制）などのマイカーからの転移誘導策をとり、都心部へのクルマの乗り入れを大幅に抑制するＴＤＭ（交通需要マネジメント）政策の総合的採用を同時に進める必要がある。市内中心部は歩けるまちづくりの整備を早急に実施することもあわせて必要といえる。

【参考文献】
京都市休日交通体系検討委員会編『京都市休日交通体系調査報告書』（概要版）、京都市総合企画局、1998年。
土居靖範編著『京都の交通　今日と明日』つむぎ出版、1993年。
土居靖範編著『まちづくりと交通』つむぎ出版、1997年。
土居靖範編著『Q and A　ひと　まち　交通』つむぎ出版、1999年。

（土居靖範）

11 京都の景観問題

　会員数3万8000人を擁する日本建築学会では，1999年から，京都の都市景観特別研究委員会を発足させ，景観に関わるさまざまな専門家による議論を続けている。筆者もそのメンバーの一人である。日本建築学会では，特定の都市の名前を冠した研究会が組織されるのは初めてのことだそうだ。つまり，いまや京都の景観の問題は，建築の分野に関わる人々にとって一大関心事となっているのである。そこには，これからの景観のあり方を考える際のさまざまな論点が集約されている。もちろん，その中には，観光的価値から景観を捉え直そうとする視点も含まれている。実際に，メンバーも，京都の研究家に限らず，さまざまな関連分野も含めた広い領域から人選されている。
　ここでは，そこでの議論も踏まえながら，京都の景観について，何が問題となっていて，そこから何を学ぶべきかについて，いくつかの歴史的な事実に基づきながら考察を試みた。

1　京都らしい景観とは何か

　たしかに戦後の京都では，「景観論争」ともいうべき論争が続いた。古くは，1964年にオープンした京都タワーをめぐって古都の風情を損なうという激しい反対運動があった。その後も，1980年代後半に，60mを超える高層ビルに建て替えられた京都ホテル（1994年オープン）や，巨大なビルに建て替えられたJR京都駅ビル（1997年オープン）に対する景観論争が展開された。そして1998年には，日仏友好の記念事業として京都市により計画された，パリの「ポン・デ・ザール（芸術橋）」をモデルにした芸術橋の計画に対して，「風情が台無しになる」とい理由から猛反発が起こった。さらに，1980年代のバブル以降は，街中に建てられるマンションも，景観破壊として多くの批

判をあびることになった。

　これらの景観論争では，結局のところその批判の根拠はすべて同じである。それらが，京都（古都）に似つかわしくないということである。京都ホテルと京都駅ビルに関しては，その批判は，それまでの制限を超える高さの建築物が建てられることへ集中した。しかし，それも結局のところは，高層の建物が京都の街には似つかわしくないという根拠に基づくものであることは間違いない。京都の街での巨大構築物の計画は，常に「京都に似合うものなのか」という物差しで測られる宿命にあるといえるだろう。

　京都らしい景観は，たしかに京都の観光にとって不可欠のものである。では，景観論争での判断や批判は，京都の観光資源，あるいは観光イメージを維持・保全するために行われたことなのだろうか。この点が重要なのだが，そうした観光的な視点からの発想は，一連の景観論争のなかにほとんど読むことはできない。少なくとも，批判を主張する主体は，地域住民が中心となっている。彼らの京都らしい景観を守りたいという意識が，一連の論争の核心となっているのである。

　こうした事態は，日本の他の都市ではほとんど考えられないであろう。住民主体で景観問題が論じられる。これを実現しているのが，都心居住である。つまり，京都はまだ街中に多くの人々が住んでいる。東京や大阪の都心ではほとんど考えられないことだ。しかも，ただ住んでいるだけでなく，旧来からのコミュニティを維持し続けている。そのために，目先の利害だけでなく，街全体のあり方をめぐってきちんとした議論が起こるのである。結局のところ，京都の景観問題とは，京都が古都としての観光資源を背負っているからではなく，論争を起こせる力を都市自体がもちえていることの証であるわけだ。これは，都市のあり方として健全なことではある。都心居住は，現在，世界中の都市で目標とされるようになった。それを京都は維持し続けてきたのである。

　ただし，一連の景観論争で常に答えが出なかった問題がある。それは，自分たちの街らしさとは具体的にどのようなものであるのかということだ。「京都に似つかわしくない」とするならば，ではどのようなものなら似つか

わしいのか。その答えが，いまだに明らかにはされていない。京都ホテルやＪＲ京都駅ビルへの批判が，高さの問題にしか集まらなかったのも，京都の景観にふさわしい建物のデザインの質の問題に言及できなかったためとも解釈できるだろう。

　もちろん一般的に抱かれる京都のイメージというのはあるだろう。つまり，京都の外部から作られていった「日本人の心の故郷」といった類の，観光京都のイメージである。そこでは，観光寺院や歴史的街並みのイメージがそのまま拡大解釈される。しかし，そうしたイメージがそのまま現代の望ましい京都の景観の指標になるとは，とうてい考えにくい。芸術橋の問題のときには，代替案の検討の参考例として，欄干に擬宝珠がついた和風の橋のデザインがＣＧを使ってシミュレーションされたが，はたしてそのような時代劇のセットのようなものが「京都らしい」ものとなるのだろうか。

　では，現実として京都の景観の基盤となっているのは何か。観光寺院はほとんどのものが郊外に所在する。京都の街中で，その景観的な基盤となっているのは町家であろう。1998年の京都市による大規模な調査によれば，市内にはまだ，調査対象になったものだけでも3万軒を超える町家が残されている[1]。バブル期を中心として多くの町家が姿を消したが，いまだに京町家とそれが連なる家並みは，京都の景観における「地」として位置づけられるものである。そして何よりも，先に述べた都心居住とコミュニティは，この町家での生活が基盤となっている。

　1990年代以降，こうした町家をレストランなどに転用するケースが目立つようになった。つまり，町家がもつイメージは，観光的な資源ともなってきたのである。しかし，そこでイメージされているものは街の古めかしさであろう。さすがに平安京以来と考える人は少ないかもしれないが，少なくとも近世あたりの街並みをイメージして，そこになつかしさを感じる人がほとんどであろう。ところが，京都の町家のほとんどは近代になって建てられたものなのである。京都市の調査でも，江戸期に建てられたものは約3％にしかならない。しかも，最も多いのは，明治でも大正でもなく，昭和戦前期に建てられたものであり，およそ3割にも達している。つまり，今残されている

京町家は古いものではないのである。端的にいって、それは近代の遺産なのだ。

景観破壊を主張するマンション建設反対運動の主張のなかには、往々にして「平安京以来の伝統」を守らなくてはならないという指摘がある。しかし、実は、現在の京都の景観を構成しているものは、平安京とはまったくといっていいほどつながりがない。いわゆる町衆の文化が展開された近世の街ともつながらない。そのほとんどは近代がつくり出したものなのである。そこには、さまざまな建設や開発が繰り返されてきた。さらにいえば、「景観」という言葉や概念そのものすら、実は近代社会が生み出したものでもあるのだ。

京都らしい景観を考える際に、まず求められなくてはならないのは、こうした京都の歴史についての正しい認識であろう。景観に対して住民が積極的に発言することは、日本の現代都市の現状を考えれば、きわめて望ましいことである。しかし、景観に対する認識は、京都のような観光都市の場合、安易な観光的イメージに引きずられてしまう危険性がある。観光的イメージとは外側からつくられた虚像にしか過ぎない。そして、その虚像に頼ることは、結果的に観光都市としてもマイナスとなる。それは、テーマパークをめざすことにしかならず、歴史都市として「ほんもの」をもちえる京都がめざすものではないはずである。

京都の景観を論じる際に、改めて認識すべきは、京都の「近代」についてである。端的にいって、私たちが大切であると考える京都の景観は、近代につくられたものなのである。そのことを、いくつかの事例をもって考えてみよう。

2　東山をめぐる議論からわかること

まず、京都の景観というと必ず話題となる東山についての話題から考えてみよう。

京都新聞の前身である『日出新聞』に、「京の山と川」という興味深い記事が掲載されている。1927年1月の紙面に、3日間にわたって掲載されたも

のだ。当時、京都市の要職にあった人物が、「東山と鴨川を今少しく利用し且つ活用する方法」を提起しているのだが、特に、東山に関する提案が、今からみるときわめて過激なものとなっている。東山は、眺めるだけではもったいないので「更に登る山として利用する事」が提案されている。ケーブルカーやロープウェイを設置し、あるいはナイアガラの滝のようにエレベーターを作り、それらから尾根にそって9m（5間）幅ほどの道路を敷設し、さらにそこから5.5m（3間）幅ぐらいの道路を縦横無尽に配置するのだという。

　この時期、当時の内務省は積極的な観光開発を全国で進めようとしていた。この提案もその流れをくむものとして解釈できるだろう。実際に、私たちがよく知る全国の観光地は、この時期から本格的な開発が進むことになる。しかし、京都での、とりわけ東山でのこうした観光開発の提案については、さすがに強い反発が起こっている。

　この記事が掲載された直後には、法学博士の市村光恵が同じ『日出新聞』に「東山に関する意見を読みて」と題して、反対意見の論陣をはる。その内容は一言でいえば、「東山は京都の街から眺める山であって京都市を下瞰する展望台でない」ということであった。

　この反対意見には、現代の私たちも素直に納得することができるだろう。東山は眺めるものであり、その山並みを人工物で犯してはならない。たしかにそのとおりである。こうした反発が大きかったこともあってであろう、結局、ロープウェイも道路も設置されず、東山開発は実現されずに終わる。その結果、今私たちが見る美しい東山があるのである。

　しかし、東山を「眺める山」として、いわば聖域化する考え方はそう古いものではない。近世までの絵画史料などには、東山を眺めて美しい山として描いたものはほとんどない。むしろ、山の中の情景や、そこから市街を俯瞰したようすを描いたものが多い。そして、最近の研究によれば、少なくとも近世から明治の中頃まで、東山の山容は荒廃していたことがわかっている。主要な社寺の背後を除けば、ほとんどはげ山に近いものであったらしい。それは主には、木材資源確保のための乱伐によるものであったという。つまり、

東山は「利用する山」であったわけだ。

それが「眺める山」として守るべき対象であるという意識が芽生えてくるのは，おそらくは明治末頃からではないかと思われる。実際に，大正期になって施行された都市計画法に基づく都市計画区域の決定では，京都は日本の大公園だから東京や大阪とは違う「風景美」を尊重した都市計画が必要とされ，周囲の広い山地を含む範囲が計画決定されている。さらに1930年に行われた風致地区指定でも，周囲の山林が，全国の風致市区指定で最大規模の面積で指定されている。そして，先に紹介したような開発論がさかんになるにしたがって，自然景観の保全の考え方は明確に意識されるようになっていったのではないか。1934年の室戸台風の深刻な被害を受けて行われた東山国有林の植林計画では，山容の美しさがその計画指針とさえなった。(4)

今，私たちは，樹木におおわれ人工の手が加えられていない東山の山並みを古都・京都にふさわしいものとして美しく思う。その姿を維持していかなければならないとも思う。しかし，そうした風景観は，実は近代社会が新たに発見したものであるといえるのである。もちろん，その発見から私たちが得たものは大きいのだが。

3 自然景観から都市景観へ

こうした景観保全の考え方は，その後，「都市美」という概念につながっていく。都市美とは，1925年に東京都政調査会が組織した「都市美研究会」から始まるとされる考え方である。この会は，その後「都市美協会」と名前を変えて機関紙『都市美』を発行し，都市美強調週間を呼びかけ，全国に都市美協会を発足させるなど積極的な活動を展開した。宣伝印刷貼付取締りに関する建議や電柱撤廃に関する建議なども行った。その主張とは，都市景観の美しさこそが都市生活者にとって重要であるというものである。そして昭和初期，戦時体制に入るまでには，その主張は全国の大都市で受け入れられ，実際に大きな運動となった。

この運動の背景には，アメリカの「都市美運動」(City Beautiful Movement)があるとされている。それは，1893年のコロンビア万博を契機にアメリカ諸都市を席巻した運動である。要するに，近代的な建築物が都市空間の多くを占めるようになり，都市の景観が激変するなかで，何らかのルールづくりが求められたのである。その指標となったのが，景観の美しさだったのだ。

　この都市美の考え方は，日本では東京から起こったものだが，都市が近代的建物で占められていく現実は東京だけのことではない。そこで，各種のインフラ整備が進み変貌を遂げつつあった東京以外の都市でも，広くこの考え方は受け入れられていくことになったのである。もちろん，京都も例外ではなかった。東山に代表される自然景観の保全の考え方が広がる一方で，次には変貌する都市内部の景観について，美しさを求める考え方が「都市美」というかけ声とともに広まっていったのである。

　その動きは，たとえば次のような当時の建物の評価に端的にあらわれている。京都の四条烏丸の界隈は，四条通や烏丸通が拡幅されて以降，明治の末年頃から各種の金融機関が軒を連ねるようになるが，そのなかでも，四条烏丸の交差点に店を構える銀行は市民の注目を集める存在であった。そこで，1925年に四条烏丸の南東角に新築になった三菱銀行の建物に対して，当時の新聞は次のように報道している。

　　「向ふ側に華麗な三井銀行支店があるので京洛の人々は地味と堅実を標榜
　　する三菱が三井以上の壮麗さをもつて出るかその新築に異常の興味をつな
　　いで落成を待つだけ注視の的となつていた。[5]」

　当時，新築の建物のでき栄えは，市民の注目の的となりえたのである。そして，それは企業のイメージとも重ねられている。こうしたことは，現代では考えにくい。しかも，ここでは京都らしさなどということはどこにも求められていない。つまりここでの興味とは，個々の建物デザインそのものにあり，それが企業のイメージを踏襲するような立派なものであるかが問われているのだ。それは，どこの都市においても成立する普遍的な美意識に根ざしているといってもよいだろう。

4 近代都市計画が生み出したもの

　以上にみてきたように，景観に美を求める考え方は，山林景観から都市内景観に至るまで次第に広がっていったわけだが，これにより行政による都市の計画も大きな影響を受けることになる。先ほどのアメリカでの都市美運動は，その後，首都ワシントンでの都市基盤づくりに大きな影響を及ぼしたとされる。実は，京都でも同じようなことが指摘できるのである。最も典型的なものとして，以下にあげる区画整理事業がある。

　他都市，特に東京あたりから京都にやってくる人が必ず口にする感想に，「京都は碁盤の目になっているので，迷うこともなくわかりやすい。さすがに平安京以来の伝統ですね」というのがある。しかし，京都の碁盤の目の街路構成は，必ずしも平安京の遺産とはいえない。よく知られるように，平安京の都市構造は造営された直後から廃れていく。近世における上京と下京の町も，街路は碁盤の目であったが，町の構成自体は平安京で計画された構造とはほとんどつながりがない。現代の私たちが体験する京都の街は，この上京・下京を核にしているが，広さはその何倍にも達している。つまり私たちは，平安京の碁盤の目とはほとんど縁のない，多くが近代以降に造られた碁盤の目の中に生活しているのだ。それをなしえたのが，近代の都市計画であった。

　1919年に「京都市区改正設計」が決定され，今の東大路，西大路，北大路，九条のいわゆる外郭道路の計画が立てられた。この時に京都独自ともいえるユニークな手法が試みられている。それぞれの道路に沿って，大規模な区画整理が実施されたのである。**写真11-1** は，その計画の概要をまとめた本の表紙である。すでに市街化が完了していた東大路南部を除いて，外周道路に沿う形で，ちょうど「C」の字ように区画整理が行われた様子がわかる。道路建設と宅地整備を同時に行ってしまうというこの手法は，当時の都市計画法の枠内で可能な方法であったが，他の都市では見られない，京都だけで実現したアイデアであった[6]。京都市はこの時，区画整理組合の成立を積極的に

バックアップし，困難な状況の地域では，京都市が自ら代執行を行って区画整理を実現するケースも多かった．それほどこの事業は，当時の京都市にとって重要な事業として位置づけられていたようだ．

たしかに，この事業の目的は，当時の京都の宅地供給を促すことであったであろう．しかし，そこには整然と区割りされた街区をつくるという，都市に対する強い意志も同時に読み取ることができる．事業が実際に実施されたのは，昭和初期のことである．その頃までに，京都市街の周辺部は，都市規模の拡大とともに無秩序に市街化が進む兆候がみられた．そこで，外周道路を整備して，市街の周囲をすっぽりと区画整理地でおおってしまい，乱雑に宅地が広がるのを防ごうというのが京都市の目論見であった．そして，その区画整理の街路割に，京都の伝統的な短冊形の碁盤の目が使われたのである．当時としては大胆な都市整備であり，そこに見て取れる計画理念には，都市に対する美意識がこめられていたといっても過言ではないだろう．

もちろん，良好な住環境をつくることは近代都市計画の普遍的な目標であり，そのこと自体に美意識を指摘することも可能である．実際，同じ時期に他の都市でも大規模な区画整理事業は実施されており，それにより整然とした宅地がつくられたところも多い．しかし，京都のこの事業は，計画道路と街区の関係性や，既存の都市形態との一体性などに他とは大きく異なる特徴があり，その計画理念には，とりわけ強い都市への美意識を感じることができるのである．

そしてこの事業の結果として，

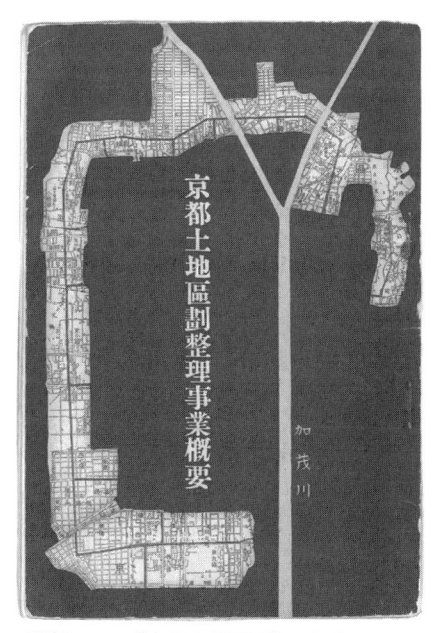

写真11-1 『京都土地区画整理事業概要』表紙

京都は，他の大都市に比べて比較的良好な住宅地が広いエリアで維持されることになった。伝統的な碁盤の目の街路構成が市街の周辺部まで及んでいて，整然とした住宅地が維持されている。京都の都市改造というと，秀吉の改造が有名であるが，この区画整理事業もそれに匹敵する価値をもっているのではないかとさえ思える。

5　景観保存にみる困難

さて，以上のような景観の概念形成に関わる史実をみてくると，京都における景観問題というのが，近代という時代に大きく根ざしていることが了解できるであろう。実は，京都だけの特殊事情ではない。このことは，一般的に考えられる景観問題の本質でもあるといえるだろう。私たちが生活の実感として捉えられるものは，私たちの生きている時代のものにしか及ばない。景観，あるいはそれを構成する建造物についても例外ではないはずだ。仮に，古代や近世という時代にまで景観の価値を求めようとすれば，それはどこかでフィクションが介入することになってしまうはずだ。

こうした，近代がつくり出したものを重要なものとして考える認識は，近年のわが国の文化財制度の改変にもよくあらわれている。1996年から始まった登録文化財制度は，「社会的評価を受けるまもなく消滅の危機に晒されている多種多様かつ大量の近代の建造物を中心とする文化財建造物を後世に幅広く継承していくため，届出制と指導・助言・勧告を基本とする緩やかな保護措置を講じる制度」（文化庁パンフレット）である。つまり，近代の建物を主なターゲットにして，これまでの国宝や重要文化財とは異なる緩やかな制度で，それを守っていこうとするものである。国宝や重要文化財に指定されている社寺建築などに比べれば，近代の建造物は，その古さからいえばとうてい太刀打ちできるものではない。しかし，現代に生きる私たちの生活環境を考えれば，近代の遺産も異なる意味において文化財として価値を認めるべきである。文化遺産とは，古さで決まるものではない。この制度は，そうした考え方に基づいているのだ。2000年4月時点で，すでに1600件程度の建造

物が登録されている。

また，文化庁は1990年より「近代化遺産」の全国調査を，それぞれの都道府県に依頼して実施している。これは，近代の遺産を建築物からさらに広げて捉える試みであるともいえる。そこでは，橋梁やダムのような土木構築物も対象となる。それらも，近代化が生み出した文化遺産として価値づけていこうというのである。

京都市においても，京都文化博物館（旧日本銀行京都支店・1906年築・重要文化財）などの近代建築が数多く残る三条通を，1997年に市街地景観整備条例に基づく「界わい景観整備地区」に指定するなど，近代建築群の保存にも積極的に取り組むようになってきた。実際に，神社仏閣だけでは歴史都市としての京都の魅力は語ることはできない。現代の私たちの生活実感につなぐものとして，こうした近代の遺産も重要である。それがあって，初めて私たちはフィクションではない真の歴史性を実感できるはずである。そしてその実感は，実際の生活者のなかにも歴史都市への誇りを生み出すことになるだろう。ただし，近代遺産を歴史的景観の構成要素として捉えるやり方には，次にみるような大きな落とし穴があるのも事実である。

三条通と烏丸通という京都を代表する交差点に建つ第一勧業銀行京都支店（煉瓦造・1906年）が，1998年に，現存の建物を撤去してまったく同じデザインの建物を新しい材料で新築するという計画が発表された。この建物は，わが国の明治・大正期を代表する建築家・辰野金吾の数少ない作品の１つであり，文化財的価値はきわめて高い（**写真11-2**）。たしかに，これまでも，元の建物の形態をそのまま踏襲して新築を

写真11-2　撤去された第一勧業銀行京都支店
（写真提供：清瀬みさを）

した，という例はないわけではない。しかし，それらは戦災などの何らかの不可抗力により失われたものを再現しようとする場合がほとんどである。このケースは，まだ十分に使い続けることが可能である建物を，古い建物は管理がたいへんであるという理由（ほとんどは誤解に基づくものと判断できる）から，あえて撤去して，まったく同じものを鉄筋コンクリートでつくろうとする計画であった。

近代建築の保存・再生については，これまでもさまざまな手法が考えられてきた。そのなかでも，1978年に京都の中京郵便局（吉井茂則・三橋四郎設計・1902年）の改築に際し実現した，古い壁面を残しその後ろに建物を新築するといういわゆる「壁面保存」の手法は，近代建築の価値と経済効率の妥協点として，わが国で広く普及する。しかし，これに対して，専門家などの間からは，近代建築の価値は建物全体で発揮できるものであるはずで，保存される壁面が次第に小さな部分となっていった「壁面保存」では，その価値を保存したことにならない，という批判も出るようになった。

ところが，この第一勧業銀行京都支店の改築計画では，デザインは全体としてそのまま継承されることになり，こうした批判は根拠を失うことになる。そして，さらに深刻に考えなければならないのは，この手法が景観保全の考え方から導かれたものであることだ。

この保存計画は，先述の「界わい景観整備地区」の中の建物についてである。したがって，景観を守る立場から，京都市（計画局都市景観課）が指導を行ってきた。その結果，当初は高層のビルディングを建てる計画であったものを，同じ形態での新築という計画に変えさせたのである。ここで重要なことは，銀行も京都市も，歴史的環境を維持することに努めたという事実である。しかし，このケースにおいて，銀行・行政が認識した歴史性の価値とは，あくまで景観を構成している物理的要素，つまり形や色に限られたものであり，その維持・保全が求められたのである。

結局，この計画は，銀行再編の波のなかで2001年2月の時点でいまだペンディングの状態である。つまり，煉瓦の建物を撤去はしたが，新築はいまだなされていない。しかし，色や形だけの保存を目的とした，いわば「レプリ

カ保存」ともいうべきこの手法は，このケースのような露骨なものは少ないが，これ以降，全国で広まろうとしている。

6 求められるオーセンティシティ

建物の歴史的価値を決める基準としてよく知られているものに，ユネスコがヴェニスで開催した「第2回歴史的記念物の建築家・技術者国際会議」で採択した「記念物および遺跡の保存・修復に関する国際憲章」（通称「ヴェニス憲章」）がある。これは，1972年以降登録が進められている世界遺産の審査基準にも反映されていることでも知られる。ここでの基準の大きな柱になっているのは，建物のオーセンティシティ（Authenticity＝真正性）である。世界遺産の審査にあたっては，意匠・材料・技術・環境の4つの真正性が問われることになる。つまり，建物の歴史的価値は，形態や意匠にだけにあるのではなく，材料や技術，環境も含めたもの，いうなれば，建物が背負っている歴史全体にあるのだとする。

第一勧業銀行の「レプリカ保存」の場合，それが実現されれば同じような景観は維持される。しかし，ここでいうオーセンティシティという観点からは，その真正性はまったく失われてしまうことは明らかであろう。ここに景観という概念のむずかしさと危険さがある。京都のような歴史性に特徴を見出したい都市にとって，安易な考え方で景観的価値を捉えてしまうと，本来の歴史的価値を失うことになるだろう。つまり，私たちの生活実感から遊離したフィクションとしての歴史性しか残せないことになるのである。それでは，せっかく京都が歴史都市として「ほんもの」を持ちえているという価値を見失うことになってしまう。

歴史的遺産の乏しい他の多くの都市では，わずかに残された遺産を頼りに，都市の歴史性をアピールしようとする。しかし，その多くは何らかの過剰な演出が必要とされ，ほとんどの場合，そこにはオーセンティシティが失われてしまっている。つまり，ほとんどフィクションとなってしまうのだ。京都は，そのような演出に頼らなくても「ほんもの」が大量に残されている。そ

して，他の都市では戦災や震災で失われた近代の遺産もまだ数多く残されているのである。それらの「ほんもの」をいかに保全し活用していくのか。その方法が問われているのである。

むすび

　戦後続いてきた京都の景観論争は，たしかに京都の都市としての健全性を示す証ではある。しかし，そこには京都らしい景観は何かという，最も重要な答えがペンディングにされたままになっている。その背景には，景観という概念のあいまいさがあるといえるだろう。本来，景観を大切にする発想自体がすぐれて近代的なものなのである。しかも現在の京都の景観要素は，ことごとくが近代の所産によるものなのだ。こうしたことは，既存の観光的な京都のイメージと大きなギャップがある。もう一度，観光的なイメージを離れて，真の京都の景観イメージを再構成する必要があるだろう。それは，結果的に，これからの観光京都にとって大きな財産ともなるはずだ。

　加えて，景観という概念そのものも，もう一度再構成する必要があるだろう。景観とは，本来，そこに暮らす人々の営みが結果として表出させるもののはずだ。もし景観が破壊されているというならば，それは，そこに暮らす人々の営みがどこかに問題を抱え，人々が快適に思う景観を維持できなくなっているということなのである。それは，表層としてあらわれるものだけだが決して破壊されているわけではない。したがって，色や形だけの「景観」をコントロールしたり誘導したりするだけでは，本質的な解決にはならないのである。

　いずれにしても，そうした議論をする材料を提供してくれるのは，わが国ではもはや京都という都市だけなのである。その「ほんもの」をいまだに持ちえているという価値と魅力は揺るぎないものなのだ。

　1　1999年6月，京都市都市計画局発表資料より。
　2　『日出新聞』1927年1月6日，9日，10日。

3　小椋純一『人と景観の歴史―絵図から読み解く―』雄山閣出版，1992年。
4　中嶋節子「近代京都における市街地近郊山地の『公園』としての位置付けとその整備」日本建築学会『日本建築学会計画系論文報告集』NO.496，1997年，247〜254頁。
5　『大阪朝日新聞』京都滋賀版，1925年11月21日付。
6　鶴田佳子・佐藤圭二「近代都市計画初期における1919年都市計画法第12条認可土地区画整理による市街地開発に関する研究」日本建築学会『日本建築学会計画系論文報告集』NO.470，1995年，149〜156頁。
7　中川理『偽装するニッポン』彰国社，1996年。

（中川　理）

IV
京都観光戦略の提言

12 京都・アーバン・エコツーリズム

　エコツーリズムの起源は1985年の中米コスタ・リカであるとされ，その後各地でさまざまな形態と内容のエコツーリズムが始まり今日に至っている。したがって，その十数年の間にはさまざまなエコツーリズムがあらわれたが，いまだにエコツーリズムとは何かという論議が後を絶たない。「旅行業エコ元年」という特集が"TRAVEL JOURNAL"の1998年1月にあらわれ，エコツーリズムとマスツーリズムとの共生が打ち出された。このことは一時消えかかったエコツーリズムが経済破綻の時代に再燃したといえる。

　ところで，京都市は観光客を5000万人に増やすために1998年の「京都市観光振興基本計画」を作成したが，その中には特にエコツーリズムという文言はみあたらない。観光人口増大は当然環境に負荷をかけるわけであるから，その対策がなければならない。「アーバン・エコツーリズム」という表現は多くの人たちにとっては理解できないもので，エコツーリズム都市という表現ではなく，エコミュージアム都市の方が適切だろう。京都を丸ごとエコミュージアムにする，すなわち京都を丸ごとエコ博物館にするという発想がわかりやすい。しかし，博物館も死語に近いため理解がむずかしいかもしれない。

　京都市やその他の都市にとってエコツーリズムとは何か，エコツーリズムの21世紀的哲学，さらに加えて都市型エコツーリズムの提起をする。

　筆者はエコツーリズムについては，1996年，1998年，1999年，2000年に一応のまとめを報告している。その内容は，エコツーリズムの歴史と哲学的背景およびその概念について述べ，実験的に実施したエコツーリズムについて報告するものである。

　なお，本文の概要は『平安女学院大學論集』1号（2001年3月）に発表したものである。

1 エコシティからエコツーリズム

●**エコシティの論議の必要性**

ドイツのフライブルグはエコシティで有名であるが，町を歩いていると，昔の京都のように時間の流れが緩やかで安らぎがある。人と環境にやさしい町がエコシティで，その要件は「生命がいっぱいある」「美しい」「公正である」の3つが必要である。

「生命がいっぱいある」というのは，生きとし生きるものにとって住みやすい空間としての都市であるということだが，人間の生活との間に多くの矛盾が存在する。それらの矛盾は人間勝手主義の問題であり，人間の物差しで論ずる場合は解決のない世界である。近年の，奄美大島のマングースの駆除，ニュージーランドのルピナスの駆除などは人間の勝手主義の最たるものである。京都でも11月には一部のイチョウの枝は黄葉を待たずに，住民からの行政への苦情などで切り落とされているが，京都のキャンペーンの「おこしやす京都」がこれでは情けない。白川通のケヤキとイチョウの秋は社寺林の秋よりも絢爛豪華である。普通のものの美しさこそが多様性である生命の美しさである。ヤンマやサナエの飛ぶ空間には当然のことであるが，美しい水もあり，蚊も生息する。

「美しい」というのは，見かけの美と省エネルギーやゴミ処理のような内なるシステムの2つがある。京都でも観光客の残すゴミは大量で，その処理も大変である。東山山麓の琵琶湖疏水の「哲学の道」も春の桜の頃は相当な人出で，ゴミ箱が設置されているために各所でゴミの山ができる。ボランティアが清掃しているが，「ゴミ持ち帰り」は進んでいない。後述するが，後始末の美学はエコツーリズムの要件にはない。エネルギーの循環は美しい空間づくりと共生への道であり，エコシティに最も必要な要件である。作為的な美はエネルギーの循環を伴わない場合が多く，人間本位の美ということである。秋の紅葉時に多くの社寺でのライトアップもそうである。

「公正さ」はその都市に生きるものが自由で差別を受けることなく，さま

ざまな活動と行動ができるということである。安全，清潔，自由であるという都市は少なく，遊歩道や歩道が放置バイクや自転車で危険であり，勝手なゴミ出しのためにカラスなどによる散乱も多い。電鉄駅周辺の自転車の放置と除去はイタチゴッコであるが，これは住民の生活システムと行政の思考とが一致していないためで，住民参加の町づくりが必要である。

● アーバン・エコツーリズムと住民参加の問題

住民参加としては現在京都では，「アジェンダ21」のエコツーリズム・ワーキンググループが行政・住民・NGOのラウンドテーブルをつくり，調査研究活動をやっている。この活動は京都市が5000万人に観光客を増加させようという政策に何らかの協力と歯止めとなるだろう。ここでは環境第一主義のツーリズムが主流で，行政の示した振興策でエコツーリズムが環境学習型であるところは一致しているが，エコツーリズムについてはさまざまな論議がある。行政の考える基本目標や戦略は住民参加型でなければならないことは理解できるが，その実現のための初期段階では住民不在型であるといえよう。エコツーリズム・ワーキンググループの会議のなかで，行政の示す観光振興策には環境学習型の部分もあるが，「環境と観光の共生」は視点にないだろうとみている。

では，環境と共生しないエコツーリズムはあるかということを考えてみると，皮肉なことに筆者らがやってきた京都でのエコツーリズムは，京都がエコシティでなくても環境学習は可能であった。しかし，それは自虐的世界であってあきれた話である。京都で実施した福岡県星野中学校のエコ修学旅行（1998年）で，中学生は「お寺は美しいが，町が汚い」，また，嵐山の中ノ島でゴミウォッチングをやった静岡県の中学生は旅行の文集に「大人のゴミばかりだ，大人よしっかりせい」とあった。エコシティでない京都市では共生と循環の哲学のもつ空間を理解することは困難であろう。しかし，環境学習でやってくる中学生たちには環境都市・京都でのエコツーリズムを体験させるのが理想であることはいうまでもない。

2 アーバン・エコツーリズムへの道

●**都市の価値の再認識**

　これからはアーバン・ツーリズムの時代であるということを耳にする。古都・奈良や京都はそれぞれに日本列島のなかでは特異な文化をもつ地域であるから，それなりに興味あるアーバン・エコツーリズムの世界ができる。京都，奈良も部分の価値から全体の価値を再認識する，いわゆるエコミュージアムの構築の時代であろう。

　このエコミュージアムという言葉はあまり一般的ではないが，町や村おこしに使われている方法でもあり，これからの時代にふさわしい構造である。エコミュージアムについては筆者は北海道北見市や湧別町などを主題に考察している（2000年）が，都市も部分の価値から全体の価値を再認識するためにはエコミュージアムの発想が必要である。さらに，都市型エコツーリズムを構築するためにもさまざまな都市の空間を連結し意味づけたエコミュージアムの考え方が重要である。どの都市も同じような顔をもつことは，経済的発展という言葉のなかでは意味はあるが，旅・旅行という視点からはおもしろくない。

　21世紀には博物学，博物館の意味が古典的な解釈からさらに深化し，普通の資源の再発掘と再認識があって地域振興と自立に役立つことが予知できる。このことは都市・エコミュージアムの発想が行政の都市計画とか一部の発想ではなく，住民参加と行動のなかで構築されるという前提に立つものである。京都でさかんに使っている「おこしやす京都へ」というのも，行政の音頭ではなく住民からの声でなければ，京都人の反発をかうだけであろう。

　例を京都にとると，世界遺産という宝石の結晶のような美しいものがたくさんあるが，それらは個々の美しさではなく京都の自然のなかで初めて輝いている存在であることが忘れられている。それらをお互いに関係づけることによって価値も倍加し，個々のもつ美とは違ったものが表現される可能性もある。その一例として「エコ・修学旅行」（1998年）のプログラムに「京都

を小鳥の目で見よう」というのがあって，五山送り火の大文字山に登って京都盆地を見下ろして歴史と自然を学習する。千葉県柏市の中学生は「登るときは疲れたが頂上に着いたときに美しい風景に出会えた」，「目をつぶって自然の音を聞いてすばらしかった」，「山に登って京都の町を見ると，まだまだ緑が多いことに気づいた」などと感想を書いていた。これまでの京都の修学旅行では聞くことのできない声である。このことは京都にとって自然がいかに価値あるものであるかを示している。

現代は風土，文化と資源の価値の認識が必要な時代であり，私たちの周辺に「何が，どこに」あるかということはわかっているが，それらの季節ごとの変化とか，刻々の様相はよくわかっていないのが普通である。また，有名なものや知名度の高いものは知っているが，普通のものについてはほとんどわかっていないだろう。「歴史的風土特別保存地域」という場合でも，社寺と田園，働く人，生き物，それに背景の山々，季節の様子などの総合が貴重であると考える。

●都市の博物学的検証

ここでいう博物学とは，ある程度の広範な自然誌の世界と哲学を意味するものであり，複雑生態系の視点でもある。博物学の1つの見方として，文学にも大きな影響を与えた Gilbert White の『セルボーンの博物誌』(1789年)があり，普通のもの，身近なものをしっかり見ることを教えられた。筆者(1997年)は博物学的発想で旅の視点を変えることを述べた。1つは普通のもの「個」に視点を合わせることによって素朴な自然を発見，2番目にマクロ視することによって自然との関わりと調和，風土，生活文化，すなわち環境学習につなげる，もう1つは深く考えるということである。普通のもの，「個」に視点を合わせることが深く考えることであり，「知の旅」の創造であると考える。『知の旅』は中村・山口 (1981年) によって哲学と文化人類学によって提案されているが，それらの哲学は筆者にとっては博物学的なものでもあった。

一般に博物学は「なにが，どこで，どのようにして，なぜ」という方法論

で展開されるが,「なにが, どこで」止まってしまう場合も多い。「どのようにして, なぜ」の領域でこそさまざまなものが見え, またそれなりに深い「知の旅」の世界へ入ることになる。

　京都は山城の国であり, 三方が山に囲まれた要塞の地であり, この地形が「風水論」に結びつくこともしばしばである。京都盆地には桂川と加茂川の2つの川とそれが削り残した丘, いくつかの池と沼, それに社寺林が固有な自然景観を見せる。さらに人工的な琵琶湖疏水と緑の道がある。山紫水明という言葉が京都を表現する最もふさわしいものであることは間違いない。

　都会とその周辺の魔所といわれるような空間, 風景は人間の創造性の結晶であり聖域でもある。このような空間は環境として何らかの意味をもつところでもあるため, 保全する方策が必要である。博物学的な思考でまちづくりを考えた例として, 鶴見川妖（怪）会（1997年）の「鶴見川流域における妖怪と神様の研究」がある。京都にも多くの魔所, 魔的空間があり, それぞれに歴史, 地理, 地学, 植生などの意味があって楽しい。宮崎駿は「トトロの住む家」を消えていく環境として取り上げている。

　これらの魔所は古いビオトープという見地から意味と価値があり, 生態系, 環境として地図上に落とし, ビオトープ地図を作製する。それらの古いビオトープはその地域の資源として価値があることはもちろんである。古いビオトープは昔からの普通の自然であり, 多くのDNAの存在を意味する。ビオトープという言葉は使っていないが, 上野（1987年）はハドソンとゴッスの『輪虫類』を引用し,「博物学者には, 古い壁のほうが魅力がある」としている。古い壁にはさまざまな生き物が生息する。新しいビオトープと古いビオトープの違いはそこに生息するDNAの数にあるのだろうが, 古いものはそれなりの深い美しさがある。また, たとえ新しくとも人間との共生のあるビオトープは, 生命のざわめきがある。

　都市における博物学的検証の一例として, 京都・洛北修学院と曼殊院付近を取り上げてみよう。このあたりは「歴史的風土特別保存地区」として指定されている景観である。修学院離宮や曼殊院付近の自然はいくたびかの改修はあったが, 17世紀半ばの面影を残すビオトープであることは間違いない。

それに加えて，メタセコイアなどの植栽のある半世紀ほど昔の新しいビオトープが混在している。

◉都市・エコミュージアムとその哲学

エコツーリズムへの道として都市・エコミュージアムについて考えよう。一般にエコミュージアムの構造は，中核施設＝コアとそれを取り巻く衛星＝サテライト，それらをつなぐ発見の小径＝ディスカバリートレールというものでわかりやすいとされている。京都を例に考えると，コアはやはり京都御苑で，生き物たちにとっては住む，憩い，採餌，貯食の聖域であり，人々にとっても安らぎの空間である。ここには古いビオトープもある。サテライトとしては多くの社寺林や池，町家，屋敷，大学，植物園などがある。それに京都盆地の四周を取り巻く里山という長大な自然がある。この里山はディスカバリートレールでもあり，背後の山域と面的にリレーショナルな関係をもっている。

ディスカバリートレールといえば，賀茂川（鴨川），大井川（桂川）と太古，湖の時代を再現する里山山麓の道である。鴨川なども丹波山域との生き物たちの川の道である。今後，京都・エコミュージアムを構築するためにはさらに多くのディスカバリートレールが必要で，「歩く京都」をいかに創造するかが主題となるだろう。その時，アーバン・エコツーリズムが可能になる。市中にも歩く道は高瀬川沿い，第二疏水沿いなどに造られているが，車，バイク，自転車が占有し危険な道になっている。このことは後述するエコシティの要件である公正さと社会的責任が市民に欠けているということである。

エコミュージアムには形態的なものとそれをバックアップする哲学が必要であるが，その1つは都市の物語性であり，もう1つは住民の意識とあり方だと考える。この二者はまったく違ったものではなく一体とみるべきだろう。

他の都市に比較して京都は物語性には事欠かないが，意外に現代の若い世代には旧態然とした物語性では受け入れられない。私たちがよしとする町家の風情も，若者にとっては暗い家並みである。町家も京都では観光の資源として大切なものであるが，最近ではファサードを活かして内部を住みやすく

したり，ギャラリーその他に再利用している。もともと町家は，少なくとも一区画の集団があって初めて空調が働くつくりで，各家の緑地のつながりと町内会組織，子ども集団の働きなどで生活が成立し，単独では住宅としては存在できないのである。町家の変身とミニ美術館，小学校の廃校跡の利用とともに新しいまちづくりが始まっている。これらに歩く道がうまく連動すれば楽しいサテライトとなるだろう。

　古いものだけが京都の物語性ではなく，新しい視点での物語を創造することである。今では古くなったが，琵琶湖疏水と桜並木の道，南禅寺の境内の水道橋などすばらしく大胆な発想であった。銀閣寺道からの約２ｋｍの疏水沿いの「哲学の道」は周辺の社寺とともに意味のある道となっている。法然院と「共いき堂」での自然教室は，環境学習，総合学習という視点で２１世紀に必要なものとして脚光をあびてきた。京都を訪れるエコ・修学旅行の生徒たちにとっても意味のある道であり，拠点になっている。

　しかし，この道もある時期の整備によって古いビオトープが破壊されている。ビオトープはつくるものではなく保全するものなのである。

●新しい視点でのエコミュージアム

　筆者ら環境NGOが関与した2000年春の静岡県大井川中学校のエコ・修学旅行＝環境学習では，事前学習として「人と環境　安らぎを与えるまちづくりを考えよう―社会的な環境に関する学習―」というテーマがあって，京都でのフィールドワークとして，京町屋の見学，保存地区の見学，嵯峨野・嵐山景観ウォッチング，町歩きエコマップづくりを６クラスが４グループに分かれて行動した。さらに，環境NGOのメンバーによる学習会を行い，生徒たちとの質疑応答の場をもった。

　フィールドワークでの町家についての生徒の感想のなかに「建物だけでなく，まわりの景色も一体となって１つの風景をつくっていることに気づいた」とあるが，これこそ私たちが求める新しい視点である。フィールドワーク，学習会で学んだことは，「実際に町家に住んでいる人の意見，本音が聞けて参考になった。町家に住んでいる人にもやはり，便利，不便があって，

いろんな悩みを抱えていることがわかった」「便利な家に住んでいる私たちが，残したほうがいいと言うのは無神経な気がした」「人間の住みよい町をつくるためには，自然との調和が必要不可欠であると思った」などが示された。これらも新しい視点での旅の成果であり，エコツーリズムに接続する問題である。

　滋賀県守山市のゲンジボタルでのまちづくりの歴史は古いが，近年では各所にビオトープが造られホタル環境はよくなっている。これらビオトープは1つひとつがサテライトであり，ディスカバリートレールである。

　京都の場合は多くの古いビオトープがあるから，それをいかに保全し，ディスカバリートレールで連結するかである。京都市観光振興課と京都府山岳連盟が京都の三方を取り巻く里山に「京都一周トレイル」を共同で開発した。この歩く道は古くから使われている道を探しつないだものであるが，国道やその他の車道を横断しなければならないところや，街中を通らねばならないところもある。健康獲得と維持に歩くことがいかに大切かを知ることのできる道でもあり，歴史と自然を感じ眺望もできる道である。

　エコミュージアムは車社会からの脱出にあると考えるが，高度な技術開発による路面電車を考えるべきであろう。

3　アーバン・エコツーリズム

◉エコシティ，エコミュージアムとエコツーリズムの構造

　エコシティとエコミュージアムの関連性は比較的明確であるが，エコシティがその完成度を満たすことによって自然にエコミュージアムの形態をもつと考えていいだろう。エコシティにもエコミュージアムでいうところのコアの存在があり，またあってもいいだろうし，いくつかの緑の拠点としてのサテライトも当然存在し，それらを結ぶ緑道もある。

　エコシティの住民の意識の高揚はエコミュージアムという構造をとるように進化するだろう。エコシティ・エコツーリズム・エコミュージアムの三者は互いに関連があり，1つの構造を形成すると考える。その関係する事象を

明確にするために図12-1を作成した。エコシティの概念は，先に述べたようにすべての生命の快適住空間であり，循環と共生のシステムを形成する空間である。エコツーリズムはすべての生命の快適住空間での生命と愛の再認識であり，エコミュージアムはエコシティと同様な概念としての人・自然・生命の感動空間である。

エコシティが住みよい町という概念で多くの生物，人々に緩やかな時間の流れを提供する。この緩やかな時間の流れがエコツーリズムの本質でもあり，エコミュージアムの「時間の表現」と「空間の解釈」である。エコシティは生命の多様性という概念をもつが，このことは自然・生命の再確認，人間の分と生き物たちの分の再確認である。人間の分と生き物たちの分を再確認，再配分がなされないままに21世紀となっているが，このことが共生というシステム形成，あり方の障壁となっている。20世紀末に共生の概念の形成はあったが，共生がいかに困難であり，多くの障壁があり，その解決の論理がないままに言葉のみが先行した。生命の多様性，命がいっぱいあることは現代の人間にとっては決して喜ばしいことではない。人間と生き物たちの対話の場としてのエコツーリズムも共生を思考する1つの方法である。

人間の思考方法とあり方は，エコシティに示されたように公正であることが1つの概念として示される。このことは，エコシティ，エコツーリズム，エコミュージアムには自己責任，自己管理，社会的責任という人間の必要とする規範が根底に存在することを意味している。特に日本人の多くが失ったものとして自己責任，社会的責任があげられる。さらにエコツーリズムで示された「しなやかさ」は，人間のあり方の基調となるものである。自然にやさしいという表現よりも，しなやかという表現が適切である。人類史のなかでは自然のなかに埋もれるような生活形態から農耕，林業といった開発，征服へと変化した。農地や牧草地の増加は野生生物の撹乱となって人類との関係を悪化させた。したがって，人間の分の再確認が必要になるのである。

●エコツーリズムのガイドラインと考え方

エコツーリズムについてのガイドラインはこれまでにいくつか示されてい

図12-1　エコシティ，エコツーリズム，エコミュージアムの構造

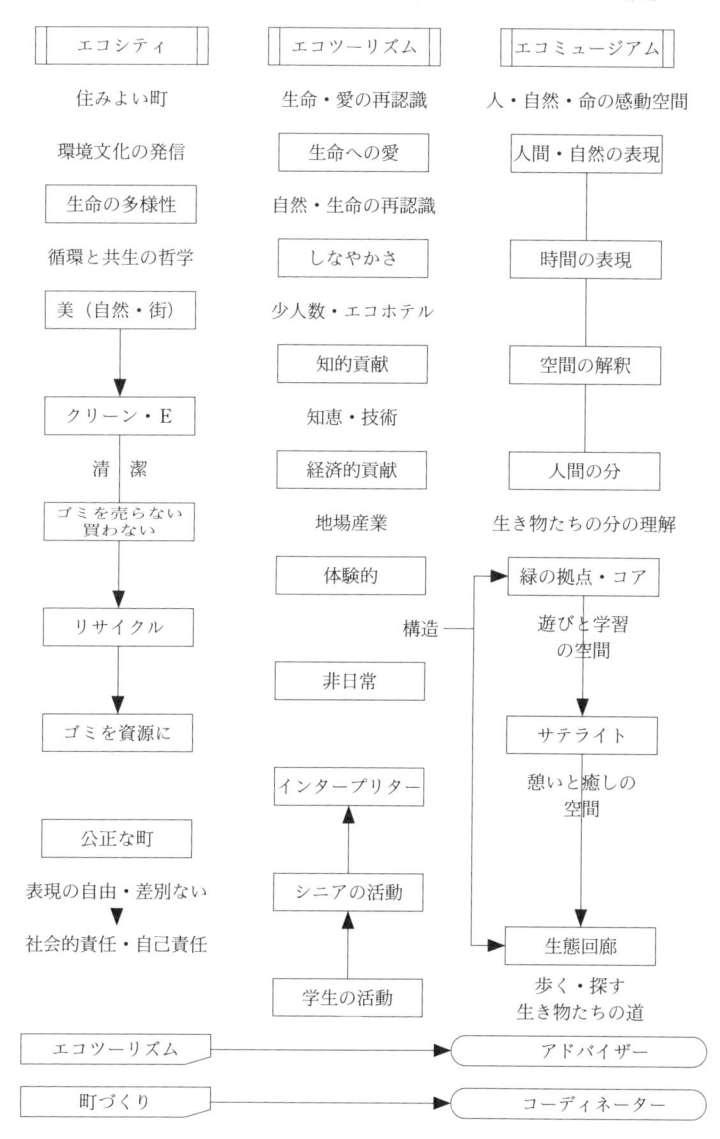

エコシティ

住みよい町

環境文化の発信

生命の多様性

循環と共生の哲学

美（自然・街）

↓

クリーン・E

清　潔

ゴミを売らない買わない

↓

リサイクル

↓

ゴミを資源に

公正な町

表現の自由・差別ない
社会的責任・自己責任

エコツーリズム

生命・愛の再認識

生命への愛

自然・生命の再認識

しなやかさ

少人数・エコホテル

知的貢献

知恵・技術

経済的貢献

地場産業

体験的

非日常

インタープリター
↑
シニアの活動
↑
学生の活動

エコミュージアム

人・自然・命の感動空間

人間・自然の表現

↓

時間の表現

↓

空間の解釈

↓

人間の分

生き物たちの分の理解

→ 緑の拠点・コア

遊びと学習の空間

構造

↓

サテライト

憩いと癒しの空間

↓

生態回廊

歩く・探す
生き物たちの道

エコツーリズム ──→ アドバイザー

町づくり ──→ コーディネーター

るが，それぞれの立場と見解がある。エコツーリズムはこうあらねばならないといったことは無視すべきで問題ではない。基本的には次のような事柄をこれまでにも示してきたが，さらに新たな知見を加えて述べる。

（1）原始的自然から都市観光まで

　エコツーリズムは決して原始的自然のみのツーリズムではないと考えたい。モンゴルの草原から東京の町中まで可能性のあるツーリズムである。京都でのエコツーリズムについて筆者（1996年）は Urban Eco-tourism を提唱した。それは本章でも最も明確にしたいところの京都の歴史文化が自然とともにあったことである。これまでは自然と歴史があまりにも分断されて考えられてきたと思う。そのことを裏づけるのは京都の世界遺産が単に建造物だけの美ではなく，それらの背景であり，一体化した自然の美が存在するからである。京都の特徴は新しいビオトープが古いビオトープといつの間にか同和し，共生と循環の関係をもっていることであるが，常にそれを破壊しているのが整備という名の工事である。

（2）都市の自然の価値の再認識

　筆者は1980年に京都の自然について論じているが，京都盆地と四周の府県境を無視した広い地域を包含して考えるのが適切だろう。都市の中の小さな自然も決してその部分の価値ではなく，やはり広域レベルとつながりがある。たとえば，京都御苑にも現れるナガサキアゲハというチョウはおそらく御苑で発生するのではなく，南のどこかから飛来してくるのだろう。また，南方圏のムラサキツバメというシジミチョウは御苑に定着しているが，これは御苑のある特定の場所が古いビオトープであることを証明している。できることなら自然を論ずる時には京都の自然ではなく，京都を論ずる自然の様相である。

（3）自然のなかでの人間の価値の発見と保全

　京都には多くの祭礼・祭事があるが，新しいものは別として，古いものは人間と自然の関わり合い，自然のなかでの人間のあり方を物語るものである。京都三大祭は葵祭，祇園祭，時代祭であるが，それぞれに政治，宗教と民俗学的な意味がある。虫送り，病魔退散，五穀豊穣，吉凶など人間と自然との

関わりの問題であり，人間生活の基本である。京都には多くの小さな祭事や風俗習慣があり，それらのもつ意味を現代に解読しなければならない。それが新しい視点からの旅の始まりである。

21世紀は旅についてもその倫理が問われる時代であろうから，特に日本的発想の「旅の恥はかきすて」について正さねばならない。

(4) 時の流れ

時間の調節は簡単なことではないが，京都が昔から「心のふるさと」といわれてきたのは，エコミュージアムでいう「時間の表現」である。時刻，時間は旅という非日常の空間のなかでは自由であったと考える。それがマスツーリズムにあっては，すべてが拘束され，自由はなかった。京都のもう1つの表現として「安らぎの空間」というのがあるが，これも「時の流れ」が緩やかであることを意味している。エコツーリズムはこの「時」を最も大切にいとおしく思うものでなければならない。

京都の「時」を調節するための仕かけが何だったのかを考えると，そこにはやはり人々が素朴な自然のセンスを育める空間の存在がある。それは，空が青く，空気が清潔で，夕日が美しく，星が輝く空間である。旅人はその京都のリズムに合わせて「時」を楽しむことである。フランス・エコミュージアムの思考に「時の空間」というのがあるが，生き物たちと時を共生できるのもエコツーリズムの特色であろう。

(5) ミステリアスへの旅

ミステリアスな空間への侵入は知的好奇心を呼び覚まし，行動的で体験的な旅の創造となる。京都には多くのミステリアスな空間があるから環境学習の場としては条件が整っている。ミステリアスな空間へ入ることは「知の旅」への可能性があり，考え，悩む旅の創造でもある。たとえば，京都東山の「ねねの道」から石塀小路に入るとミステリアスという表現が理解できるだろう。なぜこのような屈曲した小路が造られたのか，その意味は，とはてしない想像と思考の世界に入ることになる。京都御苑も年間90種ほどの野鳥を観察できるが，それらの鳥たちとの出会いもときめきを感じる。キノコも500種ほど見られるという不思議なところである。

（6）コミュニケーションの場がある

　旅人と親しく話のできるコミュニケーションの場はそうあるものではない。西洋のようにパブが観光客とのコミュニケーションの場となるというのはうらやましい。しかし，ツアーのグループ単位ではあらゆる場所をコミュニケーションの場として設定できる。京都でもビヤホールやパブでの観光客とのコミュニケーションの場ができれば楽しいだろう。「おこしやす」という場を具体的につくるべきである。

　もう1つは，すばらしいビジターセンターをつくり，夜遅くまで酒を酌み交わしての「京都学」の論争ができるような場もほしいものである。

（7）ライフスタイルのエコロジー化

　旅人側の問題であるが，旅人のライフスタイルをそのまま持ち込まないことである。そうして，現今の日本の自然観，価値観などを見直し，改変すべきであろう。たとえば，旅にはできる限り公共の交通機関を利用するとか，水筒を持参するといった普通のことである。環境NGOが関わるエコ・修学旅行では，事前学習と水筒持参は1つの課題である。事前学習のテーマは生徒たちの住む町の自販機の現状とか，ゴミの分別の状況の調査である。このような事前学習は自分たちの生活の場を再認識することにより，旅先の生活のリズムと物語性のなかに入ることになる。

（8）ほんものを求めるということ

　その1つの要件は，ほんものの美しさ，良質さ，安全さといった言葉で表現できるものである。時代とともに風俗，習慣が変化することは仕方がないが，そのなかには21世紀にも通用する生活の知恵もある。それは，衣食住のすべてに見られるほんもの思考である。何がほんものであるかを求める旅も知の旅である。

（9）エコホテル

　イタリアで始まったというエコホテルの思考は，まず，自然に失礼なものを建てないこと，宿泊者の体にやさしい建材や塗料，接着剤を使用するなど，安全でバリアフリーであることが要件となる。それらに加えて，食材や料理にも健康的で，量などの選択ができるシステムであってほしい。有機栽培，

その土地でなければ食べられないものなどの提供があってほしい。連泊時の石鹸，タオルなどの交換も選択性があってほしい。

　京都でのエコツーリズムを考える時に古い旅館を宿泊場所に選ぶのは，木の素材の建物と昔からのメンテナンスの技術などを体験的に知っていただくためである。加えて，夏と冬の建具，すだれ，屏風，敷物などの巧妙な使い方で京都の暑さや寒さへの対応があることも知ってほしい。食べ物も旬の味を尊重し，適切な温度と量を提供してきた。このように京都の旅館は昔からエコホテルであった。

(10) 適正人数による旅

　大量消費，大量廃棄をいかに少なくするかという基本がある。少人数であればさまざまなものが妨害されることなく見えてくる旅となる。公共交通機関を利用する旅が好ましいのであれば少人数であるべきだということになる。

　観光客とゴミの問題は深刻である。日本ではゴミ拾いなど後始末の美学があるが，ゴミの放置は自己責任・社会的責任の欠如でしかない。21世紀の時代には厳しく旅の倫理を説きたい。いくら立派なゴミ箱であっても，自然のなかではそれは醜悪である。

(11) 優れた案内人，インタープリター

　優れた案内人の存在によって現地への理解は深くなり，多くの発見と体験につながる。京都は長い歴史の都であるため，住人であっても理解が困難なことも多い。研究者である案内人はその一部を解明してくれ，さらに次へのステップを暗示してくれる。案内人は時には伝統工芸職人であり，老舗の料理人である。

(12) ホスピタリティ

　ホスピタリティには二面性がある。1つは外面的というか，外づら尊重のもので，もう1つは内面的なもので，いわゆる「心のこもった」ものである。日本的ホスピタリティに欠如しているものにプライバシー尊重があり，日本旅館の従業員などにそれが見られる。京都などの古い旅館は守秘義務がしっかり伝統づけられている。

(13) 土　　産

　環境にやさしいおみやげを選択することもエコツーリズムのテーマである。過大包装のおみやげは意外に多く，また，日持ちのするものには有害な添加物が入っていることにも注意が必要である。提供する側の倫理が問われる時代ではあるが，私たち自身がグリーンコンシュマーとしての意識を忘れないことである。

むすび

　アーバン・エコツーリズムは21世紀観光の中軸となるものであると考える。たとえば，京都丸ごとエコミュージアムの創造が観光客の増加につながる方策であるとするが，まずは住民参加の大規模なシステムとその運営が先決である。「京都市観光振興基本計画」においても「テーマパークシティ」という言葉を使っているが，それはエコミュージアムとほとんど同じである。しかし，もしも，それが公園整備という発想では自然破壊につながる危険性がある。エコミュージアムは時が静かに流れ，安らぎの空間をつくり，「おこしやす」の心が具体的にコミュニケーションの場で見えてくる。ゆっくり，のんびり「歩く京都」を創造するのが，エコシティからエコミュージアムへの道程である。

　21世紀の京都は「知の旅」という内容のエコツーリズム都市でありたい。「知の旅」とは美，生命，公正という人間と自然界の3つの条件を確認する旅であると考える。21世紀の旅はしなやかさとやさしさを主題としたもので，人を含めた生き物たちのあり方を求める旅でもあろう。今後とも，市民参加によるエコミュージアムづくりやエコツーリズム都市づくりについての論議が行われなくてはならない。

【参考文献】
中村雄二郎・山口昌男『知の旅への誘い』岩波書店，1981年。
塚本珪一『京都の自然』ナカニシヤ出版，1990年。

高梨洋一郎「旅行業エコ元年」TRAVEL JOURNAL, 1998年。
塚本珪一「エコミュージアムについて」北海学園北見大学開発政策研究所『開発政策』2号, 2000年, 108〜125頁。
沢田充茂『哲学の風景』講談社, 1997年。
笹谷康之・大森哲郎「エコミュージアムづくりの方法論に関する研究」『環境システム研究』23号, 1995年, 519〜525頁。
塚本珪一「エコツーリズムについてⅡ」『北見大学論集』44号, 2000年, 45〜68頁。
塚本珪一「京都におけるエコ・修学旅行」『北見大学論集』39号, 1998年, 75〜96頁。
塚本珪一「都市型エコ・ツーリズムについての研究」『北見大学論集』36号, 1996年, 17〜49頁。
塚本珪一「自然と観光についての考察」『北見大学論集』38号, 1997年, 65〜84頁。
鶴見川妖(怪)会「鶴見川流域における妖怪と神様の研究」トヨタ財団第7回市民研究コンクール, 1997年。

(塚本珪一)

13 京都のコンベンションと観光戦略

　コンベンションと観光は密接な関係にあり，都市の観光的魅力がコンベンション開催の大きな要因となっている。その点で，京都は非常に有利な条件を備えた都市であるし，実際にコンベンションの先行都市とされてきた。しかし，現在多くの都市がコンベンション推進を政策的課題としており，いまや激しい競争状態にある。そのなかで，京都が引き続きコンベンション都市として発展していくためには何が必要なのであろうか。本章では，観光とコンベンションの一般的な関係を踏まえたうえで，コンベンション都市としての京都について考察し，近年の観光動向との関連からコンベンションと観光戦略を探ってみたい。

1　観光とコンベンション

●コンベンションとは

　コンベンション（convention）とは本来，政治，宗教，学術などの各種団体が開催する正式の会議をさしていた。しかし，現在では各種団体・企業の大会や会議にとどまらず，博覧会や祭りのようなイベントも含めて，非日常的な集まりで，人，物，情報の交流をすることを意味し，次のような種類を含むものと考えられている。[1]
　① 大会，集会，会議（政党，企業，宗教などの大会，国際会議，学会など）
　② 研修会，研究会，シンポジウム
　③ 見本市，展示会，博覧会
　④ 行事，催事（スポーツ大会，お祭り，芸術祭，音楽祭など）
　⑤ 会合，祝宴
　コンベンションでは，参加者同士や，開催地の市民と参加者というように

人と人とがふれあうだけでなく，参加者が開催地の自然・文化とふれあうことによって相互理解を深めることができる。同時にコンベンションには，主催者のスタッフをはじめ，参加者，報道機関など多くの人が集まることによって，経済・文化・社会などの多様な局面で，地域の活性化が図られるという効果がある。⁽²⁾

たとえば，通常，コンベンション参加者は，開催期間およびその前後を含め，いく日か開催地（多くの場合は都市）に滞在するため，宿泊をはじめ，飲食物，物販，交通などの商品やサービスの購入によって，来訪者1人当たりがその地域に及ぼす経済的な効果は大きいものとなる。もちろん，大規模なコンベンションほど参加者は多く全体の経済的効果は大きい。また，各分野の専門家が集まり，情報・ノウハウの交流，蓄積が図られることや，各種施設や都市環境の整備が見込まれ，その都市のイメージや知名度が高まるといった社会的効果もあげられる。さらに，住民の地元地域に対する意識・関心の高揚や，ホスピタリティの醸成も期待できる。[3]

また，国際会議や国際展示会などの国際コンベンションの開催であれば，その地域の経済を活性化させるだけでなく，参加者相互の情報交換や友好関係の創出などによって，国際的な相互理解を増進し，地域の国際化を促す働きがある。

ところで，コンベンションのもともとのおこりは，アメリカのリゾート地のオフシーズン対策であったといわれる。[4]諸外国では観光政策の不可欠の手段としてコンベンション事業を行っている。たとえばアジアでも，シンガポール，香港は，国際的な観光都市であると同時に，コンベンションの開催地としても知られている。アメリカに端を発したコンベンション都市への志向は，いまや世界的趨勢といっても過言ではないであろう。

●観光とコンベンション

コンベンションと観光の関係はどのようなものであろうか。両者の類似点と相違点をみると，まず，類似点は，①都市に人を集め経済的・文化的効果を得ることを目的とすること，②両者に関連する共通の産業やサービスが非

常に多いこと（ホテル・旅館など宿泊施設，レストラン・料亭・喫茶店など飲食サービス，旅行代理店，鉄道・航空・バス・タクシーなど交通サービス，専門店・土産物店その他ショッピング，スポーツ施設など）があげられる。基本的には，コンベンションと観光には共通する部分が多いが，強いて相違点をあげていくと，①観光は少人数で来訪するが，コンベンションは団体で来訪すること，②誘因としては，観光はその都市の観光資源の魅力であるのに対して，コンベンションはコンベンション施設の便宜性であり，付随的にその都市の観光的魅力も加わること，③客層としては観光は一般大衆であるが，コンベンションは各界のリーダーが多いこと，④経済的効果はコンベンションの方が観光よりも大きいこと（コンベンションの開催は一般の観光消費すなわち宿泊費，飲食費，土産品代などに加えて，会議費，レセプション費，接客サービス費等の支出を伴う）などがあげられる。(5)

　さて，観光の側からみてコンベンションは大切な役割を果たしている。というのは，コンベンションへの参加者のうち，かなりの割合を観光客の増加とみなせるからである。コンベンションの種類のうち，大会，研修会，業者むけ展示会などの集まり自体は，観光とは直接関わらない。しかし，専門的な会議や商取引の目的で来訪した参加者も，コンベンション施設の中だけで期日を過ごして帰途につくわけではなく，その多くは開催場所となる都市内で物品やサービスを購入したり，市内や周辺の観光名所を見物し，あるいは博物館，レジャー施設等を利用するなど，何らかの観光活動を行っている。会議・大会参加者の同伴者であればなおのこと，コンベンション開催中にも観光に出かけることが多い。このことは外国からの参加者であっても同様である。こうした，いわゆるアフターコンベンションの機能は，都市の観光の活性化にとってはきわめて重要な要因なのである。

　一方，コンベンションの方からみた場合，都市が備えている観光の魅力がコンベンション誘致の成否を握る要件となっている。主催者側がコンベンションの開催地を決定する直接の要因は，コンベンションそのものについての利便性であるが，参加者の動機が，実際にはコンベンションへの参加半分，観光半分の気分であることを考えると，観光的魅力が開催地決定に及ぼす影

響は大きい。むしろ,会議は観光の機会に恵まれた場所で開催される可能性が高いのである。

このように,観光とコンベンションは密接な関係にあり,相互に補完的,相乗的な役割を果たしている。ある都市において,コンベンションの誘致・開催には観光の魅力が不可欠であり,逆に観光の振興にとってはコンベンションの機能は非常に有効なものといえる。

2 コンベンション都市としての京都

●コンベンション都市の条件と京都

京都は,比較的に早い時期から国際会議の誘致に力を入れており,東京と並ぶコンベンション都市であったが,コンベンションの先行都市となりえたのはどのような条件によるのであろうか。コンベンション都市の成立条件はおおよそ次のような点に要約することができるが,それらに照らして京都の条件について簡単にみていくことにする。

① ある程度の収容力をもつ宿泊施設およびコンベンション開催が可能な施設があること。観光都市としての歴史をもつ京都は,旅館だけでなくホテルも数多く立地しており,近年では大規模ホール等の集会施設をもつ大型ホテルも増えてきた。また,会議場施設については,京都国際会館をはじめとして,多くの施設が立地している(表13-1参照)。専用の会議・展示施設のほかにも,大学,ホテル,各種団体の施設などもコンベンション開催会場として用いられている。

② 交通条件がよいこと(その都市へのアクセスと,都市内での移動という両面がある)。京都は新幹線,高速道路など,国際空港や他都市からのアクセスは確保されている。内部アクセスはバス,タクシーに加え,地下鉄路線も徐々に拡張しており,利便性は高まっている。

③ 都市としての魅力があること(歴史性,文化性,質の高い都市環境,歩いて楽しい街,豊かな観光資源など)。京都の魅力は,まさに蓄積された歴史文化の優位性にあり,同時にそれに基づく観光資源の開発ならびに観光産業の

表13-1　京都の主要な会議場施設

施設の名称	施設の概要
国立京都国際会館	1966年に、わが国初の国立の国際会議場として建設されて以来、わが国を代表する専用の会議場として、国際・国内のコンベンションの開催地となってきた。館内には、8ヵ国語の同時通訳装置が完備された2000人を収容できるメインホールをはじめ、7つの会議場（ホール）と、大小70の会議室、さらに2つの宴会場を有している。また会館に連結したイベントホールは、3000㎡あり、各種の展示会やイベントなど、多目的な使用が可能である。このほか、宝ヶ池に面した日本庭園には、本格的な茶室もあり、会議参加者が交流を深めることができる。
京都リサーチパーク	市の中心部に建設された、最新の研究開発型企業が集積しているセンターである。最新鋭の設備を整えた2つのホールと15の各種サイズの会議室があり、その多くは会議場や研修施設として使用できる。リサーチパークでは、異業種交流や技術開発促進事業が積極的に進められている。
けいはんなプラザ	1993年、関西文化学術研究都市の中核施設として京阪奈丘陵に完成した。1000人収容の「住友ホール」と各種サイズの会議室7室を備えている。産学交流事業を核として、ベンチャー企業の育成を図っている。
京都府総合見本市会館	「パルスプラザ」という愛称で知られる展示と会議のための近代的な施設である。展示会場として利用できるスペースは合わせて7500㎡である。会館内の稲盛ホールは588人収容のホールで、4ヵ国語の同時通訳設備を備え、また、小会議室が6室ある。
京都市勧業館（みやこメッセ）	京都の文化・芸術ゾーンである岡崎公園にあり、産業の振興・発展の拠点として、各種展示会・見本市などに利用されている。総展示面積は9650㎡で、第3展示場（4000㎡）は無柱となっている。

出所：京都コンベンションビューロー、http://web.kyoto-inet.or.jp/org/hellokcb/ja/Convention_Facilities.html 参照。

発達が，日本を代表する観光地を形成してきた。

④ ある程度の都市機能集積があること（中枢管理機能，商業・業務，医療，学術，通信など）。京都は特に学術，芸術など文化の分野での集積は大きく，また，ハイテク型産業が成長，集積してきた場としても評価が高い。

⑤ 住民のホスピタリティ（来訪者に対するもてなしの心，地元における支援体制の充実など）。観光産業におけるホスピタリティは一定の水準に達しているものと考えられるし，一般市民も少なくとも京都が観光都市であることの認識は比較的に高いといえるであろう。

総じて京都は，基本的にはコンベンション開催の条件に恵まれた都市であるといってよい。しかし，京都はかつての有利な条件にやや依存しすぎてきたのではなかろうか。当初の条件も都市とともに変化を遂げるし，課題も生

じてくる。たとえば，外部アクセスでは，国際空港をもっている大都市と比較すると不利といわざるをえないし，内部の交通では自動車の増加による市内の混雑，渋滞が問題となっている。また，現代的な高層ビルの増加は京都の街並みや景観をも変化させ，それらによって観光の魅力が失われてきた。

また，都市間におけるコンベンション開催条件の優劣は絶対的なものではなく，各都市の取り組みによっても変動していくものであり，次の節でみるように，日本の国内でもかなりの変化がみられる。

●京都の国際会議の開催状況

京都を訪れる外国人観光客は長期的には増加しているものの，日本全体の中に占める割合は低下し続けている。こうした状況を打開するうえでも，コンベンションには大きな期待が寄せられている。ここでは，わが国の国際会議の開催状況を通して，コンベンション都市京都をみていくことにする。

日本の都市における国際会議の開催件数は，世界のなかでみればいまだに低い水準にとどまっている。しかし，日本のコンベンション自体は徐々に増加しており[8]，その経済的・社会的な役割は着実に大きくなりつつある。

このような増加の背景には，各地方都市（多くは県庁所在地）が大規模な会議施設の整備を進めたためにハード面での条件が整ってきたことに加え，ソフト面からも地域振興政策の核として国際コンベンションを位置づけ，コンベンションの誘致に積極的に取り組んできたことがある。また，この動きを後押ししたのが，1994年に制定された「国際会議などの誘致の促進及び開催の円滑化等による国際観光の振興に関する法律（コンベンション法）」である。政府は同法に基づき，現在49の都市を「国際会議観光都市」として認定している。認定を受けた各都市に対しては，（特）国際観光振興会（JNTO）が国際会議に関する情報の提供，諸外国における宣伝，および誘致活動に対する支援などを行ってきた。

さて，京都の国際会議開催件数をみると，1991年の209件をピークに減少傾向にあったが，最近ではほぼ200件の水準を維持している（**図13-1参照**）。東京は1980年代に停滞していたが，90年代後半には急速に件数を伸ばしてい

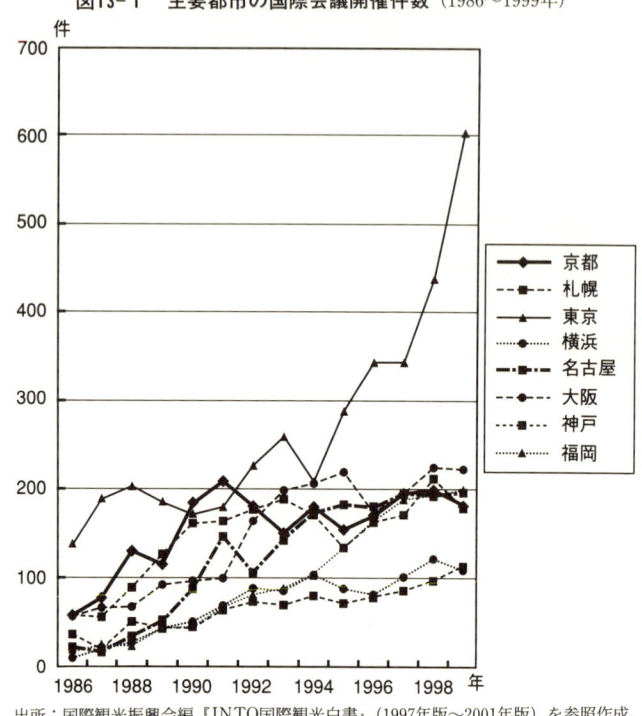

図13-1　主要都市の国際会議開催件数（1986～1999年）

凡例：京都／札幌／東京／横浜／名古屋／大阪／神戸／福岡

出所：国際観光振興会編『JNTO国際観光白書』(1997年版～2001年版）を参照作成。

る。また，名古屋，大阪，福岡が台頭した結果，京都，神戸とともにほとんど横並び状態となっており，激しいコンベンション誘致競争が展開されている。京都の国際会議の1つの特徴は，外国人参加者が多いことであるが，しかし，この点でも，最近では東京に大きく水を開けられている。このように，京都の国際会議の実情はかなり厳しいものとなっている。

　この要因としては，特に主要大都市が大型会議施設およびコンベンション推進体制を整え，強い競争力を備えてきたことが大きい。具体的には，この10年ほどの間に，名古屋国際会議場（メインホール収容人数約3000人，以下同じ），国立横浜国際会議場（約5000人），東京国際フォーラム（約5000人），神戸市のポートピアホール（約1700人），大阪国際会議場（約2800人）が次々開設された。コンベンション推進体制では遅れをとっていた東京も，1997年に

コンベンションビューローを設立し，国際会議の誘致に本腰を入れだした。

いまや日本各地の都市がコンベンションに力を入れてきており，大規模なコンベンション施設が次々と設立されたため，特にハード面での条件の差はかつてのようにはなくなってきた。したがって，京都が引き続きコンベンション都市として発展していくためには，施設等のハード面での一定のテコ入れは必要であろうが，むしろ，コンベンション運営のソフト面や，観光産業だけでなく都市住民も含めたホスピタリティの面で，他地域に対する優位性や個性を発揮することが重要である。特にコンベンション誘致の大きな要因となる観光に関して，近年の動向を踏まえて京都観光の新たな魅力をアピールしていかねばならないだろう。この点については次の節で述べる。

3　京都のコンベンションと観光戦略

●京都コンベンションビューローの役割

各都市においては，コンベンションの誘致・開催支援を行う組織として，コンベンションビューローが設立されており，自治体や地元財界の支援を受けて設立された法人の形態をとることが多い。コンベンションビューローが行う事業としては，主にコンベンションの誘致活動，コンベンション施設・観光施設等の宣伝・広報，主催者への会議場・通訳等の紹介，歓迎看板等の斡旋または提供，ボランティアの紹介，主催者への財政支援，エクスカーションのプランニング，地元自治体との連絡・調整などがある。(9)

京都においても，「京都コンベンションビューロー」が設置されており，会議の主催者や参加者に対して，次のような制度を設けて支援を行っている。(10)

① 会議準備資金融資制度：京都での会議開催の準備に必要な経費に対して，一定額の融資を行う制度である。京都市内で会議を開催する団体を対象に，最高300万円を限度に無利息で融資する。

② コンベンションレート：京都で開催される国際会議，国内会議，見本市等の参加者（原則として30名以上）を対象に，宿泊料金を割引く制度である。京都コンベンションビューロー会員の宿泊施設の協力を得て，コンベン

表13-2　京都おもてなしネットワークのプログラム

(1) 文化・自然体験スタイル

パターン	会場候補	内容
鑑賞型	大：国際会館、ホール、ホテル 中：歌舞練場、能楽堂、寺社会館 小：寺社、町屋、文化体験施設	能・狂言、京舞、街角芸能、雅楽舞楽、邦楽（笛、鼓、琴、三絃）、前衛舞踏など
体験型	中：文化体験施設、教室 小：寺社、文化体験施設	**デモンストレーションと体験** 茶道、華道、香道、書道、着付け、盆栽、盆石、日本料理など
創作型	中：芸術系大学、学校跡地、工芸館 小：作家、職人工房	**伝統工芸創作＋創作物はおみやげに** 作陶、紙漉き、織物、染付け、漆塗りなど
修養型	中：座禅道場 小：禅寺、文化体験施設	**1泊2日の禅の修養体験** 座禅、法話、作務、炊事、茶の湯など
観光型		・世界遺産ツアー ・生活文化見学ツアー（町屋、市場） ・京都ガーデンツアー ・エコツーリズム ・グリーンツーリズム ・上記パターンのダイジェストツアー ・未公開寺院特別拝観

(2) 歓迎レセプションスタイル

パターン	会場候補	内容
昼型	大：国際会館、ホテルバンケット 中：寺院会館、美術館、コンサートホール 小：寺社、文化体験施設、山荘、日本庭園	**庭園歓迎レセプション** 野点、点心屋台、街角芸能、邦楽 **茶の湯歓迎レセプション** お点前、呈茶、菓子実演、生け花
夜型	大：国際会館、ホテルバンケット 中：寺社会館、映画村、コンサートホール 小：寺社、文化体験施設、山荘、日本庭園	**茶事歓迎レセプション** 茶事の流れに沿った起承転結のある宴 **伝統の文化遊園地** 京都の豊かな精神文化をセレモニーや体験イベントで共有できる宴 **縁日型歓迎レセプション** 縁日屋台や大道芸、時代劇などで賑わいのある宴

出所：京都コンベンションビューロー、http://web.kyoto-inet.or.jp/org/hellokcb/ja/network.html 参照。

ション参加者に割安な価格で（通常の公示宿泊料金の10％〜50％の範囲で割引き），より快適に会議に参加してもらうことを目的としている。

③ ボランティア・ホームステイ制度：京都で開催されるコンベンションに参加する人々が，1泊朝食付き，1人2000円で京都の家庭に宿泊できる制度である。この制度は，(財)京都府国際センター，(財)京都市国際交流協会，(財)京都ユースホステル協会の協力を得ており，コンベンション参加者の京都での滞在費を軽減することで，1人でも多くの人々が会議に参加できることや，ホームステイ家庭との相互の国際理解を図ることを目的にしている。

④ おもてなしネットワーク：コンベンション参加者に，京都の伝統文化や産業，自然のすばらしさを体験してもらうために「京都　おもてなしネットワーク」を設置している。おもてなしネットワークは，京都全体としてコンベンション参加者の趣向と予算に応じて，京都ならではのレディースプログラムやエクスカーションプログラム，通常は使用できない場所での歓迎レセプションなどを企画提案している。このネットワークには，京都を代表する茶道や華道，香道，能・狂言などの伝統文化団体，寺社，レジャー施設などが参画し，行政やホテル協会，旅行代理店などの協力も得ている。具体的には**表13－2**のような内容を用意している。

●京都におけるコンベンションと観光戦略

今後，京都のコンベンションの振興には，行政やコンベンションビューローだけでなく，事業者，寺社，大学，市民などが協力，連携することが必要であるが，そのことを踏まえたうえで，京都における観光とコンベンションが有機的に連動しつつ発展していくために検討すべき点を考えてみたい。

（1）京都の特性を生かしたコンベンションの創造

従来，コンベンションは「誘致型コンベンション」を前提にしてきたと考えられる。つまり，コンベンションには，団体の定例会議のように定期的に開催が決められているものと，社会的な要請により随時に開催されるものの2つがあるが，いずれにせよ，コンベンションの主催団体が開催決定を行う段階で，コンベンションビューローなどの機関が自らの都市を開催地として

選ぶよう働きかけを行って誘致するのが一般的である。しかし，コンベンションを開催地が自ら創造することも可能である。つまり，その都市の歴史，自然，文化，産業等の特性を生かし，国際会議などを自ら企画し，関係機関，団体に呼びかけ，開催の実現を図るとともに，運営に関しても積極的に参画し，市民の理解と協力を促すのである。(11)

近年，このような「企画型コンベンション」の重要性が指摘されている。京都においても，主催団体による定期開催，随時開催のコンベンションだけでなく，地元が主体となって，京都固有の歴史，文化，学術，産業等の資源を生かしたコンベンションを立ち上げていくべきではなかろうか。

ただし，この場合の企画型のコンベンションは，会議に限られるものではない。1節でも述べたように，さまざまな催物を含めて人が集まるものを総称してコンベンションとみなしてよいのであり，博覧会，スポーツ大会，祭りやイベントなどもその範囲に含まれる。その意味では，京都には祇園祭をはじめ，日本を代表する祭りや年末の南座の顔見せなど，優れたイベントがすでに多く存在している。しかし，今後は歴史と文化を基礎にしつつ，新たなイベントを考えていく必要がある。

この点に関する象徴的なできごとは，「21世紀京都幕開け記念事業・京都21」の実施である。2000年12月の大晦日から2001年元旦にかけて，「五山の送り火」の点火，3つの火祭りが一堂に会する「火の祭典」など，一般から寄せられたアイディアをもとに企画されたイベントが開催された。このプログラムには，市民の応募や参加による和太鼓演奏や第九「歓喜の歌」の大合唱なども組み込まれた。伝統行事である五山の送り火が，8月以外にそろって灯されたのは史上初めてであり，きわめて挑戦的な試みであったといえる。

また，その都市や地域の文化，歴史，自然，産業などに関するテーマで企画されたコンベンションは，同時にそれらに関連して，参加者の視察，研修，体験，交流などを伴うであろうから，コンベンションそれ自体が地元都市の観光と関わる可能性が高いといえる。このように，今後は観光とコンベンションが一体化されるような企画が試みられるべきであろう。

ところで，先にあげたようなイベントは集客の規模が大きく，1回当たり

の経済的効果も大きいが，しかし，頻繁に開催することは困難であり，単発的なものとならざるをえない。それに対して，日常的な次元でコンベンションの振興を考えた時，個別の民間企業や各種団体の会議や研修などの開催状況が重要になってくる。この観点からみると，京都では，まだ潜在的な力が十分に認識されていないのではなかろうか。たしかに，ハイテク産業のある有名企業が全社的に京都における研修とアフターコンベンションを実施した事例は注目されたが，このように規模の大きい報奨・研修旅行（インセンティブツアー）に限られることはない。京都に立地する企業が自らの事業目的のために行う小規模会議，研修等は，1件当たりの参加者は少ないとしても，年間を通じて累積された場合，京都観光にとって無視できない影響力をもつものと考えられる。また，国際化が進むなか，海外からのビジネス来訪者も増加しており，その場合も1つの国際コンベンションとみなすことができよう。まず，企業のそうした日常的なコンベンションの実態を把握し，京都観光と関連づける施策を検討することが必要だと思われる。

産業界と並んで，大学の集積をコンベンションと関わらせていくことも有効な手立てといえよう。大学を中核とする学術機能の集積は，京都の優れた都市特性となっている。すでに京都には（財）大学コンソーシアム京都が設立され，「大学のまち交流センター（キャンパスプラザ京都）」を核とした交流の充実が図られている。コンソーシアムは開かれた大学活動をめざしており，たとえば，京都ならではの歴史，文化，いやしに関わる講座等を社会人が学生と一緒に受講することができ，単位の修得も可能な総合的・体系的学習講座である「シティーカレッジ事業」を実施している[12]。こうした活動も広い意味のコンベンションに含まれるのであり，各大学の個性とネットワークの威力を生かすならば，学術・教養の分野において多様なコンベンションの創造ができる可能性がある。

（2）近年の観光動向に則したコンベンションのあり方

京都の観光とコンベンションのあり方を戦略的に考えるには，観光の長期的，大局的な動向について，特に観光行動のタイプや目的，さらにいえばその根底にある人々の価値観の変化を理解することが不可欠であろう。近年，

観光は大きくいって，周遊，慰安を目的とするような物見遊山型の観光から参加体験型，自己実現型の観光へ，あるいは，受動的・静的観光から能動的・動的観光へと展開されつつある。観光の参加形態も，会社・地域などの団体から小グループや家族へと，その中心が移ってきた。また，わが国でもグリーンツーリズム，エコツーリズムなどの新しい観光の形態が，徐々にではあるが浸透してきた。このような変化の背景には，個人の余暇欲求の一層の高度化や，自然に対する積極的な関心と行動を求める人々が増加していることがあると考えられる。

　前の節で取り上げた京都コンベンションビューローのネットワークのプログラムには，コンベンション参加者に対して，伝統工芸，お茶，禅の修養など，京都ならではの文化体験型の観光，町屋・市場の生活文化を生かした観光，世界遺産というテーマ型の観光，グリーンツーリズムなど，多彩なメニューが用意されている（表13－2参照）。これらは，観光の大きな動きを見据えた内容設定といってよく，今後のアフターコンベンションの戦略方向としては的を射たものといえよう。

　こうした試みは，京都がもっている歴史・文化・自然等の観光上の基本的な資源にさらに付加価値を加えることであり，いわばソフトの開発といえるものである。しかし，さらに大切なことは，これらの観光がより充実度の高い魅力的なものとなるためには，最終的には，国内外の観光客を迎え，応接する人々のホスピタリティの質が高いことが要求される。参加体験型あるいは自己実現型の観光が志向されている今，来訪地における人と人の交流の機会とその質が決定的に重要なのであり，もてなしの心が観光の成否の鍵を握っている。つまり，迎える都市や観光地のホスト側の役割も，やはり参加や自己実現を求める幅広い層の人々によって担われなければ，そうした観光は成り立たないであろう。したがって，コンベンションの成功は市民の関心と協力抜きにしてはむずかしく，特にこの点でボランティアの存在と役割が注目されるのである。

　現実にボランティア活動を行う人にとっても，コンベンションは大きな魅力をもっている。コンベンションおよびそれに連動する観光のボランティア

活動では，単に来訪者の役に立つということだけではなく，むしろ自己啓発的な意味合いも大きく，自分が国内外の人々と交流すること，あるいは主催者や同じボランティアの仲間とコミュニケーションを通じていろいろなことを学べるということが大きな動機になっている[13]。また，コンベンションは，語学，観光ガイド，茶道，華道，書道，着付け，工芸等々のさまざまな知識・教養・技能を身につけた人々の一種の発表の場でもあり，さらに自らを向上させていくための大きな刺激ともなるのである。このようにコンベンションを1つの地域文化として捉えていく視点も，今後は重要であろう。

む　す　び

　現在，人と人が直接に出会い，ふれあい，交流することの意味が重視され，その典型ともいえるコンベンションの価値は高まっている。一方，観光の目的志向も参加体験，自己実現へと変化してきている。上に述べたように，京都はもともとコンベンションの開催地として優れた条件を備えているが，今後は，こうした社会的な要請に応える方向で，特に観光の魅力を更新しつつ，コンベンションを戦略的に展開していく必要があるだろう。その際に検討すべき課題には，京都の特徴を生かしたコンベンションを自ら企画，創造することや，近年の観光動向を踏まえたアフターコンベンションを設定すること，そして，それらを市民の参加，協力とホスピタリティによって支えることなどが考えられる。本章での指摘が，十分とはいえないまでも1つの契機になれば幸いである。

　1　徳久球雄編著『キーワードで読む観光論』学文社，1996年，34頁参照。
　2　岩崎忠夫・渡辺貴介・森野美徳編『シリーズ地域の活力と魅力2　つどい　イベント，まつり，コンベンション』ぎょうせい，1996年，313頁参照。
　3　前田勇編著『現代観光学キーワード事典』学文社，1998年，123頁参照。
　4　神戸都市問題研究所編『コンベンション都市戦略の理論と実践』勁草書房，1988年，197頁参照。
　5　同書，197～198頁参照。

6　同書，198〜199頁参照。
7　梅澤忠雄『コンベンション都市戦略』日本地域社会研究所，1985年，95頁参照。
8　国際観光振興会編『JNTO国際観光白書　2001年版』国際観光サービスセンター，2001年，61〜62頁参照。
9　岩崎忠夫・渡辺貴介・森野美徳，前掲書，323頁参照。
10　京都コンベンションビューロー，http://web.kyoto-inet.or.jp/org/hellokcb/ja/Convention_Facilities.html 参照。
11　岩崎忠夫，渡辺貴介，森野美徳，前掲書，327頁参照。
12　京都市総合企画局政策企画室「京都市基本計画」2001年，http://www.city.Kyoto.jp/seisakukikaku/vision21/keikaku/sakutei/chap2.html 参照。
13　奈良コンベンションビューロー「財団法人化5周年記念講演会及びディスカッションレポート」1999年，28頁参照。

（堀野正人）

14 京都の国際観光のマーケティング戦略

1 京都の国際観光の現状

　日本を訪れる外国人旅行者数は凹凸はあるものの，趨勢として堅調な増加傾向にある。2000年の訪日外国人数も対前年比7.2％増の475万7146人となり，過去最高を記録した。その推移は**表3－1**を参照されたい。1990年から2000年までの10年間に限ってみると，訪日外国人数はこの間に47.0％増加したが，その増加人数152万1286人の66.9％はアジア人が占めている。日本の国際観光は，一方で円高に翻弄されながらも，アジア市場の拡大に牽引されてきたことがわかる。2000年の訪日外国人の国籍・地域別の上位5カ国・地域と人数は，韓国106万4390人，台湾91万2814人，米国72万5954人，中国35万1788人，香港24万3149人の順で，これらの5大市場で全訪日外国人数の69.3％を占めている。

　他方，京都市内で宿泊した外国人数をみると，1992年の49万3381人を最高に，それ以降は40万人を挟んで一進一退を繰り返している。1999年の宿泊者数は92年の宿泊者数よりほぼ10万人も減少した。それにつれ，全訪日外国人数に占める京都宿泊者数のシェアも10％を割り込むようになった。

　京都は，激しい国内観光地間競争のなかで，日本の国際観光を牽引し，将来もそうなるであろうアジア地域からの訪日客を十分に取り込めないでいる。さらに，京都の観光資源特性が訴求力をもつとされてきた欧米からの来訪者数も停滞している。国際観光振興会（JNTO）の「訪日外国人旅行者調査」によると，1999年の訪日外国人の京都市訪問率（日帰り客を含む）は14.4％で，89年の訪問率26.1％と比較すると，その落差が目立っている。京都の国際観光は伸び悩み，国際観光地としての京都の競争力が低下しつつある。そうした状況からの巻き返しを図るために，京都の課題とそれへの対応策をい

ま一度マーケティングの観点から考えてみる必要がある。

2　国際観光のマーケティング戦略

　市場経済にあって企業が存続し発展していくためには，自らが生産・販売する商品がより多くの消費者に受け入れられなければならない。そのために企業は，消費者のニーズを明らかにしたうえで，そのニーズを満たす「製品」(product) を開発し，消費者の購買力に見合う「価格」(price) を設定し，消費者の間にその存在の「周知」(promotion) を図り，そしてその製品を消費者の手元へ円滑に「流通」(place of sale) させる経路を築こうとする。

　こうした企業の一連の市場活動がマーケティングである。企業は，これら「製品」「価格」「プロモーション」「流通」の4つの手段（4P）[1]をもって市場へ参入し，競争相手と対峙する。マーケティング戦略とは，ある特定のニーズを共有する消費者層（標的市場）を選び出し，それにむけて，これら4Pの最適な組み合わせ（マーケティング・ミックス）をつくりあげることである。企業が自らの商品へ消費者を引きつけようとするように，観光地は自らの地域へ旅行者という消費者を引きつけようとする。京都の国際観光マーケティングは，京都という国際観光地を1つの事業体と見立て，市場ニーズに適合するように4つのPを開発・改善し，それらを統合して行う誘客活動である。

3　国際観光と製品政策

　観光地の「製品」とは，その地域にそなわる観光資源とそれを安全で便利に楽しむことを可能にする地域のサービス体系とが提供する「観光体験機会」だといえる。京都での外国人の観光体験をみると，多くの日本人のそれと同様に，有名な歴史文化施設のいくつかを巡る名所・旧跡鑑賞型観光が今も主流となっている。しかし，日本の歴史についての知識や情報が限られている外国人が，こうした表層的な観光体験だけで，京都の魅力を理解し，楽

しむことはむずかしい。京都を訪れる外国人数の伸び悩みは，従来型の観光体験機会を主な誘客資源とすることの限界を示している。京都は，誰かれの区別なく，いわば市場を均一とみなして，単一の製品を製造・販売しているようにみえる。

　京都の製品政策で必要なことは，製品の〝品揃え〟の幅を広げること，つまり観光体験機会の多様化を図ることである。では，そうした観光体験の核となるべき観光資源とは何であろうか。働きかける市場は等質ではない。したがって，それは，それぞれの市場によって異なってくる。京都が打ち出すべき「観光資源とは何か」は，それらが訴求力をもつ「市場はどこか」という市場探索と表裏一体の関係にある。マーケティング戦略でいう観光地の製品政策は，その地域がもつ観光資源とそれが訴求力をもつ市場との組み合わせを明らかにすることだといえる。

　そうした組み合わせを知る方法の1つは，現在，京都を訪れている外国人について詳しく調べることである。彼らの観光行動や満足度の実態を把握し，それらを彼らの属性別に分類すれば，多くの示唆が得られる。また，この種の調査は定期的に実施される必要がある。観光客の観光行動を時系列で観察し，変化の兆しをいち早く見つけて対応策を検討し，実行するためである。人々の価値観や感性は時とともに変化し，それにつれ観光資源の評価価値も変化する。京都市は市内の宿泊施設からの報告をもとに外国人宿泊統計を作成しているが，この協力関係をもう一歩進めて，外国人宿泊客を対象に「京都来訪外客実態調査」を実施したいところである。

　しかし，「現在の観光客たちが潜在的に関心をもっているものすべてを反映しているとは考えられない」[2]。したがって，2つ目の方法は，市場のニーズを調べ，それを満たす観光資源が京都内にないか（〝外から内を見る〟)，あるいは逆に京都がもつ観光資源が訴求力をもつ市場はないか（〝内から外を見る〟）を探り出すことである。**表14−1**は，京都府中小企業総合センターの「アジア人観光客に関する調査報告書」の一部だが，訪日計画中および訪日中のアジア人のうち，京都を訪れる予定のない者に対し「どのような施設（観光魅力）があれば，京都へ行きたいか」をたずねた結果である。**表14−**

表14-1 「どのような施設があれば京都へ行きたいか」(複数回答：%)

	全体	韓国人	台湾人	香港人
温泉	34.9	20.7	37.3	48.3
テーマパーク	20.1	8.5	17.3	35.6
大規模な動物園・水族館	16.4	4.9	18.7	29.9
伝統産業の体験施設	24.5	25.6	28.0	10.3
見学できる近代的工場や研究施設	4.7	13.4	2.7	1.1
景勝地（豊かな自然や風景）	53.4	32.9	72.0	58.6
その他	12.8	15.9	8.0	11.5

出所：京都府中小企業総合センター「アジア人観光客に関する調査報告書」(平成12年3月)。

1だけからも，各市場ニーズとそれに対応すべき京都の既存，または開発可能な観光資源の組み合わせが想定できる。あるニーズについて京都に対応すべき資源がなければ，それをもつ近隣地域との広域連携を図ることになる。こうした，いわゆるマーケティング情報は，市場調査のほか，各市場から日本へのツアー分析や現地旅行業者からの聞き取り，さらにJNTO発行の「訪日外国人旅行者調査」や「マーケティング・マニュアル―訪日旅行者誘致のためのハンドブック―」などからも得ることができる。

さて，JNTOの「訪日外国人旅行者調査 1999-2000」によると，訪日外国人が日本滞在中に行う活動内容の上位1～3位は，国・地域によって順位は入れ替わっても，ほぼ「買物・ファッション」，「日本料理・郷土料理」，「大都市の体験・観光」が占めている。これは総じて訪日外国人の都市型観光志向を示すものといえる。こうした志向は，20歳代および30歳代の女性の比率が高いアジア人訪日客の間により強くみられる。主要観光地は一方で「都市の楽しみ」を提供する都市型観光資源の魅力度をめぐって激しく競い合っている。京都は，その歴史遺産にとらわれ，人口147万人の政令指定都市でありながら，「今を生きる現代都市」としてのイメージをいまだ形成できないでいる。これが，特にアジア地域からの訪日客の誘致をむずかしくしている大きな原因の1つとなっている。

都市型観光資源といえば，大型レジャー施設などを連想しがちだが，必ずしもその種のものとは限らない。人は，その価値観や感性，あるいはライフスタイルに影響を与えるような文化にあこがれ，そうした文化を発信する都

市に惹かれる。京都観光の課題の1つは，地域住民の〝顔〟や生活文化がよく見えてこないことである。外国人観光客は「京都の人々は今も伝統文化とどう関わっているのか」や「京都の伝統産品はどのように生活空間を美しく豊かにするのか」を知りたがっている。都市型観光資源の中核をなすのは〝今日的〟や〝時めく〟要素である。京都の都市型観光を推進するためには，京都の伝統文化を今という時代に生かす新しいライフスタイルの提案となるような情報づくりと，外国人観光客が京都の個性豊かな生活文化や食文化にふれ，さらにそうした文化を体現した人々と交流できるような仕組みづくりが必要である。京都の都市型観光資源は，それが本来的にもつ強みを生かすため，伝統文化と共生する形で創出されることが重要である。そして，それが東京や大阪の都市型観光資源との差別化につながる。

次に，以上の観光資源とともに，観光地の「製品」を構成し，かつその品質を左右するのが地域のサービス体系である。前出のJNTO調査資料によると，訪日外国人の個人旅行比率は78.5%と高い。ただ，この比率は国・地域によってばらつきがあり，たとえば，訪日台湾人の個人旅行比率は48.3%，香港人の比率は61.5%と平均を下回っている。しかし，リピーターや行動的な若い世代を中心に，彼らの個人旅行比率も着実に高まっている。いずれの国であれ，その海外旅行市場の大衆化や成熟化に伴い，旅行者は一般に団体から個人へ，あるいは特定の目的を共有するグループによる旅行へと，その観光行動を変化させていく。したがって，外国人観光客は，観光地の評価で最も重要視する項目として，「観光資源」以外では「安全」，「友好的な人々」，そして「ひとりでも容易に歩き回れること」の3つをあげてくる。

外国人は不安と緊張感を抱きながら旅行している。それだけに，市民や観光関連事業者のちょっとした不親切や気配りのなさが彼らの心を傷つけがちである。外国人観光客に対する〝もてなしの心〟が涵養されなければならない。だが，観光客が観光地の〝もてなしの心〟にふれるのは人を介してだけではない。彼らの域内行動を容易にし，その滞在を快適なものとするサービス体系もその重要な構成要素である。しかし，たとえば，京都は街歩きに最適の誘導システムをもっていながら，なぜかこれを生かし切れず，「宝の持

ち腐れ」にしている。京都は，街路に名称がつけられ，街路名で住所表示をする，日本では例外的な都市の1つであるが，街路名表示板の掲出が不徹底で，これが観光客の回遊を阻む大きな原因の1つとなっている。また，その系統の複雑さから，外来者である観光客が市バスで観光スポット間を移動することは不可能に近い。さらに，京都は，観光客がその豊かな文化資源を堪能できるような文化施設の拝観・入館割引制度（次項「4　国際観光と価格政策」参照）を欠いたままである。観光地の〝もてなしの心〟は人の心と共に観光客に実利をもたらすシステムの裏打ちがあってこそ本物になる。

4　国際観光と価格政策

ある地域がいかに魅力的な観光資源を誇っても，それらを楽しむための費用が高くては多くの観光客は望めない。観光地には廉価性がなければならない。国際観光は為替相場の影響を受ける。日本の国際観光は繰り返し円の対外価値の過大評価（円高）に悩まされてきた。しかし，国内の観光地にとって円相場はいかんともしがたい環境要因である。さらに観光地での観光関連サービスは，さまざまな業種の事業者によってそれぞれ独自に提供されており，いかなる組織も彼らの価格設定にまで踏み込むことはできない。したがって，京都を廉価性のある国際観光地とするための手段は，間接的に効果を及ぼしうるものに限られてしまうが，そうした手段として下記が考えられよう。

第1は，低廉旅行のニーズにも応えられる多様な選択肢の情報を提供することである。たとえば，デラックスホテルの代替としてビジネスホテルや家族旅館があり，そして街中には幅広い価格帯のレストランがある。ついで「郷に入れば郷に従え」の諺のとおり，外国人旅行者も安心してそれを実践できるよう受け入れ体制の整備を図ることである。つまり，低廉な宿泊施設であれ，街中のレストランであれ，外国人が日本人と同様に受け入れられるようにすることである。こうした地域の外客対応力を向上させる体制が廉価性の実現に大きく貢献する。

第2は，観光関連事業者に対する海外市場情報の提供である。廉価性とは価格が"安い"ことではなく，消費者がもつ"値ごろ感"を意味する。値ごろ感は，消費者が，ある製品やサービスについて，この位なら買いたいと感じる価格水準である。対象とする市場の値ごろ感や購買習慣についての知識がなくては，その市場のニーズに応える価格設定はできない。観光関連事業者に海外の旅行市場や外国人旅行者の観光行動について最新の情報を伝えるとともに，彼らが自らの商品やサービスの市場性を実感できる機会づくりが必要である。彼らの間に臨場感をもって海外の旅行市場と向き合う気運を醸成できれば，外国人旅行者のニーズや購買力に見合う新製品やサービスの開発を大いに促せる。前述のとおり，欧米人，アジア人を問わず，多くの訪日外国人の間に「日本料理」や「買物・ファッション」に対する関心が高まっている。値ごろ感のある日本料理のメニュー開発や伝統を生かしつつも現代感覚にあふれたファッション製品の開発には，新たな商機がみえてこよう。

　第3は，閑散期（オフシーズン）対策としての思い切った価格設定である。京都は観光需要の季節波動に悩まされている。京都を訪れる年間観光客の実に25％強が10～11月のわずか2ヵ月間に集中する一方，1～2月の観光客は全体の10％にも満たない。閑散期の需要喚起に最も効果的な方法は，潜在的観光客を動機づけるに十分なほどに低い価格の提案である。京都の観光関連事業者が連携して，宿泊と飲食，あるいは域内交通や観光対象施設などのサービスを組み合わせた低価格商品を造成し，それらを後述する国際観光の流通チャンネルにのせることができれば，期間限定ではあるが，京都観光の割安感を海外の旅行市場にむけて強くアピールすることができる。

　第4は，外国人旅行者が京都市内を経済的に観光できる仕組みをつくることである。京都市交通局による「京都一日乗車券」の発行などは，そうした試みの1つである。しかし，「京都観光は高くつく」の例として最も頻繁に"槍玉"にあげられるのは「拝観料・入館料」の類だろう。京都には訪れてみたい文化施設が多いだけに，拝観料・入館料の負担が余計に大きく感じられてしまう。多くの外国人旅行者は，その負担に耐えかねて，訪れる先を減らしてしまい，京都の魅力を十分に味わい切れないでいる。海外では欧米を

中心に多くの都市に歴史的建造物や美術館などの文化施設を経済的に巡るための入館割引制度がある。それだけに，こうした制度に慣れ親しんだ欧米からの来訪者は，京都の文化施設の拝観料・入館料の高さ，さらに何らの割引制度もないことに面食らっている。歴史文化都市・京都にこそ，豊かな文化財や歴史に育まれた生活文化を経済的に鑑賞，あるいは体験できる割引制度の創設が望まれる。国土交通省は，国際観光の振興のために1997年に策定した「ウェルカムプラン21」の中で，旅行費用の低廉化方策の1つとして「ウェルカムカード」の普及を提唱している。この制度は，外国人旅行者が一定地域内の文化施設，宿泊施設，飲食施設などの利用に際して割引等の優遇措置を受けられるというもので，すでに北海道，香川県，福岡市などの9地域（2000年7月現在）で導入されている。

ところで，京都観光の廉価性を確保するための上述の方策のいずれもが，同時に，外国人旅行者の京都での滞在を快適にし，また彼らの観光体験をより豊かにするものであることがわかる。「価格」対策が京都観光という「製品」の有用性と品質を高めることになる。

5 国際観光とプロモーション政策

いかに魅力的ではあっても，情報を発信しない観光地は存在しないも同然である。観光地はまず消費者（潜在的観光客）にその存在を知らせ，そしてその魅力を具体的に理解させ，彼らの興味を喚起しなければならない。しかし，それに成功したとしても，なお彼らを旅行へと踏み切らせることはできない。なぜなら，彼らは自らの選択の正しさを事前に確認したいと願うからである。旅行の意思決定には大きなリスクが伴う。旅行は，自動車や家電製品などとは違い，事前に手に取り，試してから購入することができない。さらに，自動車や家電製品の欠陥は返品や修理ですまされるが，台無しになった旅行は取り返しがつかない。このように，消費者は，ある観光地について「未知」「認知」「理解」「確信」という一連の段階的プロセスを経て「行動」に至ると思われる。観光地のプロモーション活動とは，消費者の状態を「未

知」から「行動」へと移行させるために，それに必要な情報を彼らにむけて効果的に伝達する活動だといえる。これらの段階的プロセスのそれぞれに対応して実施されるべき主なプロモーション活動は次のとおりである。

　まず，京都の存在とその観光魅力の認知度を高めるうえで最も即効性があるのは，テレビ，新聞，雑誌などのマスメディアの活用である。広告は，自らが望むメッセージを広範囲の消費者に直接伝達する最も効果的なマスメディア活用法の1つである。しかし，広告は，1回当たりの単価が高いばかりか，それを効果あらしめるためには一定期間の継続的な掲載が必要となり，広告製作費も含め多額の予算を確保しなければならない。中途半端では，対費用効果だけでなく，京都のイメージも損ねかねない。広告を京都の認知度を高めるための〝常套〟手段とすることは現実的ではない。

　もう1つのマスメディア活用法に，パブリシティ（publicity）がある。これは，外国人ジャーナリストへの情報提供，写真提供，取材協力，また彼らを招請することによって京都に関する記事掲載やテレビ報道を促そうとするものである。海外の主要紙の多くは旅行欄を設け，あるいは毎週末に旅行特集を組み，世界各地の観光地情報を読者に提供している。

　外国人ジャーナリストによる取材記事の有効性は広告と比較するとよく理解できる。広告はどうしても自己宣伝とみられてしまうが，当該観光地についての新聞や雑誌記事は第三者的で読者に客観性や信頼性を感じさせる。また，広告は前述のとおり費用の嵩む情報伝達手段だが，外国人ジャーナリストへの協力や招請に要する費用は広告に比べるとはるかに少額である。しかも，こうした協力や招請によって生み出される記事量を広告料に換算すると，その対費用効果の大きさが歴然とする。広告とは違い，パブリシティでは観光地側が望む報道内容になるとは限らないが，招請事業では訴えたい市場に応じて媒体を選ぶことができる。たとえば，アジアでは20〜30歳代の女性層が訪日市場を牽引しつつあるが，この若い女性市場へはアジアの女性誌記者などを招請することで効果的にアプローチすることができる。

　マスメディアを活用するプロモーション活動は，こうしたパブリシティを軸に展開するのが効果的かつ現実的である。現地マスメディアに京都観光関

連記事が頻繁に出回るよう，外国人ジャーナリストからの依頼に対する迅速な対応，電子メールなどを利用しての彼らへの絶えざる情報提供，彼らの取材活動を容易にするさまざまな協力，そして京都への取材招請など，専任広報官の任命を含め，外国報道機関への積極的な働きかけと円滑な受け入れのための体制づくりが重要である。

　国際旅行見本市への出展も京都の認知度を高める有効な方法である。マスメディアと比べ到達できる消費者数は少ないものの，国際旅行見本市への来場者の多くは海外旅行をする意思のある見込み客である。こうした見本市は，日本国内の観光地が市場国の消費者と対面し，直接その魅力を伝えることのできる数少ない機会である。アジアや欧州の主要都市で集客力のある国際旅行見本市が開催されているが，日本の国内観光地間の誘客競争が激しい韓国，香港，台湾，中国などで開催される見本市には継続出展し，京都の存在感を維持する必要がある。

　第2は，京都に対する「理解」を促進するための活動である。これまで多くの観光地が消費者の理解を深めるための主要手段としてきたのは宣伝印刷物である。しかし，消費者の理解を一層深めようとすれば，印刷物の種類や頁数を増やし，またより多くの消費者に到達しようとすれば，その発行部数と配布予算を増やさざるをえない。これでは宣伝印刷物の製作および配布費用が際限なく膨らんでしまう。こうした情報メディアとしての宣伝印刷物の限界を打ち破るのがインターネットである。インターネットは搭載できる情報量に制限がなく，また消費者側からアクセスしてくるため，印刷物の郵送費にあたる到達コストがかからないなど，低コストの情報メディアである。さらに情報を高頻度で更新できるため，動態情報の提供に適し，かつマルチメディアだけに臨場感のある情報伝達ができる。そして既存メディアの有効性を限定していた空間的制約を受けず，世界規模での情報発信ができる。

　京都に対する理解促進手段として従来の宣伝印刷物からインターネットへと比重を移し，ホームページのコンテンツの拡充と多言語化を図る必要がある。前述のとおり，旅行は事前に試すことなく購入するものだけに，その意思決定には大きなリスクが伴う。自動車の購入者は事前に試乗することによ

って目当ての車への理解を深める。ホームページは，京都に関心を抱いてアクセスしてくる外国人（潜在的観光客）に京都の〝試乗〟に準ずる機会を提供するものと位置づけるべきである。新鮮で話題性のある情報，最新で正確な事実関係情報，多様な切り口で検索できる豊富な情報量，マルチメディアの特性を生かした仮想旅行体験など，楽しさと有益さを感じさせる工夫が重要である。インターネットによって，誰もが世界中の観光地の情報を簡単に入手できる。このことは京都が常に国内外の観光地との比較にさらされていることを意味する。ホームページのコンテンツの優劣はそのまま京都の国際競争力に影響してくる。

　ただ，インターネットには，それが消費者からのアクセスを待つ受け身のメディアだという難点がある。したがって，前述の「認知」のための活動や後述の対旅行業者活動を通じて京都のホームページの周知を図り，それへのアクセスを誘うことが必要になる。アクセスして詳細を見てみたいと消費者に思わせるような話題を絶えず提供していくことが重要である。

　第3は，「確信」を促す活動である。これまで繰り返し述べたように，消費者の旅行への不安は大きい。まして言葉も習慣も異なる外国への旅行であればなおさらである。そこで彼らが頼りとするのが「体験者」と「専門家」である。

　他の多くの商品やサービスと比べ，旅行はリスクが大きいぶん，体験者の「口コミ」の影響力は増幅される。ある台湾の日刊紙は毎週金曜日に旅行特集号を発行しているが，その中に投書欄があり，読者から寄せられた観光地についての率直な評価が載せられている。京都を訪れた外国人の満足度を把握し，それを向上させる努力が必要である。彼らの満足度は前述の「京都来訪外客実態調査」や顧客の満足度に神経をとがらす旅行業者からも収集できる。満足した顧客は最良の広告である。京都に好意的な「口コミ」は潜在的観光客を「確信」させ，「行動」へと踏み切らせる。観光地の製品政策とプロモーション政策とが重なり合ってくる。

　非常に影響力のある体験者がもう一人いる。それは観光地を取材のうえ，記事を執筆する外国人ジャーナリストである。彼らと連携することの有効性

についてはすでに述べたとおりである。彼らの記事は、読者が「未知」から「行動」に至るどの段階にいるかによって異なる役割を果たす。それは、ある読者には「認知」を、また他の読者には「理解」や「確信」を促す。

ついで潜在的観光客が耳を傾ける「専門家」だが、一人は観光地の代表者である。特に潜在的観光客と直接対面する国際旅行見本市は彼らの決心を促す絶好の機会である。ただ、ここでも見本市来場者がどの段階にいるかによって観光地の代表者が果たす役割は違ってくる。もう一人の「専門家」は旅行業者である。これについては次項の「国際観光と流通政策」で詳しく述べる。観光地の代表者であれ、旅行業者であれ、「専門家」は主として消費者と対面する人的販売促進によって、彼らの「確信」を促そうとする。

6 国際観光と流通政策

国際観光の基本的な流通経路は図14－1のとおり3つである。これらの流通経路を通して、観光地での滞在に必要な事前手配が行われる。

(a)は個人が観光地の観光関連事業者に直接コンタクトし、自ら旅行手配を行う経路である。インターネットの普及はネット販売という新たな販売方法をもたらし、この流通経路を活性化しつつある。(b)はリテーラー（小売業者）と呼ばれる海外の旅行業者が顧客の依頼を受けて旅行手配を行う経路

図14－1　国際観光の流通経路

(a)	観光地			消費者
(b)	観光地	日本国内の旅行業者 ランド・オペレーター	海外の旅行業者 リテーラー	消費者
(c)	観光地	日本国内の旅行業者 ランド・オペレーター	海外の卸売業者 ホールセラー	海外の旅行業者 リテーラー	消費者

である。(c)はパッケージツアー商品の流通経路で，ホールセラー（卸売業者）とはツアー商品を造成するメーカーである。各方面別に個人旅行者むけ商品を含む幅広い品揃えのホールセラーがいる一方で，ある特定の方面や特定の分野を専門とするホールセラーもいる。ランド・オペレーターは日本国内の旅行業者で，ホールセラーやリテーラーからの注文を受けて観光地側で旅行手配を行う。リテーラーはツアー商品を小売りし，ホールセラーから販売手数料を得ている。ただ，ホールセールの専門業者は少なく，ホールセラーとリテーラーを兼ねる業者が多い。国際観光の流通経路はこうした旅行業者が担っている。

　さて，流通政策は前項のプロモーション活動と連動する。たとえば，プロモーション活動が奏功し，ある消費者（潜在的観光客）が京都に興味を抱いたとしよう。しかし，彼がいつも頼りとする旅行業者ははたして彼の京都行きの意思決定を促しうるだけの知識や情報を持ち合わせ，あるいは彼が望むようなツアー商品を揃えているだろうか。もしそうでないなら，この消費者の京都行きの意欲は削がれてしまうに違いない。つまり，京都に興味をもった消費者が実際に京都へ行くかどうかは，なお流通経路上の旅行業者の能力に大きく依存する。したがって，流通政策の目的は，消費者が希望にそった京都ツアー商品を手に入れやすく，あるいは京都への旅行諸手配が容易にできるよう，彼らの身近に京都を取り扱える旅行業者が存在するようにすることだといえる。そのためには，流通経路上の3つのカテゴリーの旅行業者のそれぞれに効果的に働きかけなければならない。

　まずは，京都のみの，または京都を含むツアー商品造成のためのホールセラー支援である。ホールセラーおよびホールセール機能をあわせもつリテーラーは，激しい市場競争のなかで常に新商品開発の可能性を求めている。したがって，彼らはツアーの新規造成やその多様化を図りたい観光地側のマーケティング・パートナーだともいえる。京都ツアー商品の造成のためには，こうした海外の旅行業者の企画担当者を招請のうえ，新たな観光魅力やツアー・ルートを提案し，また観光関連事業者との商談を仲介するなど，ツアーの企画段階での支援が必要になる。ツアーの実現に至るには，彼らの顧客層

のニーズに見合う価格やサービスをいかに確保するかなど，解決すべきいくつかの課題も予想される。関係者間の粘り強い交渉を取りもつことも重要である。ついで，ツアーが造成された場合には，その販売促進に積極的に協力する。そうした協力には，カタログの印刷費補助，共同広告，リテーラーの商品知識を深めるための商品説明会の開催支援や彼らを共同招請しての実地研修ツアーの実施などがある。ツアー造成にはリスクが伴う。こうした企画段階および販売段階での協力は，そうしたリスクを軽減し，ホールセラーのツアー造成意欲を刺激することになる。

　第2は，リテーラーへの働きかけである。消費者と直接に接触し，彼らのさまざまな意思決定に大きな影響力を行使するのがリテーラーである。リテーラーに対しては，次の理由により，京都に関する最新で実用的な情報を十分に提供しなければならない。
①観光地や観光関連サービスの選択は，当の顧客のみならず，それを推奨するリテーラーにとってもリスクを伴う。誤った選択は顧客の信頼を失わせるおそれがある。したがって，彼らは自らがよく知っている観光地や観光関連サービスを，そうでないものより積極的に推奨しようとする傾向がある。
②旅行は事前に試すことができないため，消費者は意思決定の前に多くの情報を求める。したがって，リテーラーは顧客からの照会を実際の販売へと発展させるために，その顧客を説得するための情報を必要とする。
③リテーラーが当該観光地についての最新で十分な情報を有していなければ，不正確な情報で顧客をミスリードし，潜在的観光客を失いかねない。

　リテーラーの"情報装備"のための最良の方法は，「百聞は一見に如かず」の諺のとおり，対象市場国から日本へ乗り入れている航空会社や，前述のようにホールセラーと連携し，彼らを招請し実地に京都を視察してもらうことである。ついで，現地での京都セミナーの開催，国際旅行見本市への出展，巡回セールスによる情報提供，また旅行業者向けのトラベル・マニュアルの作成・配布などが効果的である。こうした方法を組み合わせながら，リテーラーの間に京都の存在感を維持・拡大していく努力が必要である。プロモーションが消費者に京都の"指名買い"を促すための活動であるのに対し，こ

うしたリテーラー対策は旅行業者に京都の〝推奨〟を促すための活動だといえる。

　第3は，ランド・オペレーター対策である。日本国内の旅行業者であるランド・オペレーターは，ホールセラーやリテーラーからの依頼に基づき，日本国内の旅行手配（ランド・オペレーション）を担当する。しかし，彼らはそうした手配業務にとどまらず，依頼主に対し国内観光地や観光関連サービスを提供する事業者の選択について助言し，さらに魅力あるツアーの企画提案を行うなど，市場創造的な役割も担っている。したがって，ランド・オペレーターが常に京都の最新情報を保有できるよう，彼らへの情報供給チャンネルを開拓，維持しておく必要がある。京都へのツアー造成を促進するうえで，京都あるいは関西圏内に立地し，京都に精通したランド・オペレーターの登場が待たれる。

　国際観光の流通経路を担う旅行業者は情報の提供対象であると同時に，海外の旅行市場の情報源である。彼らとの関係を保ち，主要な旅行業者へは機会あるごとに訪問し，顧客ニーズの変化，競合観光地の活動，売れ筋商品などについての情報を収集することが大切である。そうした情報収集が新製品の開発や新たな市場の発見につながっていく。

1　マッカーシー（E. Jerome McCarthy）がそのマーケティング・マネジメント論で唱えたマーケティング・ミックスの構成要素。この4Pはマーケティング関連の書籍では必ずといっていいほどよく引用されている。
2　P. Kotler, J. Bowen, J. Makens, Marketing for Hospitality & Tourism, Prentice-Hall. Inc.,1996, ホスピタリティ・ビジネス研究会訳『ホスピタリティと観光のマーケティング』東海大学出版会，1997年，746頁。
3　京都市の推計による2001年2月1日現在の総人口は146万7650人。
4　コーレイ（Russell H. Colley）が目標設定による広告管理理論で唱えた消費者の心理的過程。彼の書籍名 Defining Advertising Goals for Measured Advertising Results の頭文字をとって「ダグマー（DAGMAR）の理論」と呼ばれている。これも注1の4P同様，マーケティング関連の書籍でよく引用されている。
5　『国際交流村外客誘致促進調査』国際観光振興会，平成4年3月。

（岡田豊一）

15 おこしやす・京都観光を展望する

　世界大交流時代の展望のなかで,「観光」が21世紀のリーディング産業の1つであるということは,すでに定説化している。特に「国際文化観光都市」を標榜する京都においては,観光産業のウエイトは高く,また21世紀の京都経済を担う基幹産業としての「観光」に対する期待は大きい。

　しかしながら,近年の京都観光の推移をみると,入洛観光客数の伸び悩みをはじめ,相対的な地位の低下傾向は否定できない。その原因として,「京都ブランドに安住している」,「持てる観光資源を十分に活かしていない」,「食事や交通に不満がある」,「もてなしに温かみがない」等々の現象が各方面で指摘されている。より大きな背景としては,観光ニーズの滞在型,体験型への多様化や,観光地間の競争激化といった環境変化への対応の遅れがあげられる。

　特にこれからの大交流時代にあっては,観光地間の競争は国内だけでなく,海外の観光地も含めて激化する。観光メガコンペティション時代の到来である。したがって,世界全体の観光客数は増えても,日本への観光客が増えるとは限らないし,来日観光客や国内観光客が増えても,京都への観光客が増える保証はどこにもない。2001年3月のユニバーサル・スタジオ・ジャパン(USJ)のオープンにより,京都観光への波及効果が期待されているが,むしろ本来京都へ来るはずの観光客がUSJにシフトするということも考えておかねばならない。観光産業は成長産業であっても,京都の観光が成長産業であるとは限らないのである。

　こうした状況のなかで,すでに京都府,京都市,京都商工会議所をはじめ官民あげて,京都産業の柱としての観光産業の振興に取り組まれており,また2010年にむかって「おこしやす」京都の新しい計画が進められようとしているところである。したがって,京都観光の課題や今後の方向,具体的施策

については，ある意味では出尽くしているといってもよく，目新しい提言はむずかしいと思われる。ただ観光の問題は，これを論じる視角や立場によって重点の置き所が大きく変わってくる。行政の立場か，観光関連産業の立場か，観光客の立場か，あるいは京都府民・市民として考えるのか，によって論点は異なってくるであろう。

本章では，京都に生まれ，京都で育ち，京都で仕事をし，京都府民・市民として，京都観光の振興を通して京都がよくなること，すなわち京都観光の振興が京都経済の活性化，美しい街づくりの推進，住民の幸せの向上などにつながることを願う立場から，21世紀の京都観光をできるだけ長期的視点で考えてみたい。

1　京都観光の基本的視点

21世紀の京都観光を展望していく基本的視点として，次の2点が重要である。第1は，「京都観光」で何を売るのか。第2は，誰を顧客とするのか。この2つであって，いわばマーケティングの原点といってもよい。

第1に，京都観光は何を売るのか，何を売るのが「京都」の観光資源を最も有効に活かすことになるのか。観光客は「京都」に何を求めてやって来るのかということである。

一般に人は観光に何を求めるか。それは「非日常性」ということであろう。旅とは，日常生活では直接出会えなかったであろう自然や文化や人と出会い，心をいやす。喜びを感じ，感動し，心が満たされる。気分が変わり，新しい意欲が湧いてくる。観光とは，そういった「非日常性」を求める行動である。

この「非日常性」の構成要素（観光資源ともいうべき自然資源，人文資源）としては，①すぐれた文化，②生活・風景の多様性，③美しい自然，④過去の歴史時間が現代に伝える遺産などがある。京都が提供できる「非日常性」とは何か。それは一言でいうと「文化」であり「歴史」であり，「日本の文化首都」，「日本人の心のふるさと」というイメージであろう。京都は，優れた伝統文化や歴史的文化遺産に恵まれ過ぎるぐらい恵まれている。むしろ，

それらを観光資源として十分に活かしているとはいえないぐらいである。
　また，京料理，京野菜，京菓子，京漬物，京染呉服，京焼，京人形，京仏具，京町家等々，京何々と呼ばれる京都ならではの歴史と伝統の産物が，衣食住の生活各分野に存在している。
　京都にはこのように歴史的な価値，文化的な価値をもった「本物」が至るところにある。それらは本来，観光客目当てにつくられたものではなく，長い歴史の風雪に耐え，四季の変化を乗り越えて存続してきたものである。この意味で，京都は街全体が優れた博物館であり，新しいテーマパークは京都には必要がないといえよう。ただ京都というブランドだけで観光客を呼べる時代は終わった。ブランドは驕りとともに凋落する。伝統のうえに絶えざる革新を伴ってこそ，有名ブランドとして輝き続けることができる。これは文化や観光にとっても例外ではない。
　このような京都が提供する観光のタイプは，長期滞在型のリゾート観光ではなく，季節を変えて何度も繰り返し訪れる街としての都市型観光であろう。都市型観光の要素としては，①食・グルメ，②買い物（ショッピング），③先端性・現代性，④歴史・伝統，⑤文化・情報発信，などがある。京都はこれらの要素を備えた都市であるが，その内容は東京や大阪とは当然異なる。京都は他都市の模倣ではなく，あくまで京都にしかない「本物」を提供し，「本物」で勝負することである。
　第2は，京都観光は誰を対象とするのか。主たるマーケットは誰か，という視点である。
　観光客のニーズは，当然に国別・地域別で異なるし，性別・年齢別・ライフステージ別でもさまざまである。すべての観光客が満足する観光地はありえない。したがってマーケット戦略のない観光振興策は考えられない。
　従来のデータでは，京都の観光客は年齢別では50代が中心，40歳以上の中高年熟年層で62％，男女別では，女性が約70％を占めている。過去10年間では，人口の高齢化のなかで，入洛客の平均年齢も39歳から43歳へと高くなっており，若年層の割合は低下している。特に京都への修学旅行生は，ピークの1984年の146万人から，99年には98万人にまで減少している。少子高齢化

時代にあって、今後とも京都への観光客の中高年化と修学旅行生の減少傾向は続いていこう。

京都は別に観光客のターゲットを絞る必要はないという意見もあるが、年齢別、男女別で観光ニーズは当然に異なるうえに、ニーズ自体が多様化している今日、万人に満足を与えることは困難である。今後のターゲットは熟年者か、女性か、修学旅行生か、それぞれの顧客層に何を提供するのか、といった明確なマーケット戦略が必要である。

あえて結論を先取りするなら、21世紀の京都観光の振興にとって、メインターゲットは、若年層より熟年層ではなかろうか。日本人、外国人を問わず歴史や文化のわかる熟年観光に耐える落ちついた「美しい街」、歴史の好きな人が、時間をかけて「本物」を訪ねてゆっくりと巡る「歩ける街」、成熟した豊かな50代、60代の人たちがしばしば訪れ、落ちついて過ごせる街というイメージが、京都にはふさわしい。特に団塊の世代の高齢化に伴い、活動的で明るい高齢者、豊かな高齢者も増加する。21世紀の旅行の主役は60歳代ということも、十分考えられる。

とはいえ、京都観光にとって若者、特に修学旅行生の重要性を決して軽視するわけではない。将来の京都観光のリピーターを確保するという意味でも、修学旅行生によい思い出を持ち帰ってもらうことが大切である。それには一方では、京都が彼らのニーズに対応できるかという問題もあるが、他方では、京都に対する興味と理解を深め、修学旅行の成果を高めるためには、日本の歴史についての教育の強化徹底が欠かせない要件となる。

2010年の年間観光客数として、京都市では5000万人、京都府全体では8000万人という目標が掲げられている。しかし、数字目標も重要ではあるが、京都観光を具体的にどういう方向で振興していくのか、誰をターゲットにし、各々の観光客に何を提供していくのか、ということがより大切である。その内容、質をこそ目標としてより明確にすべきであろう。

2 長期的に取り組むべき課題

　21世紀の京都観光の振興には，小手先の対策ではなく，10年，20年先を見据えたハード，ソフト両面からの基盤整備が欠かせない。特に大切なものは，次の3つである。すなわち，①ハード面における美しい街並み景観づくり，②ソフト面における優れたもてなしの心，③歴史教育の徹底である。この3点は，京都を訪れる観光客，これを受け入れる京都府民・市民の双方にとって，きわめて重要な意味をもっている。1つずつ具体的に述べていこう。

●美しい街並み景観づくり

　「非日常性」を提供する観光の舞台として，都市の景観の美しさは何よりも大切な要素である。

　改めて京都の街並みを眺めてみると，決して美しいとはいえない。むしろ年々無秩序になり，汚くなっているのではないか。美しいのは，一部の景観保全地区とその周辺だけであり，都心部のオフィス街や普通の街並みは，建物の形状，色彩の不統一，派手な広告などで美観が著しく損なわれている。

　高さ制限だけが，街の景観を守るわけではない。街の構成要素である建物や道路そのものの美しさをもっと追求する必要がある。それには行政による計画的な誘導や規制も必要であるが，企業経営者や地域住民の美意識に訴えることも重要である。ヨーロッパを旅行した日本人が一様に感銘を受けるのは，整備された街並みであり，フラワーボックスで飾られた家々である。それは観光客のためだけではなく，自分たちのためでもあろう。美しい景観を守り，観光都市として生きていくためには，それぐらいの熱意と協力が必要である。せめて北山通り，西大路通り，九条通り，東山通り，白川通りで囲まれた市内中心部のメインストリートからでも，もっと樹を増やし花を飾るなど，美観を高めることはできないか。その中心にある御池通りをシンボルロードとして，もっと美観を高める工夫ができないか。

　また橋の美しさも，都市の景観の大切な要素である。美しい街づくりの観

点から，京都の鴨川などに架かる既存の橋の総見直しを行い，京都の景観にふさわしい個性的で美しい橋づくりを進めることが，観光振興にも大きく寄与することになろう。新しい歩道橋の建設も全体の景観のなかで考えられるべきである。

「街が美しい」ということは，非日常性を求める観光の基本的要件であると同時に，住民にとってもきわめて好ましく誇らしいことであって，それは次に述べる「もてなし」の心を高める重要な要素でもある。

●優れたもてなしの心

観光客を顧客とし，観光客から直接収入を得る観光関連業界が「もてなし」のあり方を追求し，常にお客様に満足していただけるよりよいもてなしに努めることは，当然の話である。また街づくりそのものも，親切な案内表示，わかりやすい交通体系，バリアフリーの充実をはじめ，観光客にやさしい配慮が要請される。

「おこしやす京都」というからには，当然優れた「もてなし」とホスピタリティは必須要件である。もてなしの向上のために，すでに「おこしやす委員会」や「もてなしキャンペーン」をはじめ，さまざまな活動が，官民学あげて展開されていることは周知のとおりである。

問題は，観光客から直接経済的利益を受けない一般の京都府民・市民に，いかに「もてなし」の心を浸透させることができるか，ということである。観光収入の増加によって関連産業に波及し，経済が活性化し，税収が増え，街が豊かになるといっても，一般市民には説得力に乏しい。市民の中には，観光客など来てほしくないという人もいるだろう。ごみ，交通渋滞など観光公害の問題もある。市民の合意形成は決して簡単にはいかない。

できるだけ多くの市民が，観光を自らの住環境・生活環境の向上に結びつけて考えられるような方策が望ましいが，経済的な面から，一般市民にもてなしの心を訴えるには限界がある。「もてなし」は本来，一方的な行為ではなく，もてなす側ともてなしを受ける側が互いに満足する，というのが本来の姿である。もてなしを受ける側の感謝の気持ちがもてなす側に喜びをもた

らす，というすぐれて精神的な行為である。だとすれば，一般市民の精神に訴える以外にない。それにはもてなす側に，街に対する誇りと愛着がなければならない。この点，「京都府観光産業振興ビジョン」や「京都市観光振興基本計画」の中でも，観光振興の大切な要素として「府民の一人ひとりが，地域の文化や風土に対する理解と認識を深め，誇りと愛着を持つこと」，「市民自らが街を誇りに思い，再評価，再発見すること」が重視されているが，まったく同感である。そこに住んでいる市民が誇りも愛着ももたない街に，誰が観光に訪れるというのか。

　これで思い出すのが，イギリスの作家であり，評論家であるチェスタートン（1874-1936年）による次のような意味の言葉である。すなわち，「ローマが偉大な都市になったのは，ローマ市民が激しくローマを愛したからである。偉大な都市だから，市民がローマを愛したのではない。」

　京都をよくするためには，まずそこに住む京都府民・市民が京都をよく知り，歴史や文化遺産を理解し，深く愛し，強い誇りをもつことが何よりも大切である。真のもてなしの心も，質の高いホスピタリティも，そこからこそ生まれるのである。

　地元京都銀行では，すでに1982年から「I Love Kyoto」というキャンペーンを展開している。その趣旨は，京都の風景，街並み，祭り，生活習慣，文化遺産等々を美しい写真で紹介することにより，そのよさを京都府民・市民に再認識してもらい，京都を愛する心を呼び起こそうとするものである。

　この「I Love Kyoto」の精神こそ，京都観光振興の出発点である。一人でも多くの京都府民・市民がこれを実践することによって，京都全体のもてなしの質が高まるのである。そのためには住民が誇りと愛着をもてる街づくりが必要である。先に述べた美しい街づくりはそのベースであり，次に述べる歴史教育の徹底はその前提となるものである。

●歴史教育の徹底

　京都は千年の古都として，長年にわたり日本の歴史の中心舞台であった。日本の歴史についての知識と理解なくして，京都観光は成り立たないといっ

ても過言ではなかろう。神社仏閣，建造物，遺跡等々の文化遺産も，歴史の知識があって初めて興味がもたれ，観光の対象となる。

戦後の日本は，自国の歴史を大切にしてきたとはいえない面が多い。学校教育でも，日本史にどれだけ重点が置かれてきたか，反省すべき点があろう。大学受験科目としての「日本史」は不人気だといわれる。中学，高校の歴史は詰め込みでおもしろくない，原始時代から始まると，北京原人は習っても，現代に来るまでに時間切れになってしまう，というケースも多い。もっとおもしろい歴史教育が小，中学校の段階から必要である。

外国人とのコミュニケーションにも，自国の歴史や伝統文化についての知識は必須条件である。これからの国際化社会，大交流時代には，英語だけでなく歴史教育の見直しが強く要請される。

街に対する誇りも，歴史を学ぶことから始まる。歴史は誇りの源泉である。歴史を知ることにより，京都を知る。京都の伝統文化を理解する。その価値に目覚める。誇りが芽生える。京都を愛する心が高まる。こうした好循環の形成が期待できる。したがって歴史を知ることは，優れたもてなし，質の高いホスピタリティの前提でもある。

観光の1つの形として体験学習が盛んであるが，修学旅行生にも神社仏閣などの歴史文化遺産を目の前にした体験的歴史教育を実施すべきである。

歴史教育の強化徹底こそが，修学旅行生だけでなく，すべての京都観光の永続的な振興につながるものである。

以上，迂遠のようではあるが，景観，もてなし，歴史教育の相互に関連した3つの観光基盤の確立を欠いては，いかなる振興策も決して長続きしない。

3　いくつかの具体的提言

21世紀の京都観光振興の具体策は，京都がもっているもの，京都しかもってないものの再認識と再発見のうえに立って，これを新しい視点から徹底的に活用していくことが基本である。それ以外の方向では考えられない。

このような観点から，目新しくはないが，以下に京都府民・市民の立場からいくつかの具体的な提言を試みたい。

(1) 歩いて回る街「京都」

京都の魅力を体感するには，歩くことが一番である。歩いて楽しめる街づくりが大切である。歴史の好きな人が時間をかけてゆっくりと京都を巡る「歩ける街」としての整備が急がれる。

そのためには，まず遊歩道や散策路の整備が必要である。市内各所に点在する多くの観光スポットを結ぶルートの確立も大切である。いろいろなタイプがあろうが，たとえば，京都市と姉妹都市であるボストンにみるような，重要史跡をたどって回れるフリーダム・トレイルなどが参考になろう。また，車の乗り入れを規制し，歩ける環境をつくるためには，パーク・アンド・ロード方式の確立が急がれる。そのためには，京都市周辺部への大駐車場の設置，そこから市内中心部へのアクセスとしての公共交通網の整備などが必要である。さらに歩いて回る観光を補完し，より回遊性を高めるためには，路面電車の一部復活も検討に値する。現在検討が進められている軽量軌道公共交通機関（LRT）も，こうした観点から実現が期待される。その他，観光客にわかりやすい交通体系の見直しなども当然必要である。

このような環境整備は，観光客のみならず，京都府民・市民にとっても歩いて楽しい街を実現することになる。

(2) 歴史博物館の建設

歴史博物館の建設については，すでに構想が進められているところであるが，その具体的内容はいまだ明らかではない。望まれるのは，高度の専門性をもちながら一般府民・市民や観光客にも親しまれる歴史博物館ということである。

日本史の舞台京都の過去と現在を興味深く，わかりやすく提示することも必要であろう。「歴史の殿堂」と呼んでもよいし，京都を舞台とする「歴史文学館」を兼ねるのもよいのではないか。歴史博物館それ自体が観光スポットになるとともに，その本物が京都市内の随所に存在し，京都に対する理解を深めるのに役立つという関係が望ましい。

（3）日本一の美術館，日本一の音楽ホールの建設

　たとえていえば，ルーブルに匹敵する美術館，カーネギーに匹敵する音楽ホールが京都にあっても，何ら不思議ではない。国際文化観光都市を標榜するならば，むしろそういった世界的な文化施設が京都にない方が不思議であるといってもよい。

　ただしそれは規模の大きさやハード的な意味ではなく，日本と京都の誇るべき文化を蓄積し，世界に発信する象徴として，日本で唯一の，京都にしかない，日本各地，さらには世界各国からも人を引きつける魅力ある美術館であり，音楽ホールである。前述の歴史博物館とともに，このような日本を代表する文化施設が，国の事業として推進されることを期待したい。

（4）「京都学」の確立

　「大阪学」「名古屋学」をはじめ「何々学」という言葉がよく聞かれるが，「京都」こそ「学」の対象としてふさわしいのではないか。「京都」の歴史，地理，文化，産業，経済を学際的，総合的，体系的に研究することであり，その成果としての「京都学」の講座を京都の各大学に創設することはできないだろうか。また，一般府民・市民が受講できる公開講座の開設も強く望まれる。この点，大学コンソーシアム京都の今後の活動に期待するところが大きい。「観光学」は京都の大学でも，学問として確立されつつあるが，「京都学」はこうした「観光学」や既存の「歴史学」ともタイアップして，京都そのものをあらゆる角度から研究するものである。このような「京都学」を盛んにすることは，日本の原点に迫り，日本人のアイデンティティを想起させ，ひいては京都の観光振興につながっていくことになろう。「京都学」の確立を望むゆえんである。

（5）夜間観光の充実

　都市型観光の重要な要件の1つは，夜も楽しめる街ということである。その一環として，すでに一部寺院では夜間のライトアップが実施されているが，こうした「光」をもっと広く観光に取り入れる必要があろう。その「光」もステンドグラスやイルミネーションではなく，和風の暖かい「灯」が望ましい。神戸や横浜とは違った京都らしい柔らかな光で，社寺だけではなく，街

並みや通り，川や橋を照らせば，情緒が深まることだろう。

また，美術館，博物館などの文化施設の夜間の開館，都心部商店街における夜間営業時間の延長などにより，夜の賑わいを演出することも必要である。こうした夜間観光の充実が宿泊客の増加につながるであろう。

（6）「京都市市民憲章」の見直しと徹底

現在の「京都市市民憲章」は，1956年に制定されたものであり，20世紀の京都市民の行動指針として定着してきた。今，21世紀を迎えて改めてこの市民憲章を見直してみても，「美しいまち」，「清潔な環境」，「良い風習」，「文化財の愛護」，「旅行者を温かく」という文言は十分に新しい。しかしこの半世紀間に，時代は大きく変わった。特にこれからの超高齢化社会の到来やグローバリゼーションの進展を展望すると，新しいキーワードも必要かもしれない。

特に観光との関連でみれば，たとえば，「歴史を学ぶ」，「世界に通用するホスピタリティをめざす」といったことを内容とする文言を加えることも考えられよう。それと同時に京都市市民憲章を，市民の行動指針として改めて広く徹底浸透させることが肝要である。

む　す　び

京都府民・市民の観点から，21世紀の京都観光のあり方を展望してきた。京都の観光振興は決して観光関連業界だけの問題ではない。京都の観光振興によってその効果が幅広く他産業に波及し，所得や雇用の増加が実現し，京都経済が活力をもつこと，京都が京都らしくなること，美しい街づくりをはじめ観光インフラの整備が進むことが必要であり，それによって住民が幸せになる観光振興でなければならない。観光振興をテコにした街づくりと住民の幸せの好循環，良循環の形成が絶対に欠かせない視点である。

たとえば，次のような循環である。

人が京都に訪れる→おカネが落ちる→観光産業が潤う→関連する地域産業，伝統文化産業に波及する→街が活性化する→街が美しくなる→住民が幸せ

になる→街に対する誇りと愛着が強まる→もてなしの心が高まる→観光客が増える（リピーターも増える），そして再び新しい好循環が始まる。

この好循環を円滑にするものとして，その中核に質の高いホスピタリティがなければならない。京都府民・市民がどこかそっぽを向いているようなことでは，温かいもてなしは生まれないだろうし，観光振興も長続きしない。

一人でも多くの府民・市民が，観光振興を我がこととして考えること，一人でも多くの府民・市民が誇りと愛着を観光客とともに分かち合う気持ちをもって，心から「おこしやす京都」といえる観光振興でなければならない。観光振興と街づくりは一体であるといわれるのも，この意味においてであろう。

【参考文献】

京都府『新京都府総合計画』平成13年。
京都府『京都府観光産業振興ビジョン』平成10年。
京都市『京都市基本計画』平成13年。
京都市『京都市観光振興推進計画（おこしやすプラン21）』平成13年。
京都市『京都市観光振興基本計画』平成10年。
京都市『京都市観光調査年報』平成11年。
京都商工会議所『京都におけるまちづくり問題に関する報告』平成10年。
総理府『観光白書』平成12年版。
観光政策審議会答申『21世紀初頭における観光振興方策』平成12年。
経済団体連合会『21世紀のわが国観光のあり方に関する提言』平成12年。
山上徹『京都観光学』法律文化社，2000年。

（生田裕巳）

16 総括・おこしやすの観光戦略

1 京都の光と影

　京都には山紫水明に恵まれた自然資源をはじめ，建都1200年以来から人々によってつくり出された豊富な人文資源が蓄積している。それらは日本を代表するばかりでなく，世界的な有形・無形の文化財である。同時にそれらの蓄積が内外から多くの入洛観光客を誘引することになった。その人文資源の多くは光輝き，「見る，学ぶ」観光として高い評価を得てきた。
　特に大陸からの外来文化や固有の生活様式を伝承してきた京都の文化は，「日本固有の文化に帰る」，「古巣へ戻る」，「心の原点」といったような懐古性が日本人の観光欲求を刺激し，多くの観光客を誘引するもとになっている。こうした日本人の志向は，単なる物真似による外来文化を和洋折衷化したものよりも，長年の積み重ねの上に成立した日本の本物の文化に触れたいといった本物志向といえる。日本人の「心のふるさと」京都には，ハードな面では，文化遺産の価値が羨望され，また昔から継承されてきた時代差，時間差を忘れさせる生命力あふれる祭ごとのようなコトやさらに現代の一般家庭で行われなくなった諸行事との出会いもあり，季節感・旬を堪能・満喫させる京料理やそれに伴う「もてなし文化」などの多様な非日常体験を可能とする。いわゆる伝統行事や日常生活のなかに存続する慣習のように，入洛観光客が日本のほんもの・本場を体験・体感できるよさが京都にある。さらに京都には丁重なおもてなしをする文化が継承されてきた。それらを満喫できる場として京都は，来訪するに値する存在意義がある。特に「日本らしさ，日本のレトロ性」が感受でき，心をいやす効用が京都にある。その体験・体感は入洛した者のみが堪能・満喫できることになる。

このように，単に貴重な文化，文化財などが集積しているばかりではなく，古来から四季や年中行事を通じて時間という付加価値が加えられ，観光都市として京都は高い評価を受け続けてきたのであった。しかし本世紀も引き続き，日本文化を体感・体験できるということで京都が高く評価されるのだろうか。

　残念ながら京都では，この問題に対する，真剣な危機意識が関係者，市民の間で共有されているとは思われない。しかし，文化や伝統にアグラをかいていたツケがまわってきていることを深く反省しなければならない時期にきている。いつまでも歴史にアグラをかいていれば，京都観光が衰退期を迎えるのも時間の問題という危機意識が必要である。流行りすたりが都市そのものに絶え間なく襲ってくるのは必然のことである。京都にも，流行りでモノ，コト，ヒト，情報を吸引・受容し，すたりを排除するという新陳代謝の考え方が時には大切である。過去に都であったということよりも，現在進行形の活き続ける都市であるために時代に対応した革新化への戦略が必要不可欠となってる。

　ところで，今日はもはや，蜂蜜に向かって蟻が群がるように，自然に観光客が来訪する時代ではない。単に客待ち商法的に山門を開き，観光客を待つような社寺観光に依存し続けるならば，京都の衰退は目にみえている。それをリサイクルする戦略が京都には必要なのである。長期的な京都の観光戦略を考える場合，観光客数の増加が京都経済の活性化に結びつくと単純に考えるべきではない。いかにすれば，京都の地場産業・観光産業や地域経済と共存共栄して成長・発展できるのかという視点から，観光戦略を考えることが重要である。

　建都1300年にむけて京都の観光問題は，「モノ（ハード），コト（ソフト），ヒト（ヒューマン）」などの総合的な面から適切な「保全・共生・革新」を施すことが必要となる。京都の観光戦略の基本課題を「花・満・開・人・来ネットワーク」という複合的な戦略のなかに位置づけ，以下それぞれを具体的に提示しよう。

2　花・満・開・人・来ネットワーク戦略

● 「花」の戦略

　京都に来訪する観光客とは市内のどこを観たいのか。また何に感動するのか。京都には歴史的に培われてきた17の世界文化遺産があり，寺社・文化財，自然環境などと結びついた多くの文化観光という「はんなり」とした光を見る（seeing），学ぶことができる。しかし今日では，doingという体験・参加・交流型による観光客の欲求を充足することが必要となっている。たとえば，年間を通しての文化観光などに関連した「各種のイベント」の創設や，市内全域のテーマ・パーク化による，歩きながら散策できる都市観光の推進などである。文化観光とそれ以外の異質な資源とを融合させ，特に周りの景観美や借景効果も考慮し，華やかで上品な「大輪の花」を咲かすことが望まれる。

　京都の観光行動が単純なseeing（sightseeing）にのみ依存していると，見る側にとっては単純さゆえに，「二度観るバカ」と評価されるようになる。他の観光地では絶対に体験・体感できない，「見る，聞く，味わう，触れる，嗅ぐ」という五感への質的な差別化戦略が必要不可欠となる。観光客の多くは京都の季節にマッチングした観光対象と出会い，安心で，違和感のない異日常空間で，非日常体験を堪能・満喫できることを期待して上洛している彼らにはもはや日常的なものには魅力はないのである。まさに，「清水の舞台」から飛び降りるような非日常的な体験や体感ができるかなのである。さまざまな疑似体験，想い出づくりを観光客自身が個別的な形でもって具現化できる機会が与えられるならば，京都への熱い思いをいつまでも募らせることになるだろう。

● 「満」の戦略

　京都の観光客の不満の多くが，自然や文化的遺産よりも，観光客の受け入れ体制に帰因してはないだろうか。受け入れる体制に改善の余地が多く残っ

ている。21世紀の観光客の行動パターンは二極分化されるであろう。食事でいうならば，健康保持だけが目的で，最少の経費で済まそうとする人は，宇宙食のような大量生産の安い食物を好むだろう。歩きながらでも食べられるような簡便化した食事に満足感を覚え，他人のやりとりもなく無言で購入できる自動販売機をよしと考えるかもしれない。一方，食事そのものをエンジョイしたいとする人は，和洋を問わず，高級な食事空間や豊かな食材，味わい深い食器，鍛え上げられた調理人・板前さんの腕による料理や盛り付，価格よりも五感に訴えるホスピタリティあふれるおもてなしを訴求する。このような二極化現象は，京都観光のあらゆる分野で生じるであろう。

京都では，歴史的に，二極化のうちでも後者の観点を重視する考え方が根強く伝承されてきた。一般的には，狭いニッチ戦略ではなく，両極を含めた多様な標的市場の戦略が必要であるが，京都観光の標的市場は全方位型で集客することになる。しかし，特定か不特定を明確にするためにも標的市場を設定するべきであろう。誰に対し，どのような満足を提供するのかは層別の企業で異なるが，観光ビジネスの立場から，それぞれが適切な市場細分化戦略，差別化戦略を展開するべきである。

たとえば博物館の陳列物に対し，危ないから，壊れるから，汚れるからハンズ・オフ（hands off）にしたり，希少価値を維持したいと考えるあまり，写真撮影などの禁止処置を取っているが，これらは観光客の欲求不満を募らせる結果となる。むしろ観光客は観光資源に触れる，ハンズ・オンによって触覚で体験できると満足度をより高めるのである。

さらにいえば観光客の「満足めあて」，いわゆる外向けの施設・サービスばかりではなく，内向けである市民がその施設・サービスを同様に利用しうる快適な共生型の都市空間づくりという発想が必要であろう。

● 「開」の戦略

Development の語源は封（velop）を開く（de）であり，人の価値を引き出すことが開発の意味である。それは必ずしもハード面の乱開発を意味するものではなく，人間の精神的な価値意識を創造する行為をも含んでいる。京

都は日本の歴史の生きた博物館であるが，自然と文化財を守りつつ，「保存・改善・創造の三つ巴」のゾーニングの考え方が大切ではあろう。

　京都市内全域でタイム・アンド・スペースの観点での仕かけ・仕組みづくりが考えられるべきであろう。京都が国際文化観光都市を標榜するには，まずコンベンションの誘致を積極的に行う。それにともない，ハード面の開発としては迎賓館の建設をはじめ，国連機関，さらに政府機関，特に文部科学省の文化庁などの公的機関の誘致戦略が必要不可欠となる。京都市内に国連などの現地事務所施設を誘致し，ソフト面においてコンベンション・諸行事が開催できると，諸施設の利用率が高まり，かつ京都の地域経済の活性化に貢献できる。つまり，内外からの観光客は一定期間滞在し，コンベンションの前後において京都観光を楽しむことになり，観光地への来訪率も高まり，京都の活性化が可能になるであろう。

　さらに，高齢者・障害者などに対するバリアフリーによる「開放化」を推進すべきである。その場合，ハード面ばかりでなく，ソフト面のバリアフリー・結界を解消することが重要となる．市内全域をテーマパークとした仕かけづくりで，その経済効果が市民レベルへも波及するようなソフト面の開発が求められている。

　さらに国際文化観光都市・京都が「日本人のふるさと」，「日本人の心の原点」であり続けることを望むならば，はたして21世紀における「保全・共生・創造」という過重な負担や責任を，京都市民のみに押しつけるような考え方でよいものだろうか。観光客が満足できるように京都の観光資源を維持・管理するには，観光資源全体を絶え間なく「保護・再生・創造」する追加投資が必要不可欠であり，現状のシステムのままで，そのような施策を自力で行うだけの十分な財源を確保することは京都では困難な状況にある。現在京都市には約2400の宗教法人，大学など約40の学校法人が存在しているが，それらはいわゆる公益法人として税制上，優遇制度を享受している。財源確保は避けて通れない問題であり，かつての古都税とは別の視点から，その解決策を打ち出すことがたとえば，ベッド・タックス (bed tax) などによる都市利用に関する法定外目的税（地方分権一括法）制度の導入で「入ること

を図る」余地は残っている。しかし，それは観光客の滞在費用負担がかさむ結果となり，京都観光が今まで以上に「割高感」を感じると，観光客数・回数・期間を減らすことになってしまう。

では，内外からの京都への観光客に対し，どのような税制上の優遇措置でもって値頃感が付与できるであろうか。京都が「日本人のふるさと・心の原点」であり続けることを日本人が望むのであるならば，マクロ的な視点から京都の観光戦略としての，特段の制度改革を検討する。つまり，国際文化観光都市・京都の活性化のために，全国的・世界的な視点から特段の財政的援助を行うシステムを新たに創設すべきである。言い換えれば京都観光整備などの諸費用の負担を全国的視点で財政援助する制度の確立だ。

世界観光機関（WTO）は，「観光と娯楽やギャンブルを結びつけた人工の観光魅力（テーマパーク，メガリゾート，カジノ）の開発」(1)が世界の観光トレンドと指摘している。それにのっとって，たとえば，市内の一定のゾーニングを免税地区にし，いわゆる自由観光地帯（Free tourism zone）を設置し，夜間でも観光客が非日常体験が可能な地区，たとえばカジノを認可できないものだろうか。また，京都市域を関税や消費税などの諸税を解放化する自由観光都市（Free tourism city）に指定するといった特別な制度改革を実現化できないか。自由観光特区，自由観光都市になるということは，国内の他都市とは自治制度を抜本的にかえなければならない。国税の収入源を京都へ還元する「開放から解放」になるような改革を行う戦略が必要となる。

◉「人」の戦略

観光客はそこに古くから住む人々の日常生活に興味を抱く。京都の風物・風習に日本らしさを感受し，それにマッチした柔らかな物腰や「気くばり，眼くばり，耳くばり」などを重視した立ち居振舞い，さらに丁寧な京ことばの表現や表情に心を動かされよう。

江戸の作家・滝沢馬琴は，『羇旅漫録』の一節に「京によきもの三つ，女子，賀茂川の水，寺社」とほめ讃えた。馬琴は京のよきものとして女性（京女）を最初にあげている。都としての長い歴史で培われた京都は，そこに集

められた数々の美しい女性の歴史でもあった。紫式部，清少納言，小野小町，静，常磐，袈裟，横笛，妓王，玉蘭，吉野太夫，モルガンお雪など，多くの女性が京を舞台に活躍した日本女性史の宝庫である。それゆえに，祇園の舞妓・島原の太夫・大原の大原女といった伝統文化としての京の女性を代表するスタイルが今日，観光対象ともなっている。このようにユニークな伝統文化と女性を前面に押し出した観光戦略が京都には重要と思われる。すでに，そのような努力の成果もあり，最近では，京都観光の名物として変身舞妓が脚光をあびるようになってきた。しかし，伝統文化の商業化，いわゆる文化観光の俗化は，反面，観光アレルギーといった負の要素にもあることを留意しておかねばならない。

　本世紀の観光振興のあり方を考えると，ホスピタリティが最重要課題になるといえよう。おもてなしの心，人にやさしく，フレンドリーな行為を意味するホスピタリティが市民全体の共有の資産へと高められることを望む。京都の顔（名士）ばかりでなく，市民自身が「内から観る内なる京都」として京都に惚れ込み，観光客を心からもてなす「ホスト市民づくり」が必要となる。そのためには，行政などの公的機関は引き金・呼び水的な施策を推進し，かつ市民の間での草の根運動などの盛り上がりが最も大切となる。すでに伝統文化・芸能文化を継承・維持する人々を奨励・支援するような諸制度が実施されている。さらに質的にも高いホスピタリティを実践できる資格認定制度による人材育成の戦略が必要不可欠であり，行政などが呼び水，仕掛けづくりを行うべきである。

● 「来」の戦略

　京都市民憲章では，「わたくしたち京都市民は，旅行者をあたたかくむかえましょう」と来訪者を歓迎するようになっている。しかし，観光客を迎えるだけの行為でよいものだろうか。帰宅の見送りまでの京都滞在期間中すべてにわたって，温かいもてなしが身体全体にしみ込むことを期待して人々は来訪する。もしその期間中に一度でも不満を感じると，京都観光のイメージは下がってしまう。ゲスト（gest）として心あふれる迎え，見送りをされる

と，観光客は意識的に再度，「来る」行為となって，滞在期間の延長，上洛回数の増加につながる。そのためには，従来型のコンシューマー，カスタマー（consumer, customer）として観光客を捉える発想ではなく，ホスト（host）が「ゲスト，客人」としておもてなしをするという意識の転換が望まれる。その根本は，「客を集める都市」から「ゲストが集う都市」への意識改革である。それは観光関連産業の接客担当者，舞妓などの当事者だけの問題ではなく，市民一人一人が「ホスト」としての自覚をもち，上洛した人々を「ゲスト」としてもてなす，ホスピタリティ・マインドが必要となる。

観光客が市民の心あふれるホスピタリティを感受できれば，それに満足した人々はおそらく来訪する回数（リピート）を増やすことであろう。「外から観る内なる京都」として「心のふるさと」京都に惚れ込んでいる人々を大切にする。というのも，基本的に，どこの誰だかわからない一過性の人（一見の客）を顧客にする戦略より，どこの誰だかわかっている固定客（リピーター）に顧客であり続けもらう戦略の方が容易で，かつ費用も安くなることを認識せねばならない。そして，そのような固定客が日帰り観光から滞在時間・期間を引き延ばす宿泊観光客となれば，さらに経済効果の拡大策に貢献することにもなる。

● 「ネットワーク」の戦略

京都市内の社寺や各スポットごとの単体・単品な対応ではなく，交通のネットワーク化を図り，連結力を高めるべきである。たとえば，都心へのマイカー乗入れの規制化，大量輸送が可能となる定期観光バスやLRT化の推進である。しかしもはや，すべての人々を京都だけで囲い込み，集客を高める時代ではない。競合関係にある関西圏内の都市間とのネットワーク化を推進し，京都の社寺とは異質なテーマパーク，たとえば大阪のユニバーサル・スタジオ・ジャパンなどとの共存・共栄を考えるべきであろう。あるいは，京都府内・滋賀県内などの人々の心をいやす効果が高い水空間，たとえば日本海側の「天の橋立」，「琵琶湖」などの親水空間とのネットワーク化も1つの戦略である。基本的は，各スポットの「点」から「線」，「面・立体化」を図

ることである。その前提として，市民・観光関連業者・社寺・文化施設・大学・行政など主体間の協力体制づくりが必要となる。

21世紀は「人・モノ・情報」がグローバルに移動する時代になるだろう。そうしたなかで京都がアジアのハブ国際文化観光都市となる絶対条件として，積極的な「IT革命」の実施と，グローバルなネットワークの構築は不可欠である。つまりグローバルな人・情報の「受・発信基地」になれるか否かが，本世紀における「おこしやすの観光戦略」の重大な課題となるであろう。

む す び

グローバル化が一層すすむ21世紀は，人々が非日常生活圏を往来するようになり，それに伴い観光客もあらゆる事象を体験・体感することになる。そのような観光の場では，必然的に経済・社会活動が拡散・凝縮・収斂される。それゆえに京都を活性化するためには，本世紀の基幹産業である観光振興策，つまり「観光立都」としての適切な戦略が必要不可欠となる。特に「おこしやすの観光戦略」として京都の地場産業・観光産業の成長・発展には，「花・満・開・人・来ネットワーク」という複合的な戦略課題を克服し，観光客が「外から観る内なる京都」としてほれ込む条件整備をせねばならないと結論づけた。その具体化に向けての前提は，京都市民自身が「内から観る内なる京都」とほれ込むことができるか否かにある。そのためには，まず寺社をはじめ，「産・公・学・市民」が共存・共有・共生意識を高める土俵づくり，つまりお互いに全力投球できるような体制を構築することが京都の観光戦略上，必要不可欠であると考える。

最後に，16章にわたり「おこしやすの観光戦略」について論述したが，本書が観光学という視点から京都学の構築への一里塚になることを期待して止まない。

1　財アジア太平洋観光交流センター『世界観光機関による特別報告』1998年，1頁。

（山上　徹）

■編著者紹介

山 上　徹（やまじょう　とおる）

1943年　石川県羽咋市出身
現　職　同志社女子大学現代社会学部・同大学院文学研究科教授，商学博士
専　攻　京都観光学，ホスピタリティ・マネジメント，観光マーケティング，
　　　　国際観光論
主な著訳書
　　『京都観光学』法律文化社，2000年
　　『ホスピタリティ・観光産業論』白桃書房，1999年
　　『現代交通サービス論』地域産業研究所，1996年
　　『現代流通総論』白桃書房，1995年
　　『新・観光社会経済学』（共著）内外出版，1999年
　　『国際観光マーケティング』（編著）白桃書房，1997年
　　『観光・リゾートのマーケティング』（監訳）白桃書房，1989年
　　『ホスピタリティ・観光事典』（共編著）白桃書房，2001年
　　その他著書多数

2001年7月30日　初版第1刷発行

おこしやすの観光戦略
―京都学の構築にむけて―

編著者　山　上　　　徹
発行者　岡　村　　　勉

発行所　株式会社　法律文化社

〒603-8053　京都市北区上賀茂岩ケ垣内町71
電　話　075（791）7131　FAX　075（721）8400
URL:http://web.kyoto-inet.or.jp/org/houritu/

©2001 Toru Yamajyo Printed in Japan
一進印刷株式会社・藤沢製本所
装幀　前田俊平
ISBN 4-589-02517-5

京都観光学
山上 徹著 　　　　　　　A5判・226頁・**本体2500円**

京都は観光で活性化するか。京都の現状と観光客の評価を分析し、国際文化観光都市をめざす必要性、そのための課題と戦略をハード・ソフト・ヒューマンな面から総合的に考察。観光におけるホスピタリティのあり方を提起する。

成熟都市の研究―京都のくらしと町―
佛教大学総合研究所編 　　　A5判・320頁・**本体3800円**

「保存か開発か」という経済課題から「自然と建築環境」の景観問題まで、京都は都市としての機能を問われている。これからの歴史都市京都のシステム（政治，経済，文化）の方向性を学際的に展望。

史跡でつづる京都の歴史
門脇禎二編 　　　　　　　四六判・232頁・**本体1000円**

旧石器・縄文人の時代から平安期にいたる京都の歴史を、考古学・歴史学の専門家が追求。古代文化の謎、渡来人による高い技術の文化遺産など26の埋蔵文化財・遺跡・史跡を訪ねて日本文化の黎明を解明する。

関西、その活力の源をさぐる―産業集積と起業家精神―
梅原英治編著 　　　　　　四六判・242頁・**本体2200円**

停滞する関西から元気を掘りおこし、「自立する多様な要素の集積」を特徴とする関西経済を牽引するための課題を多面的に検討。環境の変化とそれに立ちむかう産業・企業、まちづくり、財政のあり方を具体的に考察した関西経済活性化の書。

―― 法律文化社 ――
表示価格は本体（税別）価格